中國史學基本典籍叢刊

皇宋中興兩朝聖政輯校

三

〔宋〕佚名撰

孔學輯校

中華書局

增入名儒講義皇宋中興聖政卷之十五

高宗皇帝十五

紹興四年春正月辛亥朔，上在臨安。

甲寅，進呈臨安府勘武翼郎馮師道言語狂悖事。上曰：「師道本畫工，嘗令繪佛像，爲民祈福，已賜緡錢。聞輒覬覦錫帶、遷秩，此事在承平時猶不可，況於今日，豈有濫賞？官職、賚予，當勸有功，朕未嘗敢以輕授。師道以此怨望爾。」蓋上重惜名器，不以假人。自百工伎藝之流，一資不可妄得。故因論師道罪狀，諭無濫賞之意，兹有以見御天下以至公也。

臣留正等曰：輕用名器，不分流品，此前日召亂之由也。太上皇帝以爵待有德、有功者，雖貴近越法求請，未嘗予之，況畫工乎？此所謂大公至正之道，宜謹守之。

章誼孫近使虜

乙卯，樞密都承旨章誼爲大金通問使，給事中孫近副之。虜所議事〔一〕，朝廷皆不從，乃遣誼等請還兩宮及河南地。

增鹽鈔貼納錢

詔：「淮、浙鹽鈔錢，每袋增貼納錢三千，通舊爲二十一千。諸州所收貼納錢，並計綱赴行在。」尋命廣鹽所增亦如之。

奏讞不當不加罪

戊午，詔宣州奏檀偕殺人疑慮獄案，令刑部重別擬斷，申尚書省。輔臣進呈，朱勝非言：「疑獄不當奏而輒奏者，法不論罪。」上曰：「今若加罪，則後來州郡實有疑慮者，亦不復奏陳矣。」

言者稍論張浚

辛酉，初，知樞密院事張浚既至荆南，上書引咎，乞罷政，詔不許。是日，殿中侍御史常同請對，論：「浚以大臣之貴，當閫外之權，付與之專，幾半天下。事功不就，受代而歸。今乃聞命踰年，故爲留滯，不虔君命，莫甚於斯。」壬戌，詔浚疾速赴行在。自是，言者稍稍論浚矣。

人心國之本

戊辰，執政奏事，因及北方事宜，上曰：「人心，國之本也。雖有土地，若失人心，亦不可立國。」

璽書戒川陝將帥

自張浚召還後，川陝宣撫處置副使王似、盧法原人望素輕，頗不爲都統制吳玠所憚。上聞之，己巳，賜三人璽書，略曰：「羊祜雖居大府，必任王濬，以專征伐之圖；李愬雖立殊勳，必禮裴度，以正尊卑之分。傳聞敵境，尚列兵屯。宜益務於和衷，用力除於外患。」時玠爲檢校少保，位遇浸隆，故有是詔。

四川霖雨地震

癸酉，輔臣進呈張浚奏：「四川自七月以來，霖雨、地震。蓋名山大川，久闕降香，乞製祝文付下。」上曰：「霖雨、地震之災，豈非重兵久在蜀，調發供饋，椎膚剥體，民怨所致？當修德撫民以應之，又何禱乎！」

趙鼎洪州之政

丁丑，江西制置大使趙鼎赴行在，將以代席益也。鼎守洪都踰再歲，戢吏愛民，盜賊屏息，一方賴之。

臨安夜火

戊寅，夜，臨安火。

己卯，同簽書樞密院事韓肖胄以舊職知温州。肖胄與朱勝非議事不合，力求去，疏三上，乃有是命。後三日，改提舉臨安洞霄宫[二]。

吳伸訟張浚無罪

右迪功郎吳伸上疏訟張浚無罪，大略謂：「浚忠有餘而智不足，且復辟之功大，失地之罪小。使浚罪去，不知誰可繼其忠乎？望陛下痛察之，無使朋黨得以快其私，無使敵國得以乘其間，實宗廟社稷之福。」

南班宗室赴臺參

二月辛巳朔，詔南班宗室，自今並赴臺參。故事，宗室遷官，或赴或否。

至是，用御史常同言，著爲令。

罪至死者籍其貲

壬午，詔贓罪至死者，方籍其貲。

勿用小人

癸未，參知政事席益提舉江州太平觀。先是，諫官劉大中既奏其罪，殿中侍御史常同復以爲言。上曰：「諫官、御史所言臣僚過惡，未必皆實，然易曰：『大君有命，開國承家，小人勿用。』既審知其小人，自當退之也。」

乙酉，簽書樞密院事徐俯兼權參知政事。

解潛誅檀成

軍賊檀成犯長陽縣，荆南鎮撫使解潛遣統制官胡勉捕斬之。

宣諭使舉劾大數

戊子，監察御史明槖宣諭嶺南還，入見。槖出使一年三閱月，所按吏二十有七人，薦士二十人。凡五使所案吏總七十有九人，薦士五十有七人。而劉大中所劾多大吏，槖、大中、朱異所舉多聞人。又薛徽言鋭於有爲，而槖、大中數言公私利病，惟胡蒙奉承大臣風旨，此其大略也。

乙未，詔同都督江淮荆浙諸軍事孟庾赴行在。

提舉買馬移邕州

戊戌，詔廣西提舉買馬官移司邕州。

命武臣舉自代

己亥，初命三衙管軍及將帥觀察使以上，舉忠勇智略可自代者一人，如文臣之制。

虜犯仙人關

辛丑，金左都監宗弼自寶雞入寇，犯仙人關。先是，虜既得和尚原〔三〕，利州路制置使吳玠度虜必深入，乃預治壘于關側，號「殺金平」，嚴兵以待。玠弟秦鳳副都總管璘在階州移書言：「殺金平之地，去原尚遠〔四〕，前陣散漫。宜益治第二隘，示必死戰，則可取勝。」至是，宗弼果與撒離曷、劉夔率十萬騎入寇，進攻鐵山，鑿崖開道，犯仙人關。既至，虜據高嶺爲壁，循嶺東下，直攻我軍。玠自以萬人當其前，璘率輕兵由七方關倍道而至，轉戰凡七日，統制官郭震爲宗弼所襲，破其寨，王師屢敗。玠斬震以徇。虜復攻之。

常同劾不才監司

壬寅，常同爲御史不數月，劾罷監司之不才者二十有三人，中外聳然。

李棫買馬七說

乙巳，監察御史明槖言：「昨李棫遣人入大理國買馬，於邊防有所未便，小必失陷官物，大則引惹邊釁。臣講究買馬之術有七：深入蠻國誘之，不惜其直，一也；厚有繒綵鹽貨之本，二也；待以恩禮，三也；要約分明，四也；禁止官吏侵欺，五也；信賞必罰以督之，六也；馬悉歸朝，而後付於將帥，七也。望下提刑司根究〔五〕，諸司鹽利剩錢應副買馬，仍下提舉司，詳前七說施行。」從之。

李郁以布衣陳要務

鄉貢進士李郁爲右迪功郎。郁以布衣入見，所呈皆當世務。上批：「郁學通世務，議論可采。」故有是命。

張浚至行在

丙午，知樞密院事張浚至行在。殿中侍御史常同、侍御史辛炳皆有論列，不報。浚既見，遂赴樞密院治事。

吳玠仙人關之捷

三月辛亥朔，川陝宣撫司都統制吳玠敗虜于仙人關〔六〕。初，宗弼與玠連戰未決，虜遣生兵萬餘擊玠營之左，玠分兵擊却之，賊怒，擁衆乘城，玠遣統制官楊政以刀槍手深入。統制官吳璘以刀畫地，謂諸將曰：「死則死此，敢退者斬！」虜分爲二陣，宗弼陣于東，將軍韓常陣于西。我軍苦戰久，遂退屯第二隘。政亦言於玠曰：「此地爲蜀阨塞，死不可失。當守以强弩，彼不敢捨此而犯關。」玠從之。虜進攻第二隘，人披兩鎧，鐵刃相連，魚貫而上。璘督士死戰，矢下如雨，虜死者層積〔七〕，復踐而登。撒離曷翌日命諸軍併力攻營之西北樓，玠遣政與統領官田晟出鋭兵，持長刀大斧，擊其左右。夜布火，四山大震，鼓隨之。壬子夜，壘中大出兵，遣右軍同統領王喜及王武等諸將，分紫、白旗入虜營〔八〕，虜驚潰，將軍韓常爲官軍射損左目。虜不能支，遂引兵宵遁。右軍統制張彥劫虜横山寨，斬千餘級。玠遣統制官王俊設伏河池，扼其歸路，又敗之。是舉也，虜決意入蜀，自撒離曷已下，皆盡室以來。既不得志，遂還鳳翔，授甲士田，爲久留計，自是不復輕動矣。

大事記曰：張浚以樞府任川、陝，半天下之責，前控六路之師，後據兩川之粟，左通荆、襄之財，右出秦、隴之馬，以爲定天下大計。雖趙哲離部，致有富平之敗，而得劉子羽以保興元，用吴玠以保大散關，遂有和尚原之捷，繼有殺金平之捷，虜自是不敢犯蜀矣〔九〕。

不喜劉大中興獄

丁巳，右司諫劉大中守秘書少監。上諭朱勝非曰：「大中頃使江西，頗多興獄，今猶未已。若令爲諫官，恐郡縣觀望。朕于用刑，欽恤明慎，常懼有司行法於意外。今遷大中爲少監，蓋朕之深慮也。」

命趙鼎薦人才

戊午，江南西路制置大使趙鼎參知政事。時鼎已召而未至也。上命鼎薦人才，鼎即以王居正、吕祉、董弅、林季仲、陳槖、朱震、范同、吕本中上之。乃詔三省公共隨器任使。

却獻佛像

撫州布衣甯子思獻白銀木刻成千手大悲像，極精工。朱勝非進呈，上曰：「朕平日未嘗佞佛，然亦不敢加訾。顧飾象設以祈福，乃流俗之事，非朕心也。」

却獻玉尊

勝非又言：「撫州有玉尊刻成龍文，疑禁中舊物，未敢進。」上曰：「此尤無謂。異時茶馬司常竊市馬之直，以易玩好，是舉山澤之利，而投之無用之地爾。其勿受。自今有來獻者，皆却之。」

夜，雨雹。

壬戌，孟庾自鎮江至行在。時督府諸將既已分戍，遂併其府廢之，而以其餘兵隸都統制張俊。

罷督府

乙丑，知樞密院事張浚罷爲資政殿大學士、提舉臨安府洞霄宮。時辛炳、常同論浚不已，上未聽。二人因録所上四章申浚。浚懼，即移疾待罪，且以呂頤浩在相位時書進呈，上乃釋然。炳又言：「前此人臣，未有如浚之跋扈僭擬、專恣誤國、欺君慢上者。」同亦論奏如炳言，故浚遂罷。丁卯，張浚落職奉祠。後三日，詔浚福州居住。

張浚貶居福州

龜鑑曰：建炎初，潼關告警，羽檄交馳。浚以密院而任川陜宣撫之職，請任西事，分司秦州。左通荆、襄之財，右出秦、隴之馬。興元一奏，勇於自任。擢劉子羽於參謀，而弛禁通商，輸財濟飢，熙如也。用趙開於總領，而民不加賦，軍用自足，裕如也。而分畫諸將，如吴玠，如王彦，如劉錡，如關師古等，莫不屬其指授之下，自是而捷於寶雞，捷於箭筈，捷于和尚原，捷于殺金平，劍閣棧道賴以保全。此雖吴武安玠以下諸將戰鬬之功，而分畫措置，莫非我魏公力也。而議者乃以秘閣崇儒、尚方鑄印中傷之，雖聖明天子有「人言其過，朕皆不聽」之諭，而還朝以後，言者滋甚，浚不容不落職出居外郡矣。

張浚乞備虜絶和議

浚即日如福州，從者皆去。肩輿才兩人。浚雖得罪，猶上疏論虜僞暫和〔一〇〕，心必未已，當益爲備具。大略言：「此虜情狀，專以和議誤我，亦云久矣。彼勢促則言和，勢盛則復肆，前後一轍。姑請以近事明之：紹興二年秋，黏罕有親寇蜀之意〔一一〕，先遣王倫還朝，且致勤懇，蓋懼朝廷大兵乘彼虚隙，又其爲劉豫之計，至委曲周悉也。自後九月，余睹作難，前謀遂寢。至十二月，余睹之難稍息，則復大集蕃漢之衆〔一二〕，徑造梁、洋，是時朝廷已遣潘致堯出使矣。次年二月，虜困饒風，進退未遑。先是，朝廷開都督府，議遣韓世忠直抵泗州，虜實畏之，於四月遣致堯還，其詞婉順，欲邀大臣共議，此非無所忌憚而然也。梁、洋之寇未能出，竟至五月而後得歸〔一三〕。既狼狽矣，而世忠大兵尋復輟行，虜之氣力固已復蘇，而叛豫之心亦云紓緩，所以前日使人之來，求請不一，故爲難從之事也。竊惟此虜傾我社稷，壞我寢陵，迫我二帝，驅我宗室、百官，自謂怨隙至深，其朝夕謀我者不遺餘力矣。況劉豫介然處於其中，勢不兩立，必求援於虜。借使暫和，心必未已。數年之內，指摘他故，豈無用兵之詞？而我將士，率多中原之人，謂和議已定，不復進取，將解體思歸矣。若謂今日不得已而與之通使，爲陛下之權，敵亦固能用權也。願陛下蚤夜深思，益爲備具，處將士家屬於積粟至安之地，使出而戰守者，無返顧奔散之憂。精擇奇才，以撫川、陝之師，使積年屯邊者，無懈墮懷望之意。江淮、川陝互爲牽制，斥遠和議，用集大業。臣奉使川、陝，竊見主兵官，除吴玠、王彦、關師古累經拔擢，備見可任外，其餘人才尚衆，謹開具如左：吴璘、楊政可統大兵，田晟可總一路，王宗尹、王喜、王彦可爲統制。」後皆有聲，世服其知人。

張浚薦人皆有聲

癸酉，知湖州汪藻上所編元符庚辰以來詔旨二百卷，詔送史館。

辛炳論用人三弊

乙亥，御史中丞辛炳論用人三弊，曰：「分朋黨以立門庭；緣愛憎而有用舍；記小過而掩實行。」疏奏，上嘉納之。

鄧名世春秋譜

詔草澤鄧名世引見上殿。名世初以劉大中薦，召赴行在，獻所著春秋四譜、古今姓氏書辨證[一四]。上遂命爲迪功郎。

吴玠爲宣撫副使

賜親筆不得拊卿背

夏四月庚辰朔，制授吴玠川陝宣撫副使。上賜以所御戰袍、器甲，且賜親筆曰：「朕恨阻遠，不得拊卿之背也。」玠素不爲威儀，既除宣撫副使，簡易如故，常負手步出，與軍士立語。幕客請曰：「今大敵不遠，安知無刺客？萬一或有意外，則豈不上負朝廷委注之意，下孤軍民之望哉？」玠謝曰：「誠如君言。然玠意不在此〔一五〕。國家不知玠之不肖，使爲宣撫。玠欲不出，恐軍民之間冤抑而無告者，爲門吏所隔，無由自達。」幕客乃服。

趙開再任

總領四川財賦趙開令再任，用王似等奏也。

辛巳，詔兵部申嚴奏功不實法。時臣僚奏：「軍興以來，陛下不惜爵賞，以旌戰功，勸忠節。而所屬上功，類不覈實，有隨衆從軍，而曰躬冒矢石；有盜賊自去，而曰收復州縣；有賊過境上，而曰保守無虞；有未嘗臨敵，而曰斬獲賊級。似此姦罔，詎可置而不問？」故有是命。

臣留正等曰：昔魏尚守雲中，坐上功差六級，下之吏，削其爵。李廣出右北平，遇左賢王戰〔一六〕，以功過相當，亡賞。漢家賞功之令嚴矣〔一七〕！戰而勝，吏以法當其賞；戰而不勝，吏以法繩其罪。過足以累其功，而功不足以贖其過，是以當其軍一出塞，人人争殊死戰者，知敗則必誅也。幕府上功，毋或差一級者，知言不相應，則賞不行也。終漢之世，征伐四夷〔一八〕，無不如志，亦賞典明而將士用命爾。近世則不然，平時竭民力贍戰士，以待一旦緩急之用，卒然邊鄙有警，使之擐甲，必先賞而後遣之。及其既戰，奏功來上，有司不敢問其士馬物故幾何，但問其斬首虜級若干爾〔一九〕。大將偏裨首已定封，部曲行伍紛紛論賞，動以萬計，其間親戚子弟，目不識旌旗，耳不聞鉦鼓，往往第功，常出戰士之右，噫！亦已濫矣。夫有功而不賞，固無以得三軍之力，論賞而不當，亦無以服三軍之心。古者賞一人，而千萬人勸，未聞賞千萬人，而不足以勸一人也。國家法令具載，有司舉而行之，正在今日，臣是以備論之。

竄劉子羽

癸未，宣撫處置使司參議官劉子羽責授單州團練副使、白州安置。以諫議大夫唐煇、給事中胡交修、殿中侍御史常同交章論之也。

吳玠復鳳秦隴州

丙戌，吳玠與虜戰〔二〇〕，敗之，復鳳、秦、隴州。

謝克家薦布衣江袤

丁亥，詔衢州布衣江袤召赴都堂審察。守臣謝克家言其才行于朝，故召，遂命爲右迪功郎。

置臨安孳生監

庚寅，置孳生牧馬監于臨安府。

罷廣西茶鹽司

甲午，罷廣西茶鹽司，其職事令轉運司主管，其後復以廣東提舉司兼之。

庚子，詔江東宣撫使劉光世遣兵巡邊。

徐俯蔑視同列

丙午，僉書樞密院事徐俯提舉臨安府洞霄宫。俯既登宥密，頗驕傲自滿。朱勝非、趙鼎同在二府，俯蔑視之，每除一登第者，則曰：「又一經義之士。」嘗與論兵，視鼎曰：「公何足以知此？」鼎曰：「鼎不足以知之，豈若師川之讀父書邪？」俯大不堪，而無以酬之，卒不安位而去。

罷市御爐炭

戊申，罷婺州市御爐炭，令户部講究，更有似此之類，並行禁止。時兩浙轉運司檄婺州市炭，須胡桃文、鵓鴿色〔三〕，會守臣王居正入爲起居舍人，面奏：「臣頃承漕司牒，開讀至此，群吏以目，俄頃之間，道路籍籍。聞之傍郡，蓋有不勝其擾者。」上曰：「朕平居衣服飲食，猶且未嘗問其美惡。隆冬附火，止取温暖，豈問炭之紋色也？」及是，輔臣進呈，上蹙然曰：「當艱難之時，豈宜以此擾人？可令速罷。」故有是旨。

命岳飛收復襄陽

五月庚戌朔，先是，朱勝非言：「襄陽上流，襟帶吳、蜀。今陷於寇〔三〕，所當先取。」上曰：「就委岳飛，何如？」參知政事趙鼎曰：「知上流利害，無如飛者。」至是，命飛兼黄復州、漢陽軍、德安府制置使，以飛出師也。

議修神哲兩朝史

癸丑，左朝奉大夫范沖守宗正少卿兼直史館。前一日，執政進呈，上諭朱勝非等曰：「神宗、哲宗兩朝史録，事多失實，非所以傳信後世，當重別刊定。著唐鑑范祖禹有子名沖者，已有召命，可促來，令兼史事。」勝非曰：「神宗史緣添王安石日録，哲宗史經蔡京、蔡卞之手，議論多不公。今蒙聖諭，命官刪修，足以昭彰二帝盛美，天下幸甚！」

淮南帥守營田入銜

命條屯田利便

甲寅，詔淮南帥臣兼營田使，知、通、縣令銜内兼帶「營田」二字。於是大省冗官。且令監司、守臣條畫營田利便，限一月聞奏焉。

岳飛復郢州

江西制置使岳飛復郢州，遂引兵攻襄陽，軍聲大振。

詔幾察巡尉失職

詔稽查贓吏犯法

丁巳[二三]，詔：「監司、郡守常切幾察贓吏犯法、巡尉失職，並仰劾奏。如失覺察，取旨重行。」時禮部員外郎郭孝友言：「今東南州縣，無水旱之災、夷狄之禍[二四]，而居無尺椽，爨無盛煙者，贓吏害之、盜賊擾之耳。郡縣有贓吏，乃煩朝廷遣使以黜陟之，是按察之官不稱職也。鄉邑有盜賊，乃煩朝廷命將以招捉之，是討捕之官不勝任也。願陛下申命有司，禁貪墨於未發之前，消姦宄於未形之際。」故有是旨。

庚申，詔日曆所速行條具重修哲宗實録事件聞奏。

與光世交惡不已

辛酉，淮東宣撫使韓世忠奏，本軍統兵官劉光弼乞陞差。上謂輔臣曰：「光弼必光世之家，玆事未便，恐光世疑也。」世忠與光世交惡不已，至是，世忠自揚州入朝，殿中侍御史常同言：「二人蒙陛下厚恩，不思叶心報國，一旦有急，其肯相援？望分是非，正典刑，以振綱紀。」上以章示二人。他日，帶御器械劉光烈召帶御器械韓世良食，世良峻拒之。

諭韓世忠令釋憾

世忠見上，因及其事，上曰：「世良等内諸司耳，設有不和，罷其一可也。至如大將，國家利害所係。漢寇恂、賈復以私憤幾欲交兵，光武一言分之，即結友而去。卿與光世不睦，議者皆謂朝廷失駕馭之術，朕甚愧之。」世忠頓首請罪曰：「敢不奉詔！他日見光世，當負荆以謝。」上以其語諭輔臣，然二人卒不解。

禁中百事守典故

癸亥，日曆所乞關内東門司，取會禁中應出納更改事務。先是，内東門司取旨，不許供報。至是，史館修撰綦崇禮復以爲請，乃許之。上因言：「禁中百事，皆遵守典故，不惟祖宗家法不敢輕議改更，亦厭紛紛多事也。」

甲子，參知政事孟庾兼權樞密院事。時密院全闕官，用故事而有是命。

罷武尉

戊辰，罷諸縣武尉。

三省細務歸六曹

壬申，三省條上裁省細務一百十一事，歸之六曹。上諭朱勝非曰：「卿等當進退人材，修明法度，助朕圖恢復之計。繁文末節，非所以委付大臣者。」勝非頓首謝。

諭朱勝非圖恢復

臣留正等曰：大事關僕射者，所以著唐制之得體；宰相不親小事者，所以譏蜀臣之失職。蓋執刀斧，運斤鋸，左右趨走者，衆工之所服役，而梓人則不過司繩墨，正大綱，餘無所事焉。且天官雖均列六卿，而以治典居六卿之冠，明六卿分任庶務，以逸夫天官耳。不然，百官庶府條目如蝟，雜然叢諸宰庭，殆有不勝應者，何以優游講究國家之大事耶？太上皇帝高見遠覽，清中書之務，厲分職之官，責六曹長貳無得苟簡，而專以恢復大計屬宰臣，可謂得任人之要矣。傳曰：「揭裘者振領，綱舉而目張。」其斯之謂歟？

復史館名

癸酉，詔修國史日曆所，復以史館爲名。

王普上明堂典禮

甲戌，國子監丞王普上明堂典禮未正者十二事。

選伯玖入宮

丁丑，詔秉義郎子彦特轉武翼郎、添差温州兵馬鈐轄。左中大夫、新知

岳飛復襄陽唐州

川陝類省如故

程昌寓招楊華

金星晝見經天

范沖辭修史不允

泉州令懬特轉行左大中大夫。初，令懬奉詔選宗室子，至是，復得子彥之子伯玖，年五歲。上以其聰慧可愛，命吳才人育之。尋以中書舍人張綱言，詔令懬轉左大中大夫指揮勿行〔二五〕。

岳飛引兵復襄陽府。初，僞齊將李成聞郢州失守，乃棄襄陽去。飛進軍據守，遂復唐州。

六月壬辰，詔川、陝合赴省舉人，令宣撫司於置司州置試院，選差監試考試官，務在依公，精加考較，絶請托不公之弊。先是，詔省試並就行在，至是，禮部侍郎陳與義奏：「川、陝道遠，恐舉人不能如期。」故復令類試焉。

乙未，詔楊華特補修武郎、添差臨安府兵馬都監。樞密院奏華已受程昌寓招安，故有是命。

金星晝見經天。

丙申，新除宗正少卿兼直史館范沖辭免恩命。朱勝非奏曰：「沖謂史館專修神宗、哲宗史録，而其父祖禹當元祐中任諫官，後坐章疏議論，責死嶺表，而神宗實録又經祖禹之手。今既重修，則凡出京、卞之意〔二六〕，及其增修者，不無删改。倘使沖預其事，恐其黨未能厭服。」上曰：「紛紛浮議，不足恤也。」勝非曰：「沖不得不以此爲辭。今聖斷不移，沖亦安敢有請？」上復愀然謂勝非曰：「此事豈朕敢私？頃歲昭慈聖獻皇后誕辰，因置酒宫中，從容語及前朝事，昭慈謂宣仁聖烈皇后誣謗，雖嘗下詔辨明，而史録所載，未經刪改。朕每念及此，惕然於懷，朝夕欲降一詔書，明載昭慈遺旨，庶使中外知朕修史之本意也。」勝非進呈曰：「聖諭及此，天下幸甚！」

遵昭慈意修史

詔增置秘書郎、著作郎各一員，校書郎、正字各二員。

增秘書省官

己亥，詔：「今後除授館職，寺監丞、博士、御史臺檢法官、主簿，在外監司、帥司，並命詞給告。承務郎以上差遣給敕命。惟選人止用劄子。」

重定給告敕制

庚子，吏部員外郎吕聰問上故相吕大防所撰其祖公著神道碑，且言：「臣猶記憶少時，親見大防取索當時詔本、日曆、時政記，以爲案據，撰成此文。由是觀之，先皇與子之志，蓋已定於一年之前，豈容中間更有異議？其所以召臣祖輔嗣君，欲更革之意，亦皆出於神宗皇帝之本心。後來臣祖與司馬光乃是推原美意，遵奉初詔，即非輒詆先帝，輕變舊章。當時若使更俟年歲，神宗當自更之，豈特元祐？臣切聞聖詔，欲改修二史，所係之大者，無出於此，謹以投進。乞宣付三省、史館録白，以爲案底。」從之。

吕聰問上吕公著碑

初置史館校勘

壬寅，初置史館校勘員。

呂熙自便

惠州牢城人呂熙許自便。熙坐殺苗傅之徒張政抵罪，至是始釋之。

命講究防秋

丙午，執政奏事，上顧謂曰：「岳飛已復襄、郢，黏罕聞之必怒。況今正是六月下旬，便可講究防秋。儻虜人尚敢南來〔二七〕，朕當親率諸軍迎敵，使之無遺類〔二八〕，即中原可復也。」

岳飛復隨州

江西制置使岳飛復隨州〔二九〕。

是月，熒惑犯南斗。

秋七月戊申朔，吏部尚書胡松年簽書樞密院事。

范同言諸將不協

乙卯，祠部員外郎范同言：「師克在和。大抵剛果豪健之士，以氣相高，始由小嫌，寖成大釁。陛下拔用才傑，禮遇勳賢，備極榮寵，固將憑藉忠力，掃除腥穢〔三〇〕，一清寰宇，恢復祖宗之業。而道塗竊議，以謂將帥忘輯睦之義，記纖芥之怨，或享高位而忌嫉軋己，或恃勳勞而排抑新進。審如是，他日必有重貽聖慮者。欲望明示至意，使之視春秋諸卿以爲戒，追漢、唐名將而踵其迹，豈惟社稷是賴，而勳名寵位，克享始終，亦陛下保全之德也。」詔劄與諸將帥。先是，劉光世、韓世忠久不叶，而岳飛自列校拔起，頗爲張俊所忌，故同及之。

玠以功陞兩鎮檢校

賞仙人關功

丙辰，川陝宣撫副使吳玠爲檢校少師、奉寧保靜軍節度使，録仙人關之功也。

左右司考郎官治狀

丁巳，詔左、右司，歲考郎官功過、治狀優劣，上省取旨賞罰。復舊制也。

中興詔旨付史館

辛酉，知湖州汪藻上所編中興詔旨三十七册，詔送史館。

岳飛復鄧州

甲子，岳飛復鄧州。

因民言約束内侍

己巳，執政進呈内降公事，上諭曰：「近民間又造飛語，多及内侍。此曹何足惜？恐因而生變，不可不止絶之。」朱勝非曰：「恐軍中亦有幸變者。更乞諭張俊、楊沂中〔三〕，使之機察。然内侍輩亦望約束，令省事。」上曰：「何嘗假借此曹，兼已戒俊與沂中，但令臨安府略加根治可也。」趙鼎進曰：「民言可畏，亦不可不採聽。願陛下思所以致此言之由。」上嘉納之。

詔户部增數和糴

詔户部措置錢物二百萬緡增數和糴。舊例，朝廷歲降本錢三百六十萬緡，約糴米九十萬石。至是，中書請增糴焉。

按閲劉光世兵

激劉光世立功

庚午，命宰執按閲江東、淮西宣撫使劉光世帶到軍馬。光世自池州入朝，見上言：「今軍中錢糧既已不乏，器甲又漸足備。臣官職超踰衆人，所願竭力報國，他日史官紀中興名將帥，書臣功第一。」上曰：「卿不可徒爲空言，當見之行事。」光世愯然受命而去。

章誼等自虜還

辛未，樞密院承旨章誼、給事中孫近使金國還，入見。初，誼等至雲中，與宗維、希尹論事不少屈，虜諭令亟還〔三二〕。誼等曰：「萬里銜命，兼迎兩宫，必須得請。」虜乃令蕭慶受書〔三三〕。宗維答書，又約以淮南毋得屯駐軍馬，蓋欲晝江以益劉豫也。誼等還，至睢陽，爲豫所留，以計得免。上嘉勞久之。

刊定斷例

癸酉，初命大理丞、評刊定見行斷例。

趙詳平建昌叛兵

憂民無辜受禍

乙亥〔三四〕，執政進呈趙詳已平建昌叛兵，上曰：「官軍既入城，寧免玉石俱焚？」趙鼎進曰：「未必敢肆殺戮，恐須劫掠耳。」上愀然不悦，曰：「斯民無辜，遽遭此禍，其令有司優恤之。」

范沖論王安石變法

八月戊寅朔，宗正少卿兼直史館范沖入見。上云：「以史事召卿，兩朝大典，皆爲姦臣所壞，若此時更不修定，異時何以得本末？」沖對曰：「臣聞萬世無弊者，道也；隨時損益者，事也。仁宗皇帝之時，祖宗之法誠有弊處，但當補緝，不可變更。當時大臣如吕夷簡之徒，持之甚堅。范仲淹等初不然之，議論不合，遂攻夷簡，仲淹坐此遷謫。及仲淹執政，猶欲伸前志。久之，自知其不可行，遂已。王安石自任己見，非毀前人，盡變祖宗法度，上誤神宗皇帝。天下之亂，實兆于安石，此皆非神宗之意。」上曰：「極是。」上又論史事，沖對：「先臣修神宗實録，首尾在院，用功頗多，大意止是盡書王安石過失，以明非神宗之意。其後安石婿蔡卞怨先臣書其妻父事，遂言哲宗皇帝紹述神宗，其實乃蔡卞紹述王安石。惟是直書安石之罪，則神宗成功盛德，焕然明白。哲宗皇帝實録臣未嘗見，但聞盡出姦臣私意，未論其他，當先明宣仁聖烈誣謗。」上曰：「正要辨此事。」上又曰：「道君皇帝聖性高明，乃爲蔡京等所誤。」沖對：「道君皇帝止緣京等以『紹述』二字劫持，不得已而從之。」上曰：「人君之孝不在如此，當以安社稷爲孝。」沖對曰：「頃在政和間，嘗聞道君皇帝六鶴詩。一聯云：『網羅今不密，回首不須驚。』宣示蔡京等云：『此兩句專爲元祐人設。』以此知道君皇帝非惡元祐臣僚。」上曰：「何如當時便下一詔，用數舊臣，則其事遂正。」沖對曰：「如聖諭，天下無事矣！」上又論王安石之姦曰：「至今猶有説安石是者。近日有人要行安石法度，不知人情何故，直至如此？」沖對：「昔程頤嘗問臣：『安石爲害於天下者何事？』臣對以新法。頤曰：『不然。新法之爲害未爲甚，有一人能改之，即已矣。安石心術不正，爲害最大，蓋已壞了天下人心術，將不可變。』臣初未以爲然，其後乃知安石順其利欲之心，使人迷其常性，久而不自知。」上曰：「安石至今猶封王，豈可尚存王爵？」

命趙鼎宣撫川陝

庚辰，御劄〔三五〕：「參知政事趙鼎知樞密院事，充川陝宣撫處置使。」鼎留身，辭以非才，上曰：「行朝之事，朕自主之。宰相苟非其人，自有臺諫。四川全盛，半天下之地，盡以付卿，卿以便宜黜陟，專之可也。」時鼎除命既出，諸名士爭願從之。

編七司例册

詔吏部編七司例册。時有旨，六曹細務，令長貳治其事，有條者以條決之，無條者以例決之，無條例者酌情裁決。刑部侍郎兼權吏部侍郎胡交修言：「旋行檢例，吏得爲姦。乞將應干敕、劄、批狀、指揮可以爲例者〔三六〕，各編爲册，令法司收掌，以俟檢閱。」從之。

岳飛軍極有紀律

癸未，知江州陳子卿報岳飛已復鄧州。上曰：「朕素聞飛軍極有紀律，未知能破敵如此。」胡松年曰：「惟其有紀律，所以能破賊。若號令不明，士卒不整，方自治不暇，緩急豈能成功耶？」

魏矼論用人之道

甲申，侍御史魏矼入對，論：「遴擇群才，隨宜器使，考之僉論，揆之已試，毋分朋類，毋徇愛憎。上自廟堂，次及將帥、侍從，下至百司庶府，外至郡守、監司，各因其才而任之，則天下之務粲然舉矣。」己酉，輔臣進呈，上曰：「朝廷當爲官擇人，不可爲人擇官。砭論隨宜器使，正得用人之道。」

趙鼎兼領荆襄

戊子，趙鼎改都督川陝荆襄諸軍事。先是，鼎因奏事，言：「臣今此行，與吴玠爲同事，或當節制之邪？」上悟。是日，輔臣進呈，孟庾、胡松年言：「鼎使名與王似、盧法原、吴玠相似，請易一使名。」鼎奏：「荆襄乃川陝後門，勢須兼領。」上以爲然，故有是命。

魏良臣王繪使虜

乙未，尚書吏部員外郎魏良臣充大金通問使，閤門宣贊舍人王繪副之。

置餘杭孳生監

詔以餘杭縣南上下湖地，置孳生牧馬監，命臨安府守臣兼提舉，每馬五百匹爲一監，牡一而牝四之，歲産駒三分、斃一分以上，皆有賞罰。

毁王安石舒王誥

丙午，詔追王安石舒王告毁抹，從吕聰問之請也。靖康初，已詔追奪安石王爵，至是始毁其告焉。

減江西折絹價

詔江西和買絹折納錢，每匹減作六千省，人户願輸正色者，聽。

范沖條宣仁誣謗事

戊戌，直史館范沖條上宣仁聖烈皇后誣謗事，沖奏：「臣親奉玉音，開諭再四，至於議熙、豐之法度，則曰：『神宗之意，初實不然。』言紹聖之繼述，則曰：『帝王之孝，豈在於是？』辨宣仁之誣謗，謂：『功烈之盛，何可不明？』思道君之聖明，謂：『姦臣所誤，安得不悔。』臣願陛下特出睿斷，明詔群臣，以聖意所在，示之好惡。」詔付史館。

岳飛年少建節

壬寅，神武後軍統制岳飛爲清遠軍節度使、湖北路荊襄潭州制置使。

委岳飛討楊么

樞密院言：「楊太等作過日久，理難容貸。王𤫉出師踰歲，不能成功，致一方受弊。」乃詔專委飛措畫討捕。飛時年三十二，自中興後，諸將建節，未有如飛之年少者。

王似復知成都

川陝宣撫使王似復知成都府兼本路安撫使，以趙鼎出使故也。

愛惜名器

不以土木功轉官

權臨安府梁汝嘉奏明堂行禮殿成，乞提點官以次推賞。上曰：「朕愛惜名器，以待戰士。土木之功，豈當轉官？但可等第支賞耳。」

增入名儒講義皇宋中興聖政卷之十五

校勘記

〔一〕虜所議事　「虜」原作「北」，據宋刊本、明抄本及宋史全文卷一九改。

〔二〕改提舉臨安洞霄宮　「臨安」原脱，據繫年要録卷七二補。

〔三〕虜既得和尚原　「虜」原作「敵」，據宋刊本、明抄本及宋史全文卷一九改。下同。

〔四〕去原尚遠　「尚」原作「上」，據繫年要録卷七三改。

〔五〕望下提刑司根究　「下」原作「之」，據宋刊本、明抄本及繫年要録卷七三改。

〔六〕川陝宣撫司都統制吴玠敗虜于仙人關　「虜」原作「敵」，據宋刊本、明抄本及宋史全文卷一九改。下同。

〔七〕虜死者層積　「層積」原脱，據繫年要録卷七四補。

〔八〕分紫白旗入虜營　「虜」原作「敵」，據宋刊本、明抄本及宋史全文卷一九改。下同。

〔九〕虜自是不敢犯蜀矣　「虜」原作「敵」，據宋刊本、明抄本改。

〔一〇〕猶上疏論虜僞暫和　「虜」原作「敵」，據宋刊本、明抄本及宋史全文卷一九改。下同。

〔一一〕黏罕有親寇蜀之意　「寇」原作「窺」，據宋刊本、明抄本及宋史全文卷一九改。

〔一二〕則復大集蕃漢之衆　「蕃」原作「北」，據宋刊本、明抄本及宋史全文卷一九改。

〔一三〕梁洋之寇未能出竟至五月而後得歸　「寇」原作「兵」，據宋刊本、明抄本及宋史全文卷一九改。「竟」，明抄本作「境」。

〔一四〕獻所著春秋四譜古今姓氏書辨證　「書辨證」原脱，據繫年要録卷七四補。

〔一五〕然玠意不在此　「此」原作「比」，據宋刊本、明抄本及宋史全文卷一九改。

〔一六〕遇左賢王戰　「左」原作「生」，據繫年要録卷七五改。

〔一七〕漢家賞功之令嚴矣　「令」原作「今」，據宋刊本、明抄本及繫年要録卷七五所引改。

〔一八〕征伐四夷　「四夷」原作「不絶」，據宋刊本、明抄本改。

〔一九〕但問其斬首虜級若干爾　「虜」原作「敵」，據宋刊本、明抄本改。

〔二〇〕吴玠與虜戰　「虜」原作「敵」，據宋刊本、明抄本及宋史全文卷一九改。

〔二一〕須胡桃文鵓鴿色　「胡」原作「核」，據宋刊本、明抄本、宋史全文卷一九及繫年要録卷七五改。

〔二二〕今陷於寇　「寇」原作「敵」，據宋刊本、明抄本及宋史全文卷一九改。

〔二三〕丁巳　繫年要録卷七六繫於「戊午」。

〔二四〕無水旱之災夷狄之禍　「夷狄」原作「甲兵」，據宋刊本、明抄本及宋史全文卷一九改。

〔二五〕尋以中書舍人張綱言詔令廳轉左大中大夫指揮勿行　案此事繫年要録卷七七繫於「六月癸未」。

〔二六〕則凡出京下之意　「下」原作「卞」，據宋刊本、明抄本及繫年要録卷七七改。

〔二七〕儻虜人尚敢南來　「虜」原作「北」，據宋刊本、明抄本及宋史全文卷一九改。

〔二八〕使之無遺類　「遺類」原作「片甲」，據宋刊本、明抄本及宋史全文卷一九改。

〔二九〕江西制置使岳飛復隨州　「隨」原作「隋」，據繫年要録卷七七及宋史卷二七高宗本紀四改。

〔三〇〕掃除腥穢　原作「奠定西北」，據宋刊本、明抄本及宋史全文卷一九改。

〔三一〕更乞諭張俊楊沂中　「俊」原作「浚」，據宋刊本、明抄本及繫年要録卷七八改。

〔三二〕虜諭令亟還　「虜」原作「北」，據宋刊本、明抄本及宋史全文卷一九。

〔三三〕虜乃令蕭慶受書　「虜」原作「敵」，據宋刊本、明抄本及宋史全文卷一九改。

〔三四〕乙亥　原作「己亥」，案本月庚戌朔，無己亥日，據繫年要録卷七八改。

〔三五〕御劄　「劄」原作「扎」，據宋刊本、明抄本及繫年要録卷七九改。

〔三六〕乞將應干敕劄批狀指揮可以爲例者　「干」原作「于」，據宋刊本、明抄本及繫年要録卷七九改。

增入名儒講義皇宋中興聖政卷之十六

高宗皇帝十六

紹興四年九月丁未朔，右奉議郎呂應問貸死，除名，化州編管。先是，朝議取宣諭官所劾贓吏，擇最重者一人，用祖宗故事決之。應問前知華亭縣，與池州貴池縣丞黄大本皆繫獄。刑部言：「應問犯自盜，贓六十三匹，大本犯枉法，贓一百四十五匹，比之應問數多。」乃令應問先次依法擬斷。編管呂應問

戊申，詔減淮、浙鈔鹽錢每袋三千，令諸場對支新舊鈔各半，以户部言榷貨入納遲細故也。自渡江至今，鹽法五變，而建炎舊鈔支發未絶，乃命以資次前後，從上併支焉。渡江後鹽法五變

壬子，詔賜川、陜、荆、襄都督府度牒一萬道，紫衣、師號各二千五百道。

趙鼎將行，上疏言：「陛下建炎中遣張浚出使川、陜，國勢百倍於今。浚有補天浴日之功，陛下有山河之誓，君臣相信，古今無二。而終致物議，以被竄趙鼎申理張浚

逐。夫喪師失地，浚則有之，然未必如言之者甚也。大抵專黜陟之典，受不御之權，則小人不安其分，謂爵賞可以苟求。一不如意，便生觖望。是時蜀士至於醵金募人，詣闕訟之，以無爲有，何以自明？故有志之士，欲爲國立事者，每以浚爲戒。且浚有罪，臺諫論之可也，人主誅之，亦無憾也。今乃下至草澤、行伍，凡有求於浚而不得者，人人投牒醜詆，及其母妻，甚者指爲跋扈，抑何甚哉！今臣無浚之功，當此重責，去朝廷遠，恐好惡是非，行復紛紛於聰明之下矣。」

癸丑，吏部員外郎魏良臣、閤門宣贊舍人王繪以使事入對，時虜人已定議出兵[一]，而朝廷未知也。

韓世忠乞罷和圖恢復

甲寅，建康鎮江府淮南東路宣撫使韓世忠奏，遣使議和非計，乞厲兵恢復。上謂大臣曰：「世忠爲國之忠甚切，可降詔獎諭。」

張致遠言淮南營田

乙卯，殿中侍御史張致遠言：「淮南營田四五年間，不聞獲斗粟之用，是必有不可行者。今江北流寓之人，失所者甚衆，若委逐處守令，誘之歸業。應有照驗物産，盡數給還，仍根括荒地，許人請佃，隨其力之大小，量給頃畝，與爲永業，十年勿問。兼營田而行之，將見鄉聚相望，阡陌相屬，雞犬之聲相聞。異時博羅其贏餘，亦足以紓急闕而省轉餉。願更詔群臣，商榷利便，斷而行之。」詔户、工部相度，申尚書省。

祀明堂

辛酉，合祀天地于明堂，赦天下。

虜僞齊渡江入寇

張俊不主避寇議

親征出於聖斷

趙鼎贊上親征

乙丑，僞齊以虜分道入寇〔二〕，騎兵自泗攻滁，步兵自楚攻承。諜報，舉朝震恐，勸上他幸，議散百司。趙鼎獨曰：「戰而不捷，去未晚也。」上用鼎計。先是，右僕射朱勝非因久雨，乞行策免故事，又以餘服爲請。章十二上。至是祀明堂畢，勝非復求去，且論當罷者十二事，侍御史魏矼亦疏勝非五罪，由是得請。鼎之爲參預也，嘗與諸將論防秋大計，獨張俊曰：「避將何之？惟向前一步，庶可脱。」鼎曰：「公但堅向前之議足矣！」鼎每日留身，必陳用兵大計。上意已悟，又使俊密爲之助，至是決意親征，留鼎不遣入蜀，已有命相之意矣。

朱勝非得請終制

庚午，起復守尚書右僕射、同中書門下平章事朱勝非解官，持餘服。

朱震乞營屯荆襄

主管江州太平觀朱震守尚書祠部員外郎、兼川陝荆襄都督府詳議官。震言：「荆、襄之間，沿漢上下，膏腴之田七百餘里，土宜麻麥，古謂之柤中〔三〕。若選良將，招集流亡，務農重穀，寇來則禦，寇去則耕，不過三年，兵食自足。

又給茶鹽鈔於軍中，募人中糴，可以下江西之舟，通湘中之粟，觀釁而動，席卷河南，此以逸待勞之道也。」詔送都督府。時震始入見，上首問以易、春秋之旨，震以所學對，上大善之。

喜朱震論易春秋

壬申，輔臣進呈，上曰：「宰相有姦惡，臺諫當言，朕當施行。若摭以小過，使人無善去者，誰肯作相耶？」趙鼎等對曰：「陛下睿照如此，臣鄰幸甚。」

論臺諫捃摭宰相

金人及僞齊之兵分道渡淮，知楚州樊序棄城去，淮東宣撫使韓世忠自承州退保鎮江府。

金僞齊兵渡淮

癸酉，知樞密院事趙鼎守尚書右僕射、同中書門下平章事兼知樞密院事。初，鼎奏稟朝辭，上曰：「卿豈可遠去？當相卿，付以今日大計。」制下，朝士動色相慶。

留趙鼎作相

甲戌〔四〕，吏部尚書兼權翰林學士沈與求爲參知政事。

趙鼎除宣撫不行

冬十月丙子朔，上謂輔臣曰：「朕爲二聖在遠，生靈久罹塗炭，屈己請和。而虜復肆侵陵〔五〕，朕當親總六軍，往臨大江，決于一戰。」趙鼎曰：「累年退避，虜情益驕。今親征出於聖斷，將士皆奮，決可成功。臣等願效區

親征出聖斷

區，亦以圖報。」上因曰：「伐蔡之功，亦憲宗能斷也，故韓愈謂凡此蔡功，惟斷乃成。」遂詔神武右軍都統制張俊以所部往援世忠，又令淮西宣撫使劉光世移軍建康，車駕定日起發。

孟庾留守行宮

丁丑，參知政事孟庾爲行宮留守，從權措置百司事。

己卯，神武右軍都統制張俊爲浙西江東宣撫使。

御劄論韓世忠

韓世忠進屯揚州

淮東宣撫使韓世忠以所部自鎮江復如揚州。初，上聞虜騎渡淮〔六〕，再以御劄賜世忠，略曰：「今虜氣正鋭，又皆小舟輕捷，可以横江徑渡浙西，趨行朝無數舍之遠，朕甚憂之。建康諸渡，舊爲賊衝〔七〕，萬一透漏，存亡所係。朕雖不德，無以君國子民，而祖宗德澤猶在人心，所宜深念累世涵養之恩，永垂千載忠誼之烈。」世忠讀詔感泣，遂進屯揚州。

臺諫乞扈從

庚辰，侍御史魏矼、殿中侍御史張致遠、右司諫趙霈以急速事乞同班入對，許之。既而矼等與吏部侍郎鄭滋等，以上親總六師，皆乞扈從。致遠又言：「今此虜敢大入〔八〕，謂我猶如向來不習戰爾。若戎輅親征，必伐虜謀。」上曰：「此朕志也！」

上知沈晦爲人

知鎮江府沈晦乞促張俊統兵爲韓世忠之援，趙鼎等稱晦論激昂。上曰：

知馬廣有謀略

駕馭諸將

「晦誠可嘉，然朕知其爲人，語甚壯，膽志頗怯。」鼎因稱：「馬廣極有才〔九〕，可用，嘗因苗傅事得罪。然諸葛亮能用度外人，區區庸蜀，遂致强霸。」上曰：「齊小白能忘射鉤之讎，而用管仲，朕豈不能用廣？可令引見上殿，示以恩信，然後用之，彼必效死力以報朕。」沈與求曰：「陛下駕馭諸將如此，何事不濟？」鼎對曰：「陛下開大度，用人如此，天下幸甚！」

壬午，直史館范沖奏：「録白先臣祖禹供報國史院問目上進，又具到朱、墨本去取體式，乞降付史館，更憑衆議看定修立。」詔依奏，並送史館。

臣留正等曰：史所以傳信，而朱、墨本各據所見，自以爲疑，將何以取信哉？以是益知人臣不可以有黨，有黨則不惟貽禍於一時，其流弊未已也。然而人有邪正，事有信否，辨其人之邪正，審其事之信否，思過半矣。人之邪正，固可以類見，事之信否，求之以當時之事實，參之以故老與夫賢士大夫之所傳，其庶幾歟〔一〇〕。范沖具到朱、墨本去取體式，乞更憑衆議看定，其用心亦公矣，是宜太上皇帝之所聽從也。

薦張浚可當大事

癸未，福州居住張浚爲資政殿學士、提舉萬壽觀兼侍讀。趙鼎言：「浚可當大事，顧今執政，無如浚者。陛下若不終棄，必於此時用之。」故有是命。

喜張礿平允

甲申，大理少卿張礿乞宮觀，上曰：「礿爲理官，頗有平允之稱。邇來有司率多觀望鍛煉，或至刑獄失當，甚非朕所以欽恤之意。人命至重，豈可忽？擇其尤者，當痛加懲艾。大抵刑獄以明恕爲先，深戒慘酷。」趙鼎曰：「礿昨久任理官，不畏强禦，極有執守。」上曰：「當議陞擢，以爲理官之勸。」

復用馬廣

丁亥，和州防禦使馬廣復明州觀察使〔一〕，充樞密副都承旨。廣入對，遂有是命。翌日，趙鼎奏：「陛下用人如此，何患不得其死力？」上曰：「廣知兵法，有謀略，不止於鬬將而已。」

堅親征之議

戊子，趙鼎聞劉光世、韓世忠異議，恐上意移動，復乘間言：「今日之勢，若虜兵渡江〔二〕，恐其別有措置，不如向時尚有復振之理。戰固危道，不猶愈於退而必亡者乎？自詔親征，士皆鼓勇。陛下養兵十年，正在一日。」由是浮言不能入矣。

參知政事沈與求兼權樞密院事。

初許獻納補官

嚴州進士方行之獻家財六千緡助軍，户部乞許行獻納，依例補官，從之。自渡江後，許民間獻納補官始此。

韓世忠大儀之捷

韓世忠賣二使

淮東宣撫使韓世忠邀擊金人於大儀鎮，敗之。初，奉使魏良臣、王繪在鎮江被旨趣行〔一三〕，良臣等至揚州東門外，遇還鋒軍自城中還，問之，云：「相公令往江頭把隘。」入城，見世忠坐譙門上。頃之，流星庚牌沓至，世忠出示良臣等，乃得旨令移屯守江。二人出北門，晚宿大儀鎮。翌旦，行數里，遇胡百十控弦而來〔一四〕。良臣命其徒下馬大呼曰：「勿射！此來講和。」虜乃引騎還天長〔一五〕。問皇帝何在，良臣對曰：「在杭州。」又問韓家何在，有士馬幾何？繪曰：「在揚州，來時已還鎮江矣。」虜曰：「得無用計復還掩我否？」繪曰：「此兵家事，使人安得知？」出城六七里，遇虜將聶兒孛堇，同入城。虜問講和事，且言：「自泗州來，所在州縣，多見恤刑手詔及戒石銘，皇帝恤民如此。」又問韓家何在，良臣曰：「來時親見人馬出東門，瓜洲去矣。」繪曰：「侍郎未可爲此言。用兵、講和自是二事，雖得旨抽回，將在軍，君命有所不受。還與未還，使人不可得而知。」初，世忠度良臣去已遠，乃上馬，令軍中曰：「視吾鞭所嚮。」於是引兵次大儀鎮，勒兵爲五陣，設伏二十餘處，戒之曰：「聞鼓聲則起而擊賊〔一六〕。」聶兒孛堇聞世忠退軍，喜甚，引騎數百趨江口。距大儀五里，其將撻也擁鐵騎過五陣之東，世忠與戰不利，統制官呼延通救之得免。世忠傳小麾鳴鼓，伏者四起，吾軍旗與虜旗雜出，虜軍亂，弓刀無所施，而我師迭進，背嵬軍各持長斧，上揕人胸，下揁馬足，虜全裝陷泥淖中，人馬俱斃，遂擒撻也。世忠又遣董旼分兵往天長縣，遇虜於鵶口橋，擒女真四十餘人〔一七〕。是日，早朝，輔臣進呈世忠奏已統兵渡江，上曰：「世忠忠勇，朕知其必成功。可令户部支銀帛萬疋兩犒賞過江將士，以激其心。」與求曰：「自胡騎蹂踐中原，未嘗有與之戰者。今諸將争先用命〔一八〕，此成功之秋也。」既而世忠又奏：「見在揚州，適霖雨，未能進師，恐朝廷訝成功之遲。」上曰：「兵事豈容遥制？」趙鼎曰：「軍事不從中覆，古之制也。」乃詔世忠聽其臨機制變，而捷書已至矣。

己丑，金人圍濠州。

解元承州之捷

淮東宣撫司前軍統制解元與金人戰於承州，敗之。初，金兵至近郊，元逆料金人翌日食時必至城下，乃伏百人於路要之〔一九〕，又伏百人於城之東北嶽廟下，自引四百入伏于路之一隅，令曰：「金兵以高郵無兵，不知我在高郵，必輕易而進。俟金兵過，我當先出掩之。伏要路者，見我麾旆，則立幟以待。金兵進退無路，必取嶽廟走矣。果然，則伏者出。」衆皆諾。又密使人伏樊良，俟金人過，則決河岸以隔其歸路。食時，金人果徑趨城下。元密數之，有一百五十騎。乃以伏兵出，麾旂以招伏要路者，伏兵皆立幟以待。金人大驚，躊躇無路，遂向嶽廟走。元率兵追之，金人前遇兵，無所施其技，盡被擒，凡得一百四十八人，戰馬、器械皆爲元所得。

虜欲殺我二使

初，聶兒孛堇既敗歸，召奉使魏良臣等至天長。聶兒按劍瞋目謂曰：「汝等來講和，且謂韓家人馬已還，乃陰來害我！」良臣等曰：「使人講和，止爲國家。韓世忠既以兩使人爲餌，安得令知其計？」虜曰〔二〇〕：「汝往見元帥。」右副元帥昌遣接伴官蕭揭祿、李聿興來迓，遂以議事、迎請二聖二書授之。

大事記曰：建炎元年，遣傳雱使虜〔二一〕，二年，遣宇文虛中使虜，此汪、黄爲之也。三年，遣洪皓、崔縱、張邵、杜時亮四人，亦汪、黄爲之乎？紹興七年〔二二〕，再遣王倫，而後和之議成。十一年，遣魏良臣、何鑄而後和之議定，此秦檜爲之也。紹興七年以前，潘致堯、韓肖胄、章誼、魏良臣、何蘇之遣，亦檜爲之乎？胡寅有言：「今納賂則孰富於京室，納質則孰重於二帝，飾子女則孰多於中原之佳麗，遣大臣則孰加於異意之宰輔，以使命之幣，爲養兵之費，此乃晉人征繕立圉之策，漢祖迎太公、吕后之謀也。」不得已，則如李綱所謂奉表兩宮，致思慕之意可也，今尋諸仇讎而請之，何義乎？

非使相以文資蔭子

壬辰(二三)，太尉、神武右軍都統制張俊乞以明堂恩任子宗元文資，吏部言有礙條法。詔特許之。武臣非使相，而以文資禄子孫，自是爲例。

江浙悉納折帛錢

甲午，初，令江、浙民悉納折帛錢，折帛錢自此愈重。

魏矼諭解光世

遣侍御史魏矼往劉光世軍、監察御史田如鼇往張俊軍前諭事(二四)。時光世軍馬家渡，俊軍采石磯。上命促二人往援韓世忠，而光世等軍權相敵，且持私隙，莫肯協心。矼至光世軍中，諭之曰：「賊衆我寡(二五)，合力猶懼不支，況軍自爲心，將何以戰？爲諸公計，當滅怨隙，不獨可以報國，身亦有利。」光世意許，矼因勸之，移書二帥，以示無他，使爲掎角。已而二帥皆復書，交致其情，光世遂以書奏於上，於是光世移軍太平州。

國鳳卿死濠州

丙申，金人陷濠州，守臣寇宏棄城走，通判州事國鳳卿爲所殺(二六)。

上發臨安

戊戌，上登舟發臨安府，奉天章閣祖宗神御以行。晚泊臨平鎮，進呈劉光世乞與韓世忠軍一般支錢糧，上曰：「諸將之兵用命則一，其所支錢糧，豈容有異？此皆呂頤浩不公之弊。」沈與求曰：「豈惟錢糧，至於賞罰亦然。惟至公可以服天下。」上曰：「大臣不公，何以服衆？」趙鼎曰：「苟爲不公，則賞雖厚，人不以爲恩；罰雖嚴，人不以爲威。」上曰：「今日朕親總六師，正當公示賞罰。」

公示賞罰

不許排辦太過

詔沿江州縣如排辦太過，令監司具名以聞，當重行黜責。

獻女真俘

己亥，上次崇德縣。韓世忠遣本司提舉一行事務董旼、參議官陳桷以所俘女真一百八人獻行在[二七]，因言承州陣歿人，乞厚加贈恤。上蹙然曰：「使人死於鋒鏑之下，誠爲可憐。可令收拾遺骸，於鎮江府擇地埋殯，令胡松年就鎮江府設水陸齋致祭[二八]。」沈與求曰：「自建炎已來，將士未嘗與金人迎敵一戰。今世忠連捷，以挫其鋒，其功不細。」趙鼎曰：「陛下既親總六師，則第功行賞，與他時不同。」上曰：「第優賞之，庶幾人知激勸，必有成功。」

優賞戰功

甘陋居菲食

壬寅，御舟次姑蘇館，上乘馬入居平江府行宮。守臣孫佑進御膳，其卓子極弊，上不以爲嫌。他日，謂趙鼎曰：「朕念往日艱難，雖居處隘陋，飲食菲薄，亦所甘心。」

贈恤陳東歐陽澈

故贈承事郎陳東、歐陽澈並加贈朝奉郎、秘閣修撰，更與恩澤二資，賜官田十頃。趙鼎進呈韓世忠奏劄，因論建炎之初，黃潛善、汪伯彥擅權專殺，置二人於極典。上曰：「朕初即位，昧於治體，聽用非人，至今痛恨之。雖已贈官推恩，猶未足以稱朕悔過之意，可更贈官賜田。雖然，死者不可復生，追痛無已！」

王居正草贈東澈制

中書舍人王居正草制曰：「嗚呼！古之人願爲良臣，不願爲忠臣，以謂良臣身荷美名，君都顯號；忠臣已嬰禍誅，君陷昏惡。嗚呼！惟爾東爾澈，其始將有意於忠臣乎！繇朕不德，使爾不幸，而不爲良臣也。雖然，爾藉不幸，不失爲忠，而顧天下後世，獨謂朕何？此朕所以八年於茲，一食三歎，而不能自已也。通階美職，豈足爲恩？以塞予哀，以彰予過。」

甲辰，金右副元帥昌召通問使魏良臣、王繪相見。

仇悆復安豐縣

乙巳，淮西安撫使仇悆遣兵擊金人于壽春府，敗之，遂復安豐縣。

上問胡松年控禦計

十有一月戊申，胡松年自江上還，入見。上問控禦之計，松年曰：「臣到鎮江、建康，備見韓世忠、劉光世軍中將士奮勵，爭欲吞噬醜虜[二九]，必能屏護王室，建立奇勳。」上曰：「數年以來，廟堂玩習虛文，而不明實效，侍從、臺諫搜剔細務，而不知大體，故未能靖禍亂，濟艱難。非朕夙夜留心治軍旅，備器械，今日賊騎侵軼〔三〇〕，何以禦之？」

臣留正等曰：太上皇帝可謂知備禦之本矣。備禦在疆埸，而所以爲備禦者，在朝廷。朝廷不治，疆埸何恃？聖訓有曰：「數年以來，朝廷玩習虛文，而不明實效，侍從、臺諫搜剔細務，而不知大體。」誠非治朝廷之道也。然太上皇帝知虛文細務之不足恃，而以實效大體自圖，夙夜留心治軍旅，備器械，誠得備禦之道，宜乎賊騎侵軼，而有以待之也。晁錯有言曰：「五帝神聖，其臣莫能及，故自親事於法宮之中。」太上皇帝之聖德，固非群臣所敢望其清光。親事法宮，不免上勤宵旰。然使當時輔相、臺諫之有人，少有以上裨聖畫，備禦之功，又豈止於是也。宣王內修外攘，所以必得賢能爲之任使，爲是故也。

再貶汪黃

己酉，詔故責授江州團練副使黃潛善更不追復觀文殿學士，提舉西京嵩山崇福宮汪伯彥落職，依舊宮觀。

庚戌，進呈承、楚、泰州各有水寨民社團聚邀擊賊馬〔三一〕。上曰：「淮甸遺民未能安業，今又遭此賊騎，乃能力奮忠義，不忘國家，實我祖宗涵養之力。凡水寨民兵，並與放十年租税及諸般科配差役，仍支錢米以助之。」趙鼎曰：「陛下德澤如此，人心益以固，國祚益以長矣。」

臣留正等曰：兩淮水寨之民，正猶陝西之弓箭手，河朔之保甲，福建之槍杖手也。無事則力田以自贍，有事則固壘以相保。縣官拊之得其術，使之因利乘便，亦可以助官軍掎角之勢。曩者，虜亮入犯〔三二〕，水寨之民頗能邀擊其游騎，而自衛其聚落。及虜既退，太上皇帝矜其忠而賑恤之，德至渥也。或聞當時淮上有司不能奉行太上之旨，至掊其小過，而責償官帑之所失，以是苦之。故甲申之警，皆棄其寨栅，載其器具，漂流於江之南者久之，此有司之罪也。韓愈有言：「賊接界連村落〔三三〕，百姓悉有兵器，小小俘劫，皆能自防。識賊深淺，護惜鄉里，自備衣糧，共相保聚。賊平之後，易使爲農。」今日水寨正與此無異，帥守、部使者安可不遵太上皇帝之旨，而勞來安集之哉？

壬子，手詔曰：「朕以兩宮萬里，一別九年，覬迎鑾輅之還，期遂庭闈之

詔罪狀劉豫

奉，故暴虎憑河之怒，敵雖逞於兇殘〔三四〕，而投鼠忌器之嫌，朕寧甘於屈辱？是以卑辭遣使，屈己通和，仰懷故國之廟祧，至於霣涕；俯見中原之父老，寧不汗顏？比得强敵之情，稍有休兵之議，而叛臣劉豫懼禍及身，造爲事端，間諜和好，信逆雛之狂悖，率群偷而陸梁〔三五〕。警奏既聞，神人共憤，皆願挺身而效死，不忍與賊以俱生〔三六〕。今朕此行，士氣百倍，雖自纂承之後，每乖舉措之方，尚念祖宗在天之靈，共刷國家累歲之恥。殪彼逆黨，成此雋功。」自豫僭立朝廷，以虜故〔三七〕，至以大齊名之，至是始下詔，聲其逆罪焉。

楊從儀臘家城之捷

川陝宣撫司統制官楊從儀敗虜於臘家城〔三八〕。岳飛之取襄陽也，朝廷命宣撫副使吳玠乘機牽制，玠遣從儀以兵入僞地，遇敵，勝之。

許劉子羽自便

癸丑，白州安置劉子羽放令逐便。初，吳玠除川陝副使，乃奏辭新命，且言：「屢破金賊〔三九〕，豈臣之功？乃子羽知臣而薦拔之功也。望追還成命，於張浚與子羽少寬典刑。」上曰：「進退大臣，蔽自朕志，豈可由將帥之言？可聽子羽自便。」

論臺諫當務大體

上因言：「臺諫論事，雖許風聞，須要審實。如排擊人才，豈無好惡？若果務大體，不指摘纖瑕細務，强置人於有過，豈惟陰德不淺，亦可銷刻薄之風，成忠厚之俗。」趙鼎曰：「聖訓廣大如此，言事官宜奉以周旋也。」

臣留正等曰：臺諫，人主之耳目，蓋欲裨聰明，以助賞罰也。倘徇己好惡，以誤人主之聽，俾賞罰不當，無以服天下之心，豈不辜人主委寄哉？此太上皇帝欲勵耳目之官，至言陰德以警之，此忠厚之至，雖堯、舜無以加。任耳目者，可不知戒乎？

上欲渡江決戰

戊午，僉書樞密院事胡松年兼權參知政事，以沈與求按行江上故也。上見士氣大振，捷音日聞，欲渡江決戰。趙鼎曰：「退即不可，渡江非策也。虜兵遠來〔四〇〕，利於速戰，豈可與之争鋒？兵家以氣爲主，三鼓即衰矣。姑守江，使不得渡，徐觀其勢，以決萬全。且豫猶不親臨，止遣其子，豈可煩至尊與逆雛決勝負哉〔四一〕？」於是遣與求按行江上。

三大將移軍

金人陷滁州，於是劉光世移軍建康府，韓世忠移軍鎮江府，張俊移軍常州。

以趙鼎薦復知院

己未，提舉萬壽觀兼侍讀張浚知樞密院事。浚請遣岳飛渡江入淮西，以牽制虜兵之在淮東者〔四二〕，上從之。及入見，上問鼎：「浚方略如何？」鼎曰：「浚銳於功名而得衆心，可以獨任。」於是上復用之。

李綱獻三策詔獎之

辛酉，提舉臨安府洞霄宮李綱言：「今僞齊悉兵南下，其境内必虚。儻命信臣乘此機會，擣潁昌以臨畿甸，電發霆擊，出其不意，則僞齊必大震懼，呼還醜類〔四三〕，以自營救。王師進躡，必有可勝之理。非惟牽制南牧之兵，亦有恢復中原之兆，此上策也。朝廷或以茲事體大，則鑾輿駐蹕江上，勢須號召上流之兵，順流而下，旌旗金鼓，千里相望，以助聲勢，則敵人雖衆，豈敢南渡？仍詔大將率其全師，進屯淮南要害之地，設奇邀擊，絶其糧道，賊必退遁〔四四〕，保全東南，徐議攻討，此中策也。萬一有借親征之名，爲順動之計，委一二大將捍敵于後〔四五〕，則臣恐車駕既遠，號令不行，賊得乘間深入〔四六〕，州縣望風奔潰，其爲吾患，有不可勝言者矣，此最下策也。往歲金人南渡，利在侵掠〔四七〕。既得子女玉帛，時方暑則勢必還師。今僞齊使之渡江而南，必謀割據，將何以爲善後之計哉？」

張浚服李綱忠義

張浚更與李綱親善

初，張浚之謫福州也，綱亦寓居焉。浚服其忠義，除前隙，更相親善。及浚召入，綱因以奏疏附之。執政進呈，上曰：「綱去國數年，無一字到朝廷。今有此奏，豈非以朕總師親臨大江，合綱之意乎？所陳亦今日急務，可降詔獎諭。」

王德桑根之捷

君臣以至誠相與

癸亥，淮西宣撫司統制官王德與虜遇于滁州之桑根〔四八〕，敗之。

丁卯，上謂執政曰：「朕與大臣論事，稍有不合，便輕爲去就，何也？」張浚曰：「事有可行，有不可行。陛下一言之漏，言者意其好惡，因有論列，不得不爲去就。」上曰：「君臣之間，當至誠相與，勿事形迹，庶可同心叶德，以底平治。朕以三四大臣皆當分委，張浚專治軍旅，胡松年可專治戰艦。」浚曰：「仁祖亦嘗委范仲淹、韓琦分事而治，言者數以爲辭，不旋踵報罷。」上曰：「今日之事，若不專責，無由辦集，將來如財用，亦須委一大臣。」

臣留正等曰：相得於内，則可相忘於外，故至誠不必事形迹，此自古聖君賢相相與之美事。伊尹曰：「惟尹躬暨湯咸有一德。」先其身而不以爲嫌。周公曰：「孺子其朋，孺子其朋。」以朋指其君，申言之而不以爲過。是數者，若責以形迹，無乃有大不然者乎！惟其相得之深，故一切相忘而不論。太上皇帝於君臣之間，欲其至誠相與，勿事形迹。臣切謂此自古帝王之用心，非後世所及也。昔魏鄭公以事形迹戒太宗，今太上皇帝乃以事形迹戒其臣，太宗賢君也，視太上皇帝之聖德，其不侔如此，臣謂非後世之所及信矣。

己巳夜，淮西宣撫司選鋒副統制王師晟、親軍副統制張琦合兵復南壽春府。〈復南壽春府〉

辛未，起用知岳州程千秋移知鼎州，張嶨知岳州。上覽除目，問嶨才術如何，趙鼎曰：「聞其能辦事。」上曰：「不須更問某人薦，惟才是用。」胡松年曰：「朝廷用人，不可不慎。用一君子，則君子進；用一小人，則小人進。」上曰：「君子剛正而易疏，小人柔佞而易親，朕於任用聽察之間，不敢少忽也。」〈上論君子小人〉

右司諫趙霈請命有司條具一歲錢穀出入之數，裁節浮費，上曰：「此疏極關治體，過防秋，便可施行。」胡松年曰：「使論事之臣每如此，何患不能叶濟中興？正恐賊騎既退(四九)，國家暫安，虛文細務，又復出矣。」上曰：「趙鼎記此，可爲戒。」〈趙霈奏裁節浮費〉

臣留正等曰：唐李吉甫始部録元和國計，著爲成書。本朝因之，丁謂著景德會計録，田況著皇祐會計録，蔡襄著治平會計録，蘇轍著元祐會計録，皆所以總括國計，杜失讁，制豐耗，量入爲出也。太上皇帝因諫臣之言，以謂此疏極關治體，惜當時未有能推行之者。神聖嗣興，以恭儉先天下，比命計臣置版籍，以總四方之賦，計其入則盡矣，量入爲出，則會計之書不可以不作也，願詔諸儒踵成之。

定決戰之策

知樞密院事張浚往鎮江視師。時金人於滁上造舟，有渡江之意。主管殿前公事劉錫、神武中軍統制楊沂中見趙鼎曰：「探報如此，駕莫須動。」鼎曰：「俟虜已渡江〔五〇〕，方遣二君率兵趨常、潤併力一戰，以決存亡，更無他術。」錫曰：「相公可謂大膽。」鼎曰：「事已至此，不得不然。二君隨駕之親兵也，緩急正賴爲用，豈可先出此言？」錫等乃退。

劉錫言相公膽大

魏良臣等使還

金左副元帥昌遣通問使魏良臣、王繪歸行在。癸酉夜，魏良臣等至常州，見浙西江東宣撫使張俊〔五一〕。甲戌夜，良臣等至許市，遇知樞密院事張浚於舟中。良臣等具告以虜所言〔五二〕，且謂虜有長平之衆。浚即曰：「欲同詣行在。徐思之，恐人疑惑。」乃密奏使人爲虜所訹，切不可以其言而動，又勿令再往軍前，恐我之虛實，反爲所得。浚遂疾驅臨江，召韓世忠、劉光世與議，且勞其軍。將士見浚來，勇氣自倍。浚部分諸將，遂留鎮江節度之。

張浚視軍江上

上論祖宗恭儉

十有二月乙亥朔，輔臣奏事。上因論：「祖宗創業艱難，未嘗不以躬儉爲天下先。蓋儉則不妄費，不妄費則征求寡，而民心悅，此所以得天下也。宣和以來，世習承平之久，奢侈極矣。馴致禍亂，可不戒哉！」

孫佑薦布衣王蘋

己卯〔五三〕，布衣王蘋特補右迪功郎。蘋，侯官人，寓居吳江，守臣孫佑言其素行高潔，有憂時愛君之心，召對。後四日，賜進士出身，除正字。上謂輔臣曰：「蘋起草茅，而議論進止若素宦子。大抵儒者能通世務，乃爲有用。」

月犯昴

修人事以應天

丙戌，夜，月犯昴，太史以爲胡滅之象〔五四〕。上以諭輔臣，胡松年曰：「天象如此，中興可期。」上曰：「范蠡有言：天應至矣，人事未盡也。更在朝廷措置如何耳。」

臣留正等曰：天理人事，初無有二。人事盡矣，天理無有不應者；人事未盡，而獨言天理，亦悖矣。然而天心仁愛人君，常先事而爲之兆，有所宜禍，則戒以災異；有所宜福，則開以珍祥。戒以災異，欲使之懼而知改；開以珍祥，欲使之勉而知遂。苟惟覩災異而莫之改，覩珍祥而莫之遂，是直不知天意之所在，而以人事自棄者也。如是，則離天人而爲二，其失遠矣。太上皇帝因論太陰犯昴，有胡滅之象〔五五〕，舉范蠡之語，以曉臣下曰：「天應至矣，人事未盡也，更在朝廷措置如何。」因天象而益修人事，可謂善承天意也哉！

張浚以書抵虜
虜見張浚書押色動
用兵以威信爲先
却韓世忠獻鮓
葉汝舟獻兵書
郭楫以乏軍糧罷
大明賞罰
講遇日食故事

初，張浚至江上，令韓世忠募軍民王愈、王德持書抵右都監宗弼所，爲言張樞密已在鎮江。虜見浚書押（五六），色動，即以右副元帥昌書，約日索戰。

己丑，權淮東安撫司公事趙康直劾泰州兵官任顯不伏使令。上曰：「康直既權帥事，自合施行。嘗記朕爲元帥時，有一部將醉入酒家，壞其盆盎，朕捐白金償之，而斬部將，自此更無一人犯令者。大抵用兵，當以威信爲先。」

辛卯，上謂輔臣曰：「韓世忠近以鱘魚鮓來進，朕戒之曰：『朕艱難之際，不厭菲食，卿當立功報朕。至於進貢口味，非愛君之實也。』已却之矣。」

壬辰，湖北制置司統制官牛皋、徐慶敗虜於廬州（五七）。

乙未，詔陳獻兵書進士葉汝舟賜帛二十匹。

丙申，淮南東路轉運判官郭楫罷。先是，上命漕司以米萬石接濟水寨民兵，及是五旬，而未有顆粒至者。侍御史魏矼言楫不才慢命。上曰：「今日大敵在前，欲臣下趨事赴功，不可不大明賞罰。有賞而無罰，是猶有春夏而無秋冬也。萬物之生，何由成實？」故楫遂罷。

丁酉，侍御史魏矼言：「日食正旦，乞下有司講求故事。」上曰：「日食雖是躔度之交，術家能逆知之。春秋日食必書，謹天戒也。矼之言良愜朕意。」

宜下有司，講求故事，凡可以消變者，悉舉行之。」

劉子羽宮觀

戊戌，責授單州團練副使劉子羽復右朝散大夫、提舉江州太平觀。時吳玠復辭兩鎮之節，且言：「子羽累年從軍，亦薄有忠勤可録。念其父韐靖康間死節京城，其母恐子羽斥死嶺海，無復自新，非陛下善善及子孫之意。伏望聖慈，特許臣納前件官，少贖子羽之罪。」翌日，詔玠篤於風義，降詔奬諭。士大夫以此多玠之義，而服子羽之知人焉。

玠辭官贖劉子羽罪

金人夜遁

庚子，金人退師〔五八〕。初，右副元帥完顏昌在泗州，而右都監宗弼屯于竹塾鎮，嘗以書幣遺淮東宣撫使韓世忠約戰。世忠方與諸將飲，即席遣伶人張軫、王愈持橘、茗爲報，報書略曰：「元帥軍事良苦，下諭約戰，敢不疾治行李，以奉承指揮也。」時虜師既爲世忠所扼〔五九〕，會大雨雪，糧道不通，野無所掠，至殺馬而食，蕃漢軍皆怨憤。僉軍又爲飛書，擲於帳前云：「我曹被驅至此，若過江，必擒爾諸酋〔六〇〕，以獻南朝。」俄聞上親征，且知金主晟病篤，將軍韓常謂宗弼曰：「今士無鬥志，過江不叛者，獨常爾，他未可保也。惟速歸爲善。」宗弼然之，夜引還。

龜鑑曰：惟紹興之四年，趙忠簡公鼎實領右揆之命。當時玉音宣諭，謂「朕當親總六軍〔六一〕，臨江決戰」，鼎即對曰：「親征出於聖斷，將士皆奮，決可成功。」於是移張俊於金陵，進光世於當塗，起世忠於維揚，復起張浚而董其事。自張公之出行邊郡也，今年命諸將觀機會，明年檄諸將觀兵勢，今日召諸帥議軍事，明日命諸帥分軍屯。書押之示，虜酋動色〔六二〕。號令之下，奔走惟命，不曰「今日之事，有進擊而無退保也」，則曰「若諸將渡江，則無淮南，而長江與虜共也〔六三〕。」大儀之役，伏兵四起，孛堇就擒；壽春之勝，展幟示之，虜衆奔潰。鎮江勞軍，韓世忠移書兀术，有「張樞密在此」之言，虜酋相顧失色〔六四〕，虜於是有雪夜之走。采石徇師之令一下，諸將以死鏖戰，我於是有李家灣之捷。嗚呼！富平之失，此魏公也；後平江上之勝，亦此魏公也。人無愚智，作之則奮；師無利鈍，激之則鋭，兹非其驗歟？

癸卯，參知政事沈與求兼權樞密院事，以胡松年再往江上故也。

竹塾鎮之捷

金人去滁州〔六五〕。將官盧師迪引兵至竹塾鎮，遇虜千餘騎〔六六〕，敗之。

增入名儒講義皇宋中興聖政卷之十六

校勘記

〔一〕時虜人已定議出兵 「虜」原作「敵」，據宋刊本、明抄本及宋史全文卷一九改。

〔二〕僞齊以虜分道入寇 「虜分道」原作「北兵來」，據宋刊本、明抄本及宋史全文卷一九改。

〔三〕古謂之柤中 「柤中」，繫年要録卷八一作「神皋」。

〔四〕甲戌 宋史卷二七高宗本紀四繫於「癸酉」。

〔五〕而虜復肆侵陵 「虜」原作「敵」，據宋刊本、明抄本及宋史全文卷一九改。下同。

〔六〕上聞虜騎渡淮 「虜」原作「敵」，據宋刊本、明抄本及宋史全文卷一九改。下同。

〔七〕舊爲賊衝 「賊」原作「敵」，據宋刊本、明抄本及宋史全文卷一九改。

〔八〕今此虜敢大入 「虜」原作「敵」，據宋刊本、明抄本及宋史全文卷一九改。下同。

〔九〕馬廣極有才 「廣」應作「擴」，蓋避宋寧宗之諱而改。下同。

〔一〇〕其庶幾歟 「庶」原脱，據繫年要録卷八一所引補。

〔一一〕和州防禦使馬廣復明州觀察使 「廣」應作「擴」，蓋避宋寧宗之諱而改。下同。

〔一二〕若虜兵渡江 「虜」原作「敵」，據宋刊本、明抄本及宋史全文卷一九改。

〔一三〕奉使魏良臣王繪在鎮江被旨趣行 「在」原作「住」，據宋刊本、明抄本及繫年要録卷八一改。

〔一四〕遇胡百十控弦而來　「胡」原作「北」，據宋刊本、明抄本及宋史全文卷一九改。下同。

〔一五〕虜乃引騎還天長　「虜」原作「敵」，據宋刊本、明抄本及宋史全文卷一九改。下同。

〔一六〕聞鼓聲則起而擊賊　「賊」原作「敵」，據宋刊本、明抄本及宋史全文卷一九改。

〔一七〕擒女真四十餘人　「女真」原作「北兵」，據宋刊本、明抄本及宋史全文卷一九改。

〔一八〕今諸將争先用命　「今」原作「令」，據宋刊本、明抄本及繫年要録卷八一改。

〔一九〕乃伏百人於路要之　「要之」原互倒，據繫年要録卷八一乙正。

〔二〇〕虜曰　「虜」原作「敵」，據宋刊本、明抄本及宋史全文卷一九改。

〔二一〕遣傳雱使虜　「虜」原作「北」，據類編皇朝中興大事記講義卷一中興規模論改。下同。

〔二二〕紹興七年　「七」原作「八」，據類編皇朝中興大事記講義卷一中興規模論改。

〔二三〕壬辰　繫年要録卷八一繫於「癸巳」。

〔二四〕監察御史田如鼇往張俊軍前諭事　「諭」原作「計」，據宋史全文卷一九及繫年要録卷八一改。

〔二五〕賊衆我寡　「賊」原作「敵」，據宋刊本、明抄本及宋史全文卷一九改。

〔二六〕通判州事國鳳卿爲所殺　「鳳」，繫年要録卷八一作「奉」。

〔二七〕參議官陳桷以所俘女真一百八人獻行在　「女真」原作「北兵」，據宋刊本、明抄本及宋史全文卷一九改。

〔二八〕令胡松年就鎮江府設水陸齋致祭　「令」原作「今」，據宋刊本、明抄本及宋史全文卷一九改。

〔二九〕争欲吞噬醜虜　「醜虜」原作「北兵」，據宋刊本、明抄本及宋史全文卷一九改。

〔三〇〕今日賊騎侵軼　「賊」原作「北」，據宋刊本、明抄本及宋史全文卷一九改。下同。

〔三一〕進呈承楚泰州各有水寨民社團聚邀擊賊馬　「賊」原作「敵」，據宋刊本、明抄本及宋史全文卷一九改。

〔三二〕虜亮入犯　「虜」原作「敵」，據宋刊本及明抄本改。下同。「犯」原作「臨」，據宋刊本、明抄本及繫年要録卷八一所引改。

〔三三〕賊接界連村落　「賊」原作「敵」，據宋刊本、明抄本及繫年要録卷八一所引改。下同。

〔三四〕敵雖逞於兇殘　「兇殘」原作「甲兵」，據宋刊本、明抄本及宋史全文卷一九改。

〔三五〕率群偷而陸梁　「偷」原作「卒」，據宋刊本、明抄本及宋史全文卷一九改。

〔三六〕不忍與賊以俱生　「賊」原作「敵」，據宋刊本、明抄本及宋史全文卷一九改。

〔三七〕以虜故　「虜」原作「敵」，據宋刊本、明抄本及宋史全文卷一九改。

〔三八〕川陝宣撫司統制官楊從儀敗虜於臘家城　「虜」原作「敵」，據宋刊本、明抄本及宋史全文卷一九改。

〔三九〕屢破金賊　「賊」原作「兵」，據宋刊本、明抄本及宋史全文卷一九改。

〔四〇〕虜兵遠來　「虜」原作「敵」，據宋刊本、明抄本及宋史全文卷一九改。

〔四一〕豈可煩至尊與逆雛決勝負哉　「逆雛」原作「士卒」，據宋刊本、明抄本及宋史全文卷一九改。

〔四二〕以牽制虜兵之在淮東者　「虜」原作「敵」，據宋刊本、明抄本及宋史全文卷一九改。

〔四三〕呼還醜類　「醜」原作「士」，據宋刊本、明抄本及宋史全文卷一九改。

〔四四〕賊必退遁　「賊」原作「彼」，「遁」原作「避」，據宋刊本、明抄本及宋史全文卷一九改。

〔四五〕委一二大將捍敵于後　「敵」原作「禦」，據宋刊本、明抄本及宋史全文卷一九改。

〔四六〕賊得乘間深入　「賊」原作「敵」，據宋刊本、明抄本及宋史全文卷一九改。

〔四七〕利在侵掠　「侵掠」原作「土地」，據宋刊本、明抄本及宋史全文卷一九改。

〔四八〕淮西宣撫司統制官王德與虜遇于滁州之桑根　「虜」原作「敵」，據宋刊本、明抄本及宋史全文卷一九改。

〔四九〕正恐賊騎既退　「賊」原作「敵」，據宋刊本、明抄本及宋史全文卷一九改。

〔五〇〕俟虜已渡江　「虜」原作「敵」，據宋刊本、明抄本及宋史全文卷一九改。

〔五一〕見浙西江東宣撫使張俊　「俊」原作「浚」，據宋史全文卷一九及繫年要録卷八二改。

〔五二〕良臣等具告以虜所言　「虜」原作「敵」，據宋刊本、明抄本及宋史全文卷一九改。下同。

〔五三〕己卯　原作「乙卯」，案本月乙亥朔，無乙卯日，據繫年要録卷八三改。

〔五四〕太史以爲胡滅之象　「胡滅」原作「敵敗」，據宋刊本、明抄本及宋史全文卷一九改。

〔五五〕有胡滅之象　「胡滅」原作「敵敗」，據宋刊本、明抄本及宋史全文卷一九有關引文改。

〔五六〕虜見浚書押　「虜」原作「敵」，據宋刊本、明抄本及宋史全文卷一九改。

〔五七〕湖北制置司統制官牛皋徐慶敗虜於廬州　「虜」原作「敵」，據宋刊本、明抄本及宋史全文卷一九改。

〔五八〕金人退師　「人」原作「國」，據宋刊本、明抄本及宋史全文卷一九改。

〔五九〕時虜師既爲世忠所扼　「虜」原作「北」，據宋刊本、明抄本及宋史全文卷一九改。

〔六〇〕必擒爾諸酋　「酋」原作「師」，據宋刊本、明抄本及宋史全文卷一九改。

〔六一〕朕當親總六軍　「軍」原作「師」，據宋刊本、明抄本及繫年要録卷八三改。

〔六二〕虜酋動色　「虜酋」原作「敵帥」，據宋刊本、明抄本及宋史全文卷一九改。

〔六三〕而長江與虜共也　「虜」原作「敵」，據宋刊本、明抄本及宋史全文卷一九改。下同。

〔六四〕虜酋相顧失色　「虜酋」原作「敵師」，據宋刊本、明抄本及宋史全文卷一九改。

〔六五〕金人去滁州　「人」原作「師」，據宋刊本、明抄本、宋史全文卷一九及繫年要録卷八三改。

〔六六〕遇虜千餘騎　「虜」原作「敵」，據宋刊本、明抄本及宋史全文卷一九改。

增入名儒講義皇宋中興聖政卷之十七

高宗皇帝十七

紹興五年春正月乙巳朔，日有食之。

元旦日食

上在平江。

金人去濠州。

丙午，詔户部出錢四十萬緡，付江西漕司增市軍儲。

江西漕市軍儲

丁未，知樞密院事張浚奏，虜人潛師遁去〔一〕，今已絶淮而北，見行措置招集淮南官吏還任、撫存歸業人户等事。上曰：「劉豫父子强誘虜人擁衆南侵〔二〕，窺伺江、浙，其志不淺。乃今一夕遁去〔三〕，其所亡失多矣。然賊馬方却，而浚已能爲朕措置如此，可謂孜孜奉國，知無不爲也。大臣和於内，將相和於外，故舉措得宜，而敵人知畏，此其所以遁去也〔四〕。」

善張浚措置邊事

詔：「諸路州縣係官田舍，委守令出榜，召人承買，拘催價錢起發。」

召人買官田舍

訪舊宰執議邊事

己酉，宰相趙鼎奏：「虜騎遁歸〔四〕，皆自陛下聖畫素定。然善後之計，當屈群策。願詔前宰執，各條具所見來上，斷自聖意，擇而用之。」上曰：「朝廷能采衆論，則慮無不盡，雖芻蕘之言，儻有可采，猶當用之，況前宰執嘗在朕左右，必知朝廷事。」沈與求曰：「國有大議，就問老臣，乃祖宗故事。」於是賜詔書，訪以攻戰之利、備禦之宜、措置之方、綏懷之略，令悉條上焉。

安石變祖宗役法

庚戌，趙鼎曰：「祖宗差役本是良法，王安石但見差衙前一事，州縣奉行失當，變祖宗舊法，民始不勝其擾。」上曰：「安石行法，大抵學商鞅耳。自安石變法，天下紛然，但差役之法行之既久，不可驟變耳。」

王進薄虜于淮

淮西宣撫司統制官王進薄金人于淮，降其將程師回、張延壽而還。

恢復先求人才

論進君子去小人

辛亥，上謂輔臣曰：「恢復之圖，所宜愛日講究，要須先求人才，有人才則天下之事，無患不舉。然用人才，在於進君子、去小人。」趙鼎曰：「臣待罪宰相，爲陛下分別君子、小人而用舍之，乃其職也。敢不奉詔？」

崔德明敗虜于盱眙

淮東宣撫司統制官崔德明敗虜於盱眙〔五〕。

乙卯，張浚自江上還，入見。

命大臣按官吏

丙辰，上謂趙鼎曰：「大臣，朕之股肱；臺諫，朕之耳目。職任不同，而事體均一。或有官非其人，所當罷黜者，卿等宜亟以告朕，不必專待臺諫。」

臣留正等曰：昔王、魏善諫，而房、杜成其直。宰相與臺諫固同一體，本無二致也。譬之一家，其保家之子，既爲之區處衆事，訓飭長幼，而其呵護非常，攘却外禦者，則責之强勇子弟，期至於家之寧輯而已，初豈較其功之厚薄多寡哉？今夫進賢退不肖者，宰相之職，謹之於進退之初，則敗事隳功者必少，雖臺諫無所論列可也。惟其孔、跖雜售，梟、鸞不分，是以臺臣不無排擊之紛紛，而是非交攻，至於上動睿聽也，其弊蓋出於宰相任恩而不任怨云耳。太上皇帝先其責於宰相，宜矣。臣愚以爲聖訓書成，非獨可爲子孫方來之法，凡爲宰相者，亦當敬書諸紳，奉以周旋。

丁巳，詔：「江北賊馬已退〔六〕，應大臣及侍從、職事官，各條具利害聞奏。」

詔支給見錢關子

詔榷貨務每日入納錢，以其半支給見錢關子。

以虜退曲赦淮南

戊午，輔臣進呈曲赦淮南事目，上曰：「虜雖退遁〔七〕，然南北之民皆吾

漸圖恢復

乘時大作規模

赤子，當示兼愛并容之意。中原未復，二聖未還，赦文不可夸大〔八〕，第使實惠加于兩淮百姓，乃朕指也。」上又曰：「虜已退遁〔九〕，須當漸圖恢復。若止循故轍，爲退避之計，何以立國？祖宗德澤在天下二百年，民心不忘，當乘此時，大作規摹措置，朕亦安能鬱鬱久居此乎？」趙鼎曰：「時不可失，誠如聖諭。事所可爲者，當謹以次條畫奏稟。」

龜鑑曰：聖明天子立志英明，每念復讎，未嘗不有比死一洗之意，考之國史，聖心可見。初年與輔臣論恢復之由，首論周宣復古之詩，次論漢光武尋邑、昆陽之勝，又其次論唐肅宗興復王室之盛，可謂志於規恢矣。又嘗語宰執曰：「今當漸圖恢復，乘時大作規模，朕安能鬱鬱久居此？」又謂宰執曰：「今已六月下旬，使可講防秋事，朕當親率諸軍，分頭迎敵。若依前遠避，何以立國？」不曰「修車馬、備器械、外攘夷狄之事〔一〇〕，更須講求」，則曰「訓卒繕甲，極力措置，今冬虜來〔一一〕，似有可勝之理」。書車攻詩、羊祜傳，造盾琴樣，以示武備；作金銀椀，以旌射士。教習舟師，修復馬政，措置屯田，精擇間諜，其志蓋未嘗不在鉅鹿也。

詔諸州禁兵日教射

庚申，詔：「諸州禁卒日教射藝，守臣旬按，仍令憲臣躬親按賞，以備朝廷抽取拍試；士兵、射士亦令教習，歲終比較粗精以聞。」

復贈馬伸官

辛酉，詔：「故殿中侍御史馬伸頃因言事，死於貶所，忠直之操，念之亹然。可特贈左諫議大夫，依所賜官與合得致仕遺表恩澤，令諸路州軍尋訪家屬以聞。」伸既以斥死，會趙鼎入相，上記其忠，乃有是命。

張浚自辯誣謗

論毀譽當考其實

壬戌，張浚奏：「臣頃者出使川、陝，横遭誣謗。蒙陛下特降宸翰辨明之，使臣一旦昭雪，死無所畏。」上曰：「朕方屬卿中原之事，不可輒以曩日誣謗，過自畏縮。況毀譽之來，當考其實。齊威公所以封即墨大夫，烹阿大夫，毀譽不公，自古所患。孔子曰：『如有所譽者，其有所試矣。』況於毀乎？」浚曰：「陛下於毀譽之際，曲留聖意如此，群臣之幸。」上曰：「使其人誠非才，則言者不可謂之毀也。在於考其實而已。」

韓世忠宣撫淮東

鎮江建康府淮南東路宣撫使韓世忠爲少保，充淮南東路宣撫使，鎮江府置司。時世忠與劉光世、張俊相繼入覲，世忠奏：「虜騎遁去〔三〕，陛下必喜。」上曰：「此不足喜，若復中原，還二聖，乃可喜耳。然有一事，以卿等將士賈勇争先，非復昔時懼敵之比，所喜蓋在此也。」後數日，上以諭輔臣。趙

上得馭將之道

鼎等贊上誠得馭將之道。

臣留正等曰：漢高祖收天下豪傑，頤指氣使，如驅群羊，權略固高遠矣。韓信假王，不因躡足以止其怒，幾敗乃事。大抵以術數御物者，以技有時而窮也。太上皇帝駕馭諸將，出於誠信，雖辭色閑暇，而披靡震驚，不敢桀黠者，專以君臣分義折伏其心故也。劉光世不欲受杜充節制，上怒曰：「豈容跋扈如此！」遣使諭旨，即奉詔過江，復以銀合、茶藥賜之。張俊入對，論及劉光世解罷軍政，有登仙之歎。上曰：「卿初見朕時何官？」曰：「修武郎。」上曰：「是時家貲如何？」曰：「貧甚，嘗從陛下求戰袍以禦寒。」上曰：「今日貴極富溢，何所自邪？」曰：「皆陛下所賜。」上曰：「卿既知此，宜思自效，而有羨於光世，何耶？」俊皇恐流涕，誓以死報恩。嗚呼！神機妙略，動於事會，與夫遊雲夢以縛信，踞牀洗以召布，孰爲得體乎？

上曰：「楚用子玉，晉文公爲之側席而坐。今虜騎雖退〔一三〕，然黏罕輩猶在，朕敢忘此憂乎？」

劉光世宣撫淮西
張俊宣撫江東

癸亥，起復江南東路淮南西路宣撫使劉光世爲少保，充淮南西路宣撫使，置司太平州；浙西江東宣撫使張俊開府儀同三司、江南東路宣撫使，置司建康府。

酈瓊復光州

甲子，淮西統制官酈瓊拔光州，執僞知州許約，遂復光州。

厚錫三大將

戊辰，上謂大臣曰：「劉光世、韓世忠、張俊相繼入覲，朕嘉其却敵之功，錫賚甚厚。朕服御物有可予者，亦以予之，皆拜賜涕泣，願身先士卒，圖復中原以報。」趙鼎曰：「此社稷之幸也。」

罷試教官

己巳，罷試教官法，其諸州學官並從朝廷選差。自元豐間始立是法，及是，言者以謂：「欲爲人師，而先納所業，求有司以幸中程度，又校計格法以爭得之，甚非建學校、立學官之本意。」故罷。

壬申，劉光世、韓世忠、張俊入辭。尚書右僕射趙鼎、知樞密院事張浚、參知政事沈與求、簽書樞密院事胡松年侍，上命光世等升殿，諭曰：「敵人南侵，諸名酋皆在其中，蓋有侵噬江、浙之意，賴卿等戮力捍敵，卒伐奸謀，使其失利而去，朕甚嘉之。然中原未復，二聖未還，朕心慊然，卿等其勉之。」光世曰：「臣等蒙國厚恩，敢不效死？」鼎曰：「臣聞降虜程師回言，逆臣劉豫

上親諭二將釋憾

紿虜人云〔一四〕：『光世、世忠比失驩。』虜至淮甸，異所聞，其氣已沮矣。」上曰：「有告朕光世、世忠坐少嫌，意不釋然者。烈士當以氣義相許，先國家之急，而後私讎，小嫌何足校？今日朕爲分之，宜釋前憾，結驩如初。」光世、世忠感泣，再拜曰：「臣等頃過聽〔一五〕，嘗有違言，至於國事，不敢分彼此，今已相好無他矣。乃煩君父訓飭丁寧，臣等皇懼無所容，敢不奉詔！」鼎等頓首賀上曰：「將帥和，社稷之福也。」

臣留正等曰：太祖皇帝命曹彬平江南，潘美副之。奏事殿中，以劍賜彬曰：「副將以下有犯卿，當斬之。」美悚慄而退。創業之初，命令嚴肅，不少假借。而太上皇帝乃以光武故事，解兩虎私鬥，使耳、餘、渾、濬之徒忿忮自息，不失爲廉藺、郭李之賢，與太祖威令事異而意同，馭將之法當如此。

龜鑑曰：以結友之事諭世忠，而世忠即負荊以謝光世；以滅怨之説勉光世，而光世先致意以約張、韓，此得協和之道也。

金主晟卒立亶

是月，金主晟卒，立亶爲嗣。

詔陳得一造曆

二月丙子，詔布衣陳得一就秘書省別造新曆，令少監朱震監視。又詔川陝宣撫司尋訪眉州精曉曆數人，將所降曆日，委官監視，參考有無差錯，申尚書省。

丁丑，上御舟發平江府。

奉太廟神主至臨安

戊寅，命祠部員外郎張銖奉太廟神主，自海道至臨安府。

上還臨安

壬午，御舟至臨安府，行宫留守孟庾率京官、小使臣以上迎于五里外，上乘輦還行宫。

張致遠言理財

乙酉，侍御史張致遠言：「自昔立國者，兵不貴多，貴於有用；財不患乏，患於無節。聚財養兵，皆出民力。且東南土地不加廣，而日以荒蕪；租賦不加饒，而日以朘耗。蓋緣民以力田爲苦，而遊手者軍伍收之，避役者度牒假之，强悍者盜賊死之，一人耕，百人食，本先瘁矣。今主計者初非因任，復數更易，利源不講，權柄下移。酒税，利源也，而諸將侵之；茶鹽，利源也，而堂吏私之；銅鐵，利源也，而工賈擅之；常平，利源也，而憲司忽之。今欲理財，宜三司精擇使副，或以户部官吏依倣三司，任以職事，全計經常，量入爲出，先務省節，次及經理，則財用沛然矣。」詔户部限十日講究條具，申尚書省。

與趙鼎並相

丙戌，右僕射趙鼎守左僕射、知樞密院事，張浚守右僕射，並同中書門下平章事兼知樞密院事、都督諸路軍馬。兩制出，浚獨以軍功及專任邊事爲言。上既以邊事付浚，而政事及進人材專付於鼎矣。

喻樗曰：時張、趙二公相得，人固知其並相〔二六〕，樗獨以謂且作樞密使，同心同德，亦何不可？趙退則張繼之，說一般話，行一般事，用一般人，如此則泰道長。若同相，議論有不合，或當去位，則一番改更，必有參商，是賢者自相戾也。已而其事亦果如此。

龜鑑曰：自趙鼎之薦詔一敭，而踰年張忠獻亦以右僕射同平章矣。說一般話，行一般事，正此時也。而忠獻之視師江上也，四封之外，蠡實主之；忠簡之聽政居中也，四封之內，種實主之。每觀至公叶濟，未嘗疑忌之言，與夫臣與張浚義同兄弟之奏。張俊拒行府之檄，而忠簡必責其遵禀，同列有奉行文書之憤，而忠簡略不以爲嫌，未嘗不歛衽端拜。以爲是二公者，正書之所謂：「襄我二人，汝有合哉。」大臣體國之盛心，其如是乎。已而浚則有建康中興根本，請聖駕秋冬臨撫三軍，以圖恢復之奏。鼎則有中原可圖，宜便進兵，恐失機會之請。張去而趙復再相，且謂今日之事，如虛弱之人，再有所傷，元氣必耗，惟當靜以鎮之，規模措置，未及少施而姦人復相，已不能不動晏端，復之憂色矣。紹興五年、六年之間，國威之所以少振者，張、趙二公之力也。

提舉臨安府洞霄宮李綱復觀文殿大學士；知溫州范宗尹復觀文殿學士；提舉江州太平觀秦檜復資政殿大學士，始用明堂恩也。

賜岳飛錢幣犒軍

神武後軍統制岳飛爲荆湖南北襄陽府路制置使，將所部平湖賊楊么，賜錢十萬緡、帛五千匹，爲犒軍之費。

張浚言儲貳

丁亥，趙鼎、張浚告謝，命坐賜茶，浚因曲謝，又以儲貳爲言。上首肯曰：「宮中見養藝祖之後二人，長者年九歲，不久當令就學。」浚復奏：「王者以百姓爲心，修德立政，惟務治其在我，則大邦畏其力，小邦懷其德，天下捨我，將安歸哉？固不僥倖於近績也。仰惟陛下，躬不世之資，當行王者之事，以大有爲正心以正朝廷，正朝廷以正百官，正百官以正萬民。國勢既隆，强虜自服〔一七〕，天下自歸。」因書王朴平邊策以獻。又奏：「臣昨奉清光，

張浚因曲謝論治

竊見陛下於君子小人之分，聖意拳拳於此，宗社生靈之福也。昔唐李德裕言於武宗曰：『邪正二者，勢不相容，正人指邪人爲邪，邪人亦指正人爲邪，

張浚辨君子小人

人主辨之甚難。臣以爲正人如松柏，特立不倚；邪人如藤蘿，非附他物，不能自起。』臣嘗推類而言之，君子小人見矣。大抵不私其身，慨然以天下百姓爲心，此君子也。謀身之計甚密，而天下百姓之利害我不顧焉，此小人也。志在於爲道，不求名而名自歸，此君子也。志在於爲利，掠虛美，邀虛譽，此小人也。其言之剛正不撓，無所阿徇，此君子也。詞氣柔佞，切切焉伺候人主之意於眉目顔色之間，此小人也。樂道人之善，惡稱人之惡，此君子也。人之有善，必攻其所未至而掩之，人之有過，則欣喜自得，如獲至寶，旁引曲借，必欲開陳於人主之前，此小人也。難進易退，此君子也。叨冒爵禄，蔑無廉恥，此小人也。臣嘗以此而求之君子小人之分，庶乎其可以概見矣。小人在位，則同於己譽之以爲君子，異于己排之以爲小人。不顧公私，不恤治亂，不畏天地鬼神，是以自崇、觀以來，以至今日，有異於己者，而稱其爲君子乎？臣以爲必無之也。彼其專爲進身自營之計，故好惡不公，以至於亡身亡家亂天下而莫之悔。惟陛下親學問，節嗜欲，清明其躬〔一八〕，以照臨百官，則君子小人情狀又何隱焉？」

命胡安國知永州

提舉建昌軍仙都觀胡安國復徽猷閣待制、知永州，不許辭免。制曰：

「朕惟士君子讀聖人之書，學先王之道，豈獨善其身而已哉？治人治己，成己成物，易地則皆然。世俗之儒，名師孔、孟，實蹈揚、墨，可與論中庸者鮮矣。安國學優則仕，行顧於言，通經爲儒者之宗，論事識治道之體。頃從時望，召置瑣闥，方嘉便於咨詢，顧何嫌于封駁？奉身而去，亦既累年。予力思共理之良，爾安得獨善於己？零陵雖小，有社有民，竹馬歡迎，相望數舍。往讀中興之頌，無忘平日之言。」

吳璘復秦州

統制關外軍馬吳璘、同統制楊政復秦州，金撒離喝集諸道兵來援，政復擊敗之。

臨安權修太廟

己丑，詔臨安府修蓋瓦屋十間，權充太廟。侍御史張致遠言：「中原雖隔絕，而陵寢故在；京都雖未復，而廟社僅存。萬一四方傳播，以爲朝廷創建太廟，茲焉定都，人人解體，難以家至戶曉，甚失興復大計。」殿中侍御史張絢亦奏：「人言籍籍，謂陛下去歲建明堂，今年立太廟，是將以臨安府爲久居之地，不復有意中原矣。」後二日，有詔梁汝嘉隨宜修葺，俟移蹕日，復充本府使用。

張浚以宰相視師

壬辰，詔張浚暫往江上，措置邊防。

趙霈得諫臣體

左司諫趙霈言：「安危治亂之機，相爲倚伏。臣願陛下無忘親征時，臣亦無忘扈從時，則治安可保，恢復可期矣。伏望益軫聖念，載廣遠圖，知宴安不可懷，則前日跋履之勞不可忘也。知愷樂不可極〔二九〕，則前日宵旰之憂不可忘也。知前日倉卒之驚，則備禦之策其可忘乎？知前日饋餉之艱，則理財之道其可忘乎？」詔霈論奏深得諫臣之體，可轉一官，賜紫章服，仍令尚書省將所奏修寫成圖進入。

龜鑑曰：善乎趙霈之言曰：「願陛下無忘親征時，臣亦無忘扈衛時。」此與馮異之勉光武者何異？異時吴芾亦曰：「陛下勿以敵之進退爲憂愉，勿以事之緩急爲作輟。凡下詔必務責己，引對必令盡言。」此與陸贄之告德宗者又何以異？君臣上下警戒如此，虜其可謂中國無備乎〔三〇〕？

遣察官體訪捕盜

丙申〔三一〕，詔遣監察御史一員往江西、閩、廣諸路體訪捕盜。

是日，雷聲初發。

改正宋籛孫官

戊戌，宋籛孫以扈從恩，特轉一官。殿中侍御史張絢言：「籛孫特于遥郡上轉行，超躐衆人數等。彼身冒鋒鏑、萬死一生者，儻或聞之，豈免别生僥覬？望速賜改正，仍乞今後不許閤門以私事逕自取旨，並須經由三省，及應干隨龍人，亦不得妄有僥求。」上曰：「絢所論極當，可亟令改正。然隨龍人偶有一日攀附之舊，輒僥求恩澤不已，朕每抑之。今後有如此者，可令臺諫論列。」

庚子，命翰林學士孫近、直學士院胡交修編類職事官條具利害章疏進上。用直史館范沖之請也。命官編類章疏

辛丑，尚書左僕射趙鼎監修國史。鼎奏：「范沖直史館，於臣爲外姻，願以授淩。」上曰：「安可以沖故，廢祖宗故事？况史館非朝廷政令之地，可無辭。」前二日，沖以史事入對，奏疏曰：「臣竊惟神宗皇帝實録既經删改，議論不一，復慮他日無所質證，輒欲爲考異一書，明示去取之意。據史館所用朱、墨本，出於臣僚之家，私相傳録，書寫之際，悉從簡便。臣追記紹聖重修實録本，朱字係新修，黄字係删去，墨字係舊文。今所傳本，其删去者止用朱抹，又其上所題字，蓋當時簽貼。今考異依重修本書寫，每條即著臣所見於後，庶幾可考。其考異五卷，乞付史館，更憑衆議，刊定修立。」從之。范沖進實録考異

三妾皆封孺人
大將封妾之始

詔劉光世妾許氏、甯氏、吴氏並封孺人，用光世請也。中興後，諸大將封妾自此始。

朋黨自破

癸卯，進呈殿中侍御史張絢言：「宰相用才，雖不當以鄉閭，親舊爲嫌，更宜廣訪寒畯。」上曰：「朕亦面諭絢，苟如此，則朋黨之風自破矣。」張浚曰：「大臣以國家爲心，則所用人才，必取公論，安有朋黨？」趙鼎曰：「用人才所以立國。臣任宰相，豈敢久居？至於立國規模，則不敢不爲久遠計。」

川陝宣撫副使盧法原薨于閬州。

舒繼明死信陽軍

僞齊將商元襲信陽軍，知軍事舒繼明被擒，誘以美官，繼明罵曰：「吾寧爲大宋鬼，豈汙逆賊耶！」遂遇害。

范沖朱震侍講

閏二月乙巳朔，宗正少卿、直史館范沖，秘書少監朱震並兼侍講。

是日，雨雹。

視師江上
趙鼎號賢相

丁未，張浚往江上視師，詔百官出城餞送。時浚既行邊，而趙鼎居中總政事，表裏相應，鼎於是以政事之先後，及人材所當召用者，密條而置諸坐右，一一奏禀，以次行之。鼎謙沖待士，犯顔敢諫，權倖請謁，内降差除，一切格止。鼎素重伊川程頤之學，元祐黨籍子孫多所擢用，去贓吏，進正人，

責内寺移竹栽入内

時號爲賢相，翕然有中興之望。鼎嘗入見，見自外移竹栽入内，奏事畢，亟往視之，方興工於隙地。鼎問孰主其事，曰：「入内高品黄彦節也。」鼎呼彦節，責之曰：「頃歲艮岳花石之擾，皆出汝曹，今將復蹈前轍耶？」勒軍令狀，日下罷役。翌日，鼎入對，上改容謝之。

簽書樞密院事胡松年知宣州，免謝辭。

參知政事沈與求兼權樞密院事。

李光乞廢湖田

新知湖州李光言：「明、越之境，地濱江海，水易泄而多旱〔三〕，故自漢、唐以來，皆有陂湖灌溉之利。大抵湖高於田，田又高於江，每旱則放湖水溉田，澇則決田水入海，故無水旱之災、凶荒之歲也。本朝慶曆、嘉祐間，民始有盜湖爲田者。宣和以來，創爲應奉，始廢湖爲田，自是歲被水旱之患。臣自壬子歲入朝，首論玆害。蒙朝旨，先取會餘姚、上虞兩邑廢置利害，遂蒙獨罷兩邑湖田。其會稽之鑑湖、鄞之廣德湖、蕭山之湘湖等處，其類尚多。

命漕臣度田

州縣官往往利爲圭田，頑滑之民侵耕盜種，上下相蒙，未肯盡行廢罷。伏望聖慈，專委漕臣，考究漢、唐之遺利，檢舉祖宗之成法，應明、越湖田，盡行廢罷。其諸路如江東、西圩田、蘇、秀圍田，各有未盡利害，望因此東作之時〔三〕，遍下諸路監司、守令條具以聞。」詔諸路漕臣躬親前去相度利害，限半月申尚書省。

集紹興會計録

己酉，詔户部措置撰集紹興會計録，用侍御史張絢奏也。絢言：「國朝有景德會計録，又有皇祐會計録，至治平、熙寧間皆有此書。其後蘇轍又倣其法，作元祐會計録，雖書未及上，其大略亦有可觀。皆所以總括巨細，綱羅出納，凡天下賦入之數、養兵之數，條章各立，支費有限。謹視其書，上下遵守，此作會計録之本意也。」故有是旨。其後，户部第具去歲收支數以聞而已。

置諸州市易務

辛亥，詔權於濠州等處置市易務，以通商貨。其後岳州、潭州亦如之。

命三衙諸路揀軍

命三衙、兩浙、江、湖、閩、廣諸路帥臣，依條揀放廂、禁軍。

壬子，輔臣奏遣中使往温州奉迎太廟神主事，上曰：「朕以宗廟在遠，心嘗慊然。今奉迎神主至行在，當行朝謁之禮。」

政府樞府合爲一

乙卯，御筆，參知政事孟庾、沈與求並權樞密院事。輔臣進呈，上顧趙鼎曰：「已與卿議定，參知政事並兼權樞密院矣。」鼎曰：「樞密非古也，自五代時以郭崇韜爲使，國朝因而不改，故三省、樞密院分爲二途。仁宗朝富弼作諫官，時陝西用兵，弼建議乞令宰相兼樞密院事，宰相呂夷簡辭之再三，後卒從弼議。宰相兼樞密院，自夷簡始也。臣既以宰相兼治院事，而參知政事之臣並令兼權，則事歸一體。前人謂樞密院調發軍馬，而三省不知，三省財用已竭，而樞密院用兵不止，此誠至論。」上曰：「往時三省、樞密院不同班進呈，是以事多不相關白。然朝廷議論，豈有帷幄二三大臣不與聞者？」

詔擇監司郡守

手詔曰：「朕惟監司外臺耳目，郡守承流宣化，惠養吾民，其委任重矣。間者朝廷輒輕以假人，將何以使吏民聳然聽服？朕甚恧焉。繼自今其慎選擇，勿狃于故常，勿牽於私昵，重以累國。」

立按發欺庇法

侍御史張致遠乞：「以按發欺庇爲有司殿最。若一縣被按於監司，則罪一州；一州被按於臺諫，則罪一路。其有激濁揚清、無所顧避者，亟褒寵之。」詔刑部立法，申尚書省。

定瘐死罪

詔：「諸路提刑司申行諸州，禁囚病死人歲終計分斷罪之法。」

常平併入茶鹽司

丙辰，詔：「諸路提舉常平併入茶鹽司，內無茶鹽司去處，仍令提刑兼領。」

補四庫書

尚書兵部侍郎王居正言：「四庫書籍多闕，乞下諸州縣，將已刊到書板，不以經、史、子、集、小説、異書，各印三帙赴本省。係民間者，官給紙墨工賃之直。」從之。

鄭士彥乞罷冶鑄

丁巳，福建路轉運司官鄭士彥言：「坑冶盡廢，物料貴踴，計用錢二千四百，而鑄千錢。其本路舊額，合發新錢二十八萬四百千省，本司與提點司歲認其數，不猶愈於鼓鑄之折本？欲望詳酌，伺邊事息日施行。」從之。

牛皓等死虜

川陝宣撫司將官牛皓與金人遇于瓦吾谷〔二四〕，死之。承信郎高萬、部將任安、隊官秦元、薛琪、張亨皆死於陣。虜顧萬屍曰〔二五〕：「真健兒也！」

讀三朝寶訓

丙寅，殿中侍御史張絢乞於經筵讀三朝寶訓。上曰：「可從其請。」

命江浙造戰艦

詔江東、浙西路各造九車戰船十二艘，浙東造十三車戰船八艘。時王瓊自京湖得二巨艦以歸，故命倣其制爲之。

詔户部措置財用

丁卯，詔：「足食足兵，今日先務。户部尚書章誼可專切措置財用，兼參知政事孟庾提領。」

嘉秦檜不忘朝廷

資政殿大學士秦檜言：「虜人便於弓矢〔二六〕，乞多造强弩神臂弓，以備攻討。」上曰：「檜雖在宮祠，不忘朝廷。」

趙霈乞擇縣令

右司諫趙霈言：「今天下之弊，正患縣令之非其人。願罷去注授格法，盡歸堂除。」上曰：「比已降詔，慎擇監司、郡守。然縣令於民尤親，亦宜遴選。」趙鼎曰：「莫若令監司、郡守舉治狀顯著者，稍加擢用，其尤無良，重置之法，或足以示勸懲。」

臺諫論罷王瓔

王瓔提舉江州太平觀。初，瓔既除騎帥，而侍御史張致遠、殿中侍御史張絢、右司諫趙霈論奏其罪。瓔聞，亦奏辭新命，乞在外宮觀。

金安節獻三事

戊辰，敕令所刪定官金安節入對。安節上三事，其一請專任理財之臣。其二論行在職事官堂除猥冗。其三論士風不競，不恤國事，自爲身謀。乃取其第二奏行下。

置諸路分總管

詔江、浙、湖、廣、福建等路，各置路分總管一員，於帥府駐劄。

置總制司

己巳，參知政事孟庾言：「准敕差提領措置財用，今乞以總制司爲名，專察内外官司隱漏違欠，行移如三省體式。應本司措置事件，依例進呈。得旨關申尚書省，仍鑄印以賜。」諸路係省錢出入，舊經制司每千收頭子錢二十三，其十上供，其十三州縣及漕計支用。庾請增十錢，又請收耆户長雇錢抵

東南經總制大數

當四分息錢，轉運司移用錢，勘合朱墨錢，常平司七分錢，茶鹽司袋息等錢；又收人户合零就整二税錢，免役一分寬剩錢；又收官户不減半民户增三分

役錢；又收常平司五分頭子錢〔二七〕，並令諸州通判、諸路提刑司拘催。其後東南諸路，歲收總制錢七百八十餘萬緡，而四川不與焉。大凡東南諸路經、總二司錢，歲收一千四百八十餘萬緡，四川歲收五百四十餘萬緡。

顔爲勒停

左承議郎顔爲追毁出身以來告敕，除名勒停，展三期敘。坐前守嚴州，犯自盜贓，當徒六年也。

經筵復開講

經筵開講。自上視師，暫輟讀講，至是復之。

給絹賜將士

壬申，上謂輔臣曰：「昨范温帶來京東民兵，比效用請給，春秋特支衣絹一疋。昨日中軍引見，頗有藍縷者，朕出内帑絹一千疋賜之。」趙鼎等曰：「陛下内帑縑帛之數，非承平比，每推以賜將士，此盛德也。」上曰：「朕宫中未嘗妄費，雖内帑所有不多，專用以激犒將士而已。」

六院左藏復堂除

詔六院官、左藏庫監官並依舊堂除。

行十科薦士法

詔右承奉郎徐度，令中書舍人試策一道；左迪功郎胡珵、左朝散郎錢葉、新授太常博士張宦，並召試館職。左朝奉郎、新浙東提舉汪愷，左承議郎、通判潭州王棠，並與陞擢差遣。自詔復十科薦士，而汪藻薦度及棠，葉夢得薦愷及度，葛勝仲薦珵、宦、棠〔二八〕，沈與求薦葉，胡交修薦愷，故有是命。

中興後，士以十科薦用者自此始。

吴琪妻譚氏節操

真陽縣觀音山盜起，攻剽鄉落，舉人吴琪竄去，琪妻譚氏被執。盜欲妻之，譚詬之曰：「爾輩賊也，官軍旦夕且至，將爲齏粉。我良家女，何肯爲汝婦！」盜强之不已，至於捶擊，愈極口肆駡，爲所殺。

詔監司條具專法

三月甲戌朔，詔諸路監司、帥守條具被受專法來上，用太府寺丞王良存請也。

分命儒臣講書

丁丑，詔侍講朱震、范沖專講春秋左氏傳，孫近、唐煇仍講論語、孟子。鄭滋、胡交修讀三朝寶訓。上雅好左氏春秋，故擇儒臣講之。

詔舉監司守令

詔職事官監察御史至侍從并館職正字已上，及在外侍從官、監司、帥守，各舉所知充監司、守令，限半月具奏。用侍御史張致遠請也。

詔收勘合錢

詔諸路勘合錢每貫收十文足。勘合錢，即所謂鈔旁定帖錢者。

東北鹽始通

辛巳，詔客販淮、浙鹽至荆湖州軍，如願般販往襄陽府路者，聽從便。京西舊東北鹽地分，至是始通焉。

奬諭韓世忠

甲申，淮東宣撫使韓世忠以大軍發鎮江。世忠將行，上賜手劄曰：「昨因虜退〔二九〕，議者以經理淮甸爲言，人多憚行，卿獨請以身任其責，朕甚嘉之。」時山陽殘弊之餘，世忠披荆棘，立軍府，與士同力役，其夫人梁氏親織薄爲屋。將士有臨敵怯懦者，世忠遺以巾幗，設樂大燕會，俾爲婦人粧而恥之。軍壘既成，世忠乃撫集流散，通商惠工，遂爲重鎮。

韓世忠經理淮甸

李綱上建炎時政記

觀文殿大士李綱進省記到建炎時政記一册。上謂大臣曰：「朕已看過，皆是實事。綱近日論事，非往時之比。」趙鼎曰：「綱才氣過人，但自辟屬官〔三〇〕，多少年浮躁之士，致有所累耳。」

録聖語送修注官

辛卯，中書、門下後省奏：「上殿臣僚，有親聞聖語者，乞依慶曆七年詔旨，備録關修注官。如循習故例，隱匿不報，以違制論。」

論監司不恤州郡

壬辰，左奉議郎李椿年入對，上問以民間利害，椿年曰：「今日法令非不善，財用非不足，而州縣每每不治者，在不得人耳。若於二稅稍加措置，不至失陷，用度自足。若轉運司更將常賦隨時轉易，通一路之有無，財不可勝用也。」上曰：「今日監司、郡守不相協濟，朕在河朔，親所備見。監司所至，不恤州郡有無，盡行刻刷，州郡往往藏錢，不令監司知。」椿年奏曰：「誠如聖訓。」

令宮中養蠶

甲午，趙鼎奏：「近久雨，恐傷苗稼。欲下臨安府祈晴。」孟庾、沈與求曰：「以天氣久寒，蠶損甚衆。」上曰：「朕見令禁中養蠶，使知稼穡艱難。祖宗時，於延春閣兩壁畫農家養蠶、織絹甚詳，元符間因改山水。」

移安撫司於臨安

丁酉，復移浙西安撫司於臨安府，以駐蹕之地，理宜增重事權故也。

均敷道州米

戊戌，詔道州丁米，依舊於田畝上均敷，用本州請也。

罷饒州孳生監

庚子，罷饒州孳生監，鄱陽地高寒，非馬所宜。自置監至今，所蓄牝牡馬五百六十二，而斃者三百十有五，駒之成者二十有七而已，其芻粟又皆賦於民，人不以爲便，故罷之。

王居正辨學

兵部侍郎王居正獻辨學四十二篇。居正嘗入見，請以舊所論著王安石父子平昔之言不合於道者爲獻，上許之。居正乃釐爲七卷，其一曰：蔑視君親，虧損恩義，凡所褒貶，悉害名教；其二曰：非聖人，滅天道，詆誣孔、孟，宗尚佛、老；其三曰：深懲言者，恐上有聞；其四曰：托儒爲姦，以行私意，變亂經旨，厚誣天下；其五曰：隨意互說，反覆皆違；其六曰：排斥先儒，經術自任，務爲新奇，不恤義理；其七曰：三經、字說，自相抵牾。詔送秘書省。崇、觀間，王安石學益盛，內外校官，非三經義、字說，不登几案，居正獨非之。至是，因事請對，進言曰：「臣聞陛下深惡安石之學久矣，不識聖心灼見其弊安在？敢請。」上曰：「安石之學雜以霸道，取商鞅富國强兵。今日之禍，人徒知蔡京、王黼之罪，而不知天下之亂，生於安石。」居正對曰：「禍亂之源，誠如聖訓。然安石所學，得罪于萬世者不止此。」因爲上陳安石訓經義，無父無君者一二事。上作色曰：「是豈不害名教？孟子所謂邪説者，正謂是矣。」居正退，即序上語，繫於辨學書首上之。

王安石得罪名教

邵彪具營田利害

不較都督行府關

辛丑，都督行府言：「知泰州邵彪具到營田利害，勘會所陳，委可施行。合關送尚書省指揮。」從之。參知政事孟庾、沈與求見其所關，曰：「三省、樞密院乃奉行行府文書邪？」皆不樂。宰相趙鼎不較，人以爲難。

移鎮江場務於真州

癸卯，移鎮江榷貨務都茶場於真州。

吕頤浩上十事

初，詔問宰執戰守方略，吕頤浩上十事，一論不用兵，則中原不可復；二論虜將志驕意滿[三]，此將亡之兆；三論用兵當用夏月；四論分道進兵，宜以五萬人由泗上擣汴京，二萬人由海上攻沂、密，又二萬人駐濠上爲援，不可深入，惟敕大將不得殺掠。至八月班師，明年復出；五論軍糧，海道二萬人日食米四百石，合于四明支一月糧，計一萬二千石，附海船以去，至山東則有糧可因，濠上軍糧由淮可運，此皆不患，惟趨汴京之師合賫十日糧，至南京，則糧可以因矣；六論發兵日，乞聖駕駐蹕鎮江；七論淮南、通、泰鹽歲一千四五百萬貫，而二浙止七八百萬，通、泰倍於二浙，尤宜選能吏爲守；八論機不可失，兵屢得捷，如吴玠初擊退於和尚原，再禦退於饒風嶺，又大捷於仙人關，去歲賊犯淮甸〔三二〕，亦無所得而遁〔三三〕，若不發兵，終無息肩之期矣。臣考宣和間，户部月支才九十萬，而近年月支百一十萬。夫養兵二十萬，不北向以争天下，則東南民力何以堪；九論海船以閩爲上，廣次之，温、明又次之，今天以此利賜我，宜用之以擾登、萊。南風而往，北風而歸，虜雖鐵騎百萬，必不能禦；十論今、前宰執六人議必不一，是非可否，在陛下獨斷而已。

朱勝非上四事

朱勝非言：「自陛下議明軍政，賞罰必當。今内外勁兵三十餘萬，宜於此時進取，無失機後悔。」遂列四事：一曰進討僭僞，二曰守禦江、淮，三曰招撫遺民，四曰審度虜勢〔三四〕。

李綱言：「陛下勿謂賊馬退遁爲可喜〔三五〕，而以僭僞未誅、仇敵未報爲可慮。勿以保全東南爲可安，而以中原未復、赤縣神州猶汙腥羶爲可恥〔三六〕。勿以諸將屢捷爲可賀，而以軍政未修、士氣未振、尚使狂寇得以僭竊爲可虞〔三七〕，則中興之功可指日而俟。守備之宜，則當料理淮甸、荆襄以爲藩籬，當於淮南東、西及荆襄置三大帥，屯重兵以臨之，東路以揚州，西路以廬州，荆襄以襄陽爲帥府。淮東路則以江東路財用給之〔三八〕，荆襄則以湖北路財用給之。徐議營田，使之贍養，假以歲月，則藩籬成，守備之宜，莫大於是矣。然後可以議攻戰之利。亦當分責於當路大帥，謂如淮東、西之帥則當責以收復京東東、西路，荆襄之帥則當責以收復京西南、北路，川、陝之帥則當責以收復陝西五路。若夫措置之方，則臣願先定駐蹕之所。今鑾輿未復舊都，莫如權宜，且于建康駐蹕，控引二浙，襟帶江、湖，運漕財穀，無不便利。臣昨於建炎初建議幸關中爲上，襄陽次之，建康爲下者，以天下形勢言之也。然淮南有藩籬形勢之固，然後建康爲可都。願陛下與二三大臣熟計之。綏懷之略，則臣願先爲自治自强之計，使陷溺之民知所依告，益堅戴宋之心。」

又曰：「陛下憂勤至矣，而未足以成中興之業，則群臣誤陛下也。大概近年所操之説有二，閑暇則以和議爲得計，而以治兵爲失策；倉卒則以退避爲愛君，而以進禦爲誤國。萬口和之，牢不可破。終累年以來，冠蓋相望，而初不得其要約。翠華蒙犯，而尚未有所定居，上下苟且偷安，而不爲長久之計。天步益艱，國勢益弱，職此之由。大運有開〔三九〕，天啓宸衷，超然遠覽，悟前日和議之失，而躬總六師；懲前日退避之非，而親臨大敵。逆臣悍虜數十萬衆飲馬江干〔四〇〕，雖未能掃蕩邀擊，盡殲醜類〔四一〕，而天威所臨，亦足以使之震怖，不敢南渡，潛師宵奔。則和議之與治兵，退避之與進禦，其效既可睹矣。臣願陛下反前日之爲，勿復爲退避之計，姑罷遣和之使，擇所當爲者，一切以至誠之意爲之，先後本末，各以次第修舉，倉廩實，府庫充，器用備。士氣振，力可有爲。方議大舉，則雖兵未交，而勝負之勢以決矣。抑臣聞朝廷者，根本也；藩方者，枝葉也，根本固則枝葉繁。朝廷者，腹心也；將士者，爪牙也，腹心壯則爪牙奮。今國家遠有强盛之黠虜〔四二〕，近有僭僞之逆臣，所仰以爲捍蔽者在藩方，所資以致攻討者在將士，然根本腹心則在朝廷。惟陛下正心以正朝廷，正朝廷以正百官，使君子小人各得其分，則是非既明，賞罰必當，自然藩方協力，將士用命，雖有黠虜不足畏〔四三〕，逆臣不足憂，此特在陛下方寸間耳。」

李綱上六事

且條上六事，一曰信任輔弼，大略謂：「今選於衆以圖任股肱之臣，遂能捍禦大敵，可謂得人。願陛下待以至誠，無事形迹，久任以責成功，勿使小人得以間之。」二曰公選人材，大略謂：「陛下臨御已來，用人材多矣。世之所許，以爲正人端士者，往往閑廢於無用之地。蓋自昔抱不群之材者，常爲小人所忌嫉，或中之於黮闇，或指之以黨與，或誣之以大惡，或摘以細故〔四四〕。而以道事君者，不可則止，雖負重謗，遭深譴，安於義命，不復自辨。夫人主豈能常無愛憎？然必去愛憎，而後能用人以興邦者，愛憎出於私情，用人必由於公道故也。陛下誠能推至公之道，將見人材輩出，中興之業，不難致矣。」三曰變革士風，大略謂：「近年士風尤薄，不顧國體，惟欲進身；不覈事實，惟欲傷人。大罵則大進，小詆則小遷，翕訿成風，此非朝廷之福也。朝廷設耳目之官，以廣視聽，故許之以風聞，至於大故，須當覈實，使果如其言，則誅責所加，不宜止從輕典，使言而無實，服讒蒐慝，得以中害善良，皆非所以修政刑也。陛下得一張浚，付以西事，浚以忠許國，雖失機會，不爲無過，而言者繩以大惡，賴浚有浴日之功，足以結知，又有大臣爲之辨，得以洗濯，不然何以雪哉？願陛下降詔戒士大夫，使體德意，務從忠厚，則中興之業，不難致矣。」四曰愛惜日力，大略謂：「事粗定之時，朝廷所推行者，皆簿書期會，不急之細務，至於攻討防守之策，軍國之大計，皆未嘗留意，安得不爲虜、僞之所陵侮〔四五〕？願詔大臣熟議所以爲規模者，畫一條具，如立課程，以次施行。」五曰務盡人事，大略謂：「天人之道，其實一致。今未嘗盡人事，敵至則先自退屈，而欲責功於天，可乎？願與大臣協心同力，務盡人事，以聽天命。」六曰畬畏天戒，大略謂：「比年以來，天屢譴告。願陛下以至誠之意，正厥事以應之。」疏累數千言。時秦檜、汪伯彥、李邴、顏岐、王綯、韓肖胄皆應詔上對，惟綱議剴切的當。

張守言措置二事

知福州張守言：「明詔四事，臣以爲莫急於措置。措置苟當，則餘不足爲陛下道矣。臣請爲措置之大略：其一措置軍旅，其二措置糧食。何謂措置軍旅？神武中軍當專衛行在，而以餘軍分戍三路，一軍駐于淮東，一軍駐于淮西，一軍駐于岳、鄂或荊南。擇要害以處之，使北至關輔，西抵川、陜，血脈相通，號令相聞，有脣齒輔車之勢，則自江而南，可以奠枕而臥也〔四六〕。然今之大將皆握重兵，貴極富溢，前無祿利之望，退無誅罰之憂，故朝廷之勢日削，兵將之權日重。而爲大將者，萬有一稱病而賜罷，或卒然不諱，則所統之衆，將安屬耶？臣謂宜拔擢麾下之將，使爲統制，每將不過五千人，棋布四路，朝廷號令，徑達其軍，分合使令，悉由於朝廷之權以用之，然後可以有爲也。何謂措置糧食？諸軍既以分屯諸路，則所患者財穀也。然所費多寡，在彼猶在此爾，則所患者轉輸也。今宜舉兩浙之粟以餉淮東，江西之粟以餉淮西，荆湖之粟以餉岳、鄂、荆南。量所用之數，責漕臣將輸，而歸其餘於行在，錢帛亦然，恐未至於不足也。錢糧既無乏絶之患，然後戒飭諸將，不得侵擾州縣。則民得以還其鄉里，而田野日辟，生齒日滋，江北州縣有復業之漸矣。以復業之民户口多寡，爲諸將殿最，歲遣官覆實，而陞黜之。如是措置既定，俟至防秋，復遣大臣爲之統督，使諸路之兵，首尾相應，綏懷之略，亦在是矣。然究其本原，則在陛下内修德而外修政耳。所謂修德，不過正心誠意，畏天愛民，儉於家，勤於邦，遠聲色，屏貨利，兢兢業業，凡可以累德者，無不去也。所謂修政，不過任賢使能，信賞必罰，抑權倖，裁冗濫，謹法度，興廉恥，凡可以害治者，無不去也。持久不倦，盛德日新，四海愛戴，何患夷狄之不服(四七)？在陛下果斷而力行之。」

翟汝文言三事

翟汝文言：「朝廷無遠略，無定論，無腹心謀議之臣，三者不立，何後之善？自建炎俶擾，今九年矣，天下日苦於兵，而戰守之計初未定也，經國規模，初未立也。將相大臣每至防秋，則豫謀避地之計，至春則泰然安肆，如無事之日，敵至與衆同懼，敵退與衆同喜，如斯而已，所謂禦敵者，臣不識也。臣願擇大臣有深謀者任之，責其恢復，拔用能將，必以剋敵，合天下之英傑，相與謨議立國之綱紀，規模先定，然後可爲也。」

胡安國時政論

胡安國時在湖南，聞有是詔，以書與其子起居郎寅曰：「比詔問舊宰執，即是國論未定，正要博謀，此機會不可失。若贊得歸是，其績不小，汝勉思之。吾有時政論二十篇，雖未詳，大綱舉矣。諸葛復生，不能易此也。」

田如黿以排詆罷

論擇臺臣

夏四月甲辰朔，監察御史田如黿爲尚書祠部員外郎。如黿嘗上書排詆大臣，其言及殿中侍御史張絢。輔臣入對，上因曰：「臺臣耳目之官，朕未嘗不慎此選。然必試之六察，度其可用，方敢除言事官。」沈與求曰：「臺臣與朝廷分持紀綱，要須得沈厚練達之人，則論事不苟。」上曰：「用沈厚練達之人極是，然朝廷與臺諫當爲一家，不分而爲二。若朝廷所行，臺諫輒詆之，臺諫所論，朝廷輒沮之，則事何由濟？」翌日，如黿遂罷郎官之命。

胡安國纂春秋傳

新除徽猷閣待制、知永州胡安國乞以本官奉祠。詔：「安國經筵舊臣，引疾辭郡，重憫勞之，可從其請，提舉江州太平觀。今纂修春秋傳，俟成書進入，以稱朕崇儒重道之意。」

王九齡論役法

詔進士王九齡召赴行在，令閤門引見上殿。九齡博極群書，卓越有大志。會日食求言，九齡上書論役法五害，如司馬光所言已見於今日。中書、門下省奏：「江、浙沿襲舊例，差保正長催科等事，致有破産失業流離之人。前後臣僚論列雖多，惟九齡建陳曲盡利害，已令有司措置立法。」故有是命。

王九齡言五事

九齡入見，又上五事，一役法，二屯田，三復武舉，四均賦税，五課農桑。上再三稱善。趙鼎讀九齡奏疏，謂同列曰：「王君論事，盡天下之利害，非老生之常談也。」乃以爲太平州當塗縣主簿。

配黄大本

丙午，右承奉郎黄大本貸死，杖脊，刺配南雄州牢城收管。大本爲貴池丞，坐贓抵罪，故有是命。既而監文思院于淙、南恩州司户莫憲章皆以賄敗，遂斷配焉。

立監司守令失按法

詔：「諸縣違法，知、通失按舉，而被按於監司；諸州違法，監司失按舉，而被按於臺諫，各察治得實者，並減犯人罪五等。犯人繫公罪，又減二等。並不以去官原免。」著爲令。

諸路鎮撫盡罷

丁未，召荆南鎮撫使解潛赴行在，於是諸鎮撫使並罷矣。

温州神主至行在

戊申，張銖奉太廟神主，自温州至行在。

范沖請書無逸圖

己酉，宗正少卿兼侍講范沖轉對，言：「仁宗皇帝建邇英閣，嘗命儒臣蔡襄等寫尚書無逸篇，并孝經天子、孝治、聖治、廣要道四章爲二圖，列於左右。元祐初，臣父祖禹爲侍講，奏乞檢尋二圖，如仁宗故事，哲宗皇帝從之。願陛下御書無逸篇爲二圖(四八)，置於講殿之壁。」上納其言，遂書爲二圖，不崇朝而畢。翌日，以諭輔臣，沈與求曰：「願陛下以是圖爲元龜，夙夜自儆，則恢復之期可卜矣。」

館職但許舉縣令

壬子，詔館閣正字以上，專舉縣令。以右司諫趙霈言正字已上亦舉監司、守令，則失於太泛故也。

覈實賞罰二縣令

乙卯，進呈殿中侍御史張絢奏嚴州壽昌縣令臧梓治狀可稱，饒州安仁縣令趙濤貪污不法，乞行勸沮。御批：「梓改合入官再任，濤送提刑司取勘。」趙鼎等曰：「兩縣士民近經都省陳狀，已下監司覈實。」上曰：「絢所奏，亦因兩縣士民經御史臺投狀，故有此請。朕思毀譽固未可知，且令監司核實，然後行賞罰，未爲晚也。」

市建州茶

丙辰，詔建州歲起片茶五萬斤赴行在，仍市末茶十五萬斤，赴都督行府市易務交納。舊額歲貢茶二十萬六千斤，葉濃之亂，園户逃散，遂罷之，而取其錢。至是本州奏乞蠲免，而行府以爲指準淮南支用，乃命市末茶，俾商人持往淮北焉。

米貴賑糶

丁巳，中書言民間米踴貴。詔户部借支神武中軍糧食一月，令盡出糶。時上已命發常平米，後二日，又詔日糶千碩。

差保正罷保長

己未，詔鄉村五保爲一大保，通選保正，於免役令中去「長」字，始改紹聖法也。

獎諭韓岳二將

庚申，詔：「韓世忠紀律嚴明，岳飛治軍有法，並令學士院降詔獎諭。」時世忠移屯淮甸，軍行整肅，秋毫無犯；飛移軍潭州，所過不擾，鄉民私遺士卒酒食，即時價償值。上聞之，故有是詔。

沈與求薦錢棄

辛酉，新諸王宮大小學教授錢棄、臨安府府學教授周葵，並爲監察御史。先是，沈與求薦棄節操方正，可備獻納，故二人並命。

甲子，太上道君皇帝崩于五國城，年五十四。兵部侍郎司馬朴與通問副使朱弁同在燕山，聞之，密議舉哀制服。弁欲先請，朴曰：「吾儕爲人臣子，聞君父喪，當致其哀，又何請？設不見許，可但已乎？」遂服衰，朝夕哭，虜人義之而弗問〔四九〕。

條約營田司

詔：「諸路營田司，官給種糧者，每一耕牛歲課，毋得過十碩，民間自有耕牛者，除輸納税賦外，毋得抑令耕種營田。」時言者以爲解潛在荆南，民有耕牛，官爲給種，納課或十餘碩，而租稅差科仍舊，是致百姓流移，田業荒蕪，故條約焉。

行孟享禮

丙寅，上就射殿，躬行景靈宮孟夏朝獻之禮。

收稅賦奇零數

辛未，詔諸縣賦稅奇零剩數，委通判點檢折納價錢，別項樁管，專充上供諸路免役寬剩錢，並令起發赴行在。用總制司請也。

楊時卒

龍圖閣直學士致仕楊時卒，年八十三。起居郎兼侍講朱震言：「時學有本原，行無玷缺，進必以正，晚始見知。其所撰述，皆有益於學者。」詔有司取時所制三經義辯，賜其家銀帛二百匹兩，後謚曰文靖。

增入名儒講義皇宋中興聖政卷之十七

校勘記

〔一〕虜人潛師遁去　「虜」原作「敵」，「遁」原作「引」，據宋刊本、明抄本及宋史全文卷一九改。

〔三〕劉豫父子强誘虜人擁衆南侵　「虜」原作「敵」，據宋刊本、明抄本及宋史全文卷一九改。

〔三〕乃今一夕遁去　「遁」原作「引」，據宋刊本、明抄本及宋史全文卷一九改。

〔四〕虜騎遁歸　「虜」原作「敵」，「遁」原作「引」，據宋刊本、明抄本及宋史全文卷一九改。

〔五〕淮東宣撫司統制官崔德明敗虜於盱眙　「虜」原作「敵」，據宋刊本、明抄本及宋史全文卷一九改。

〔六〕江北賊馬已退　「賊」原作「敵」，據宋刊本、明抄本及宋史全文卷一九改。

〔七〕虜雖退遁　「虜」原作「敵」，據宋刊本、明抄本及宋史全文卷一九改。下同。「遁」原作「兵」，據宋刊本、明抄本及宋史全文卷一九改。

〔八〕赦文不可夸大　「文」原作「又」，據宋刊本、明抄本及繫年要録卷八四改。

〔九〕虜已退遁　「退遁」原作「引退」，據宋刊本、明抄本及宋史全文卷一九改。

〔一〇〕修車馬備器械外攘夷狄之事　「外攘夷狄」原作「外講禦敵」，據宋刊本、明抄本及宋史全文卷一九改。

〔一一〕今冬虜來　「虜」原作「敵」，據宋刊本、明抄本及宋史全文卷一九改。

〔一二〕虜騎遁去　「虜」原作「敵」，「遁」原作「引」，據宋刊本、明抄本及宋史全文卷一九改。

〔一三〕今虜騎雖退　「虜」原作「敵」，據宋刊本、明抄本及宋史全文卷一九改。

〔一四〕臣聞降虜程師回言逆臣劉豫給虜人云　「虜」原作「敵」，據宋刊本、明抄本及宋史全文卷一九改。下同。「給」字原闕，據宋刊本、明抄本及繫年要録卷八四、宋史全文卷一九補。

〔一五〕臣等頃過聽　「頃」原作「須」，據宋刊本、明抄本及繫年要録卷八四改。

〔一六〕人固知其並相　「其」原作「且」，據宋刊本、明抄本及繫年要録卷八五改。

〔一七〕强虜自服　「虜」原作「敵」，據宋刊本、明抄本及宋史全文卷一九改。

〔一八〕清明其躬　「躬」原作「射」，據宋刊本、明抄本及繫年要録卷八五改。

〔一九〕知愷樂不可極　「知愷」原作「豈知」，據宋刊本、明抄本及宋史全文卷一九改。

〔二〇〕虜其可謂中國無備乎　「虜」原作「敵」，據宋刊本、明抄本及宋史全文卷一九改。

〔二一〕丙申　原作「丙午」，據下文及繫年要録卷八五改。

〔二二〕水易泄而多旱　「旱」原作「卑」，據明抄本、宋史全文卷一九及繫年要録卷八六改。

〔二三〕望因此東作之時　「時」原作「府」，據繫年要録卷八六改。

〔二四〕川陝宣撫司牛皓與金人遇于瓦吾谷　「金人」原作「金兵」，據宋刊本、明抄本及宋史全文卷一九改。

〔二五〕虜顧萬屍曰　「虜」原作「敵」，據宋刊本、明抄本及宋史全文卷一九改。「屍」原作「户」，據繫年要録卷八六並參考宋史卷四五二牛皓傳改。

〔二六〕虜人便於弓矢　「虜」原作「敵」，據宋刊本、明抄本及宋史全文卷一九改。

〔二七〕又收常平司五分頭子錢　「分」，繫年要録卷八六作「文」。

〔二八〕葛勝仲薦理宦棠　「理」原作「程」，據宋刊本、明抄本及繫年要録卷八六改。

〔二九〕昨因虜退　「虜」原作「敵」，據宋刊本、明抄本及宋史全文卷一九改。

〔三〇〕但自辟屬官　「自」，繫年要録卷八七作「向」。

〔三一〕二論虜將志驕意滿　「虜」原作「敵」，據宋刊本、明抄本及宋史全文卷一九改。下同。

〔三二〕去歲賊犯淮甸　「賊」原作「敵」，據宋刊本、明抄本及宋史全文卷一九改。

〔三三〕亦無所得而遁　「遁」原作「退」，據宋刊本、明抄本及宋史全文卷一九改。

〔三四〕四曰審度虜勢　「虜」原作「敵」，據宋刊本、明抄本及宋史全文卷一九改。

〔三五〕陛下勿謂賊馬退遁爲可喜　「賊」原作「敵」；「遁」原作「引」，據宋刊本、明抄本及宋史全文卷一九改。

〔三六〕而以中原未復赤縣神州猶汙腥羶爲可恥　「汙腥羶」原作「淪異域」，據宋刊本、明抄本及宋史全文卷一九改。

〔三七〕而以軍政未修士氣未振尚使狂寇得以僭竊爲可虞　「狂寇」原作「敵人」，據宋刊本、明抄本及宋史全文卷一九改。

〔三八〕淮東路則以江東路財用給之　「給」原作「則」，據宋刊本、明抄本及宋史全文卷一九改。

〔三九〕大運有開　「開」原作「闕」，據宋刊本、明抄本、梁溪集卷七八奉詔條具邊防利害奏狀及宋史全文卷一九改。

〔四〇〕逆臣悍虜數十萬衆飲馬江干　「逆臣悍虜」原作「北臣悍勇」，據宋刊本、明抄本及宋史全文卷一九改。

〔四一〕盡殲醜類　「醜類」原作「士卒」，據宋刊本、明抄本及宋史全文卷一九改。

〔四二〕今國家遠有强盛之黠虜　「黠虜」原作「敵國」，據宋刊本、明抄本及宋史全文卷一九改。

〔四三〕雖有黠虜不足畏　「黠虜」原作「勁敵」，據宋刊本、明抄本及宋史全文卷一九改。

〔四四〕或摘以細故　「故」原作「過」，據宋刊本、明抄本及繫年要録卷八七改。

〔四五〕安得不爲虜僞之所陵侮　「虜」原作「敵」，據宋刊本、明抄本及宋史全文卷一九改。

〔四六〕可以奠枕而臥也　「奠」原作「莫」，據宋史全文卷一九及繫年要録卷八七改。

〔四七〕何患夷狄之不服　「夷狄」原作「北方」，據宋刊本、明抄本及宋史全文卷一九改。

〔四八〕願陛下御書無逸篇爲二圖　「御」原作「圖」，據繫年要録卷八八並參考宋會要輯稿崇儒六改。

〔四九〕虜人義之而弗問　「虜」原作「敵」，據宋刊本、明抄本及宋史全文卷一九改。

增入名儒講義皇宋中興聖政卷之十八

高宗皇帝十八

言轉對有補

紹興五年五月庚辰，吏部員外郎周祕面對。上曰：「自令臣僚轉對(一)，甚有所補，由此擢用者亦多，縱有不當，亦不欲責罰，恐人不敢論事。」

孝宗封建國公

辛巳，輔臣奏事，趙鼎曰：「昨日得旨，擇日降制，除防禦使瑗爲節度使，封國公，出就資善堂聽讀。臣退而與孟庾、沈與求商量，皆仰贊陛下爲宗廟社稷大慮。謹令有司卜，今月二十六日吉，惟陛下裁擇。」上曰：「可。」與求曰：「此盛德之事也，而陛下斷自聖心，行之不疑，此自古聖賢之所難也。」上曰：「朕年二十九，未有子，然國朝自有仁宗皇帝故事，此事甚易行，而前代帝王多以爲難。」鼎曰：「自古帝王以爲難，陛下行之甚易，此所以莫可跂及也。」上曰：「藝祖創業，肇造王室，其勤至矣。朕取子行下，鞠于宮中，復加除拜，庶幾仰慰藝祖在天之靈。」庾曰：「陛下念藝祖開創之艱，而聖慮及此，

以書院爲資善堂

帝王所難能之事也。」初，張浚之未出使也，上嘗以語鼎、浚、庾、與求曰：「此子天資特異，在宮中儼如神人。朕親自教之讀書，性極彊記。」鼎先得旨，於行宮門內造書院屋一區，欲令就學。至是書院成，上曰：「只以書院便爲資善堂，俟除授訖，命儒臣爲直講、翊善，悉如資善故事。」

廖剛屯田三說

給事中廖剛言：「今諸將之兵被于江、淮，不知幾萬數，日待哺于東南之轉餉，東南之民已不勝其困矣。可救此患，莫若屯田。朝廷亦嘗行於淮南，今閱數秋，未聞有補，豈措畫之方、勸相之誠有未至乎？」乃獻唐郭子儀、漢力田科、蜀諸葛亮事，爲屯田三說上之。詔都督行府相度措置。

詔江浙造小船

癸未，詔江、浙四路共造五車十槳小船三十〔二〕，言者以爲緩急遇敵，須用輕捷小船相參，乃復爲之。

論人才皆可觀

甲申，上諭輔臣曰：「昨路允迪奏到所記聖語，見揚州駐蹕時，人才凡冗，宜遭變故。今行在人才皆可觀。」趙鼎曰：「陛下以人才爲意，中興可復，天下幸甚。」

張絢劾楊沂中

神武中軍統制楊沂中遣士卒五十餘人運怪石，置之太平樓酒肆。殿中侍御史張絢遇諸塗，奏言：「今邊境多虞，百姓艱食，陛下方且卑宮菲食，焦勞於上，一花一石，屏去不顧，奈何軍中不能上體聖意，乃敢公然運石，以爲酒肆遊觀之美？豈獨訓練士卒之時，不當勞以無益之役，而衆目所觀，傳播四方，亦非美事，此風漸不可長。兼臣近見村民多取花株竹栽，街市貨賣，若不嚴加止絶，亦有棄本逐末之患。欲望體問今日運石因依，重加行遣。仍乞下臨安府，令禁止村民貨賣花竹，庶幾陛下勤儉之德，不待家至户曉，而侈泰之俗一變而爲樸素，實艱難之先務。」詔禁止，沂中坐罰金。

上知南兵可用

乙酉，秘書省正字李彌正轉對，面奏：「見存西北之兵歲久銷減，乞令州郡募東南民兵教習，以壯國威，禦盜賊。萬一朝廷有警，亦可募以調發。」上曰：「朕自知南兵可用，向有五百人，皆平江人，在張俊軍中，往往率先犯陣。其不可用者，但未教習耳。」彌正又因口陳：「大臣進退之易，實害治體。國朝自祖宗體貌大臣。陛下即位以來，恩意尤篤。」上曰：「祖宗體貌大臣，恩意甚厚[三]，與庶寮不同，此朕家法，每奉以周旋。如鄭文公，雖一國之君，進臣不以禮，退不以道，爲詩人所譏。」彌正又陳：「古者創業中興之主，必有謀臣任事責重，憂勤逸樂，與之終始。今人之才雖不敢遠望古人，願陛下舍短取長，擇忠實可仗者，推腹心以任之，則事功可見就緒。」上曰：「善。若無一

論體貌大臣

二腹心之臣，孰與謀議？」

禁金翠之飾

詔禁銷金翠羽爲飾，用吏部員外郎姜師仲請也。

李椿年言三弊

丙戌，新除幹辦諸司審計司李椿年再得召見，論今日之弊甚大者有三：一曰銓選之弊，員多闕少；二曰食貨之弊，錢輕物重；三曰所司之弊，吏强官弱。又口奏度牒事，以爲今一歲所鬻，不下萬數，是歲失萬農也。積而累之，農幾盡矣，非生財之道也。上首肯之，乃下其章，命吏、户部同措置。

獎諭胡寅

詔：「中書舍人胡寅論使事，辭旨剴切詳明，深得論思之體，令學士院降詔獎諭。」時既用尚書右僕射張浚議，遣問安使何蘚入雲中，寅上疏言：「女真者，驚動陵寢，戕毀宗廟，劫質二帝，塗炭祖宗之民，乃陛下之讎也。頃者，誤國之臣自知其才術不足以戡定禍亂，而又貪慕富貴，是故譸張爲幻，遣使求和，以苟歲月，九年于此，其效如何？彼之一身叨竊爵位而去，曾何足道！而於陛下聖德、國家大計虧喪多矣。所幸陛下智勇日躋，灼然獨

胡寅極論遣使

見，於邪言久惑之後，奉將天討，罪狀劉豫，再安國步，漸圖興復，天下忠臣義士聞風興起，各思自效，以佐丕烈。今乃蹈庸臣之轍，踐已失之謀，犯孔子之戒，循魯莊之事，忘復讎之義，陳自辱之辭，臣切爲陛下勿取也。或謂

不少有貶屈，其如二帝何？臣應之曰：自建炎丁未至於紹興甲寅，所謂卑辭厚禮，以問安迎請爲名而遣使者，不知幾人矣！知二帝所在者誰歟？見二帝之面者誰歟？得女真之要領者誰歟〔四〕？因講和而能息虜兵者誰歟〔五〕？臣但見丙午而後，通和之使歸未息肩，而黄河、長淮、大江相次失險矣。臣但聞去年冬，使者還，言酋豪帖服〔六〕，國勢奠安，形於章奏，傳播遠近，曾未數月，而劉豫稱兵犯順矣。女真者，知中國所重在二帝，知中國所恨在劫質，知中國所畏在用兵，則常示欲和之端，增吾所重，平吾所恨，匿吾所畏，而中國坐受此餌，既久而後悟也。天下其謂自是改圖必矣，陛下可不據孔子之論，而決此策乎？苟惟不然，以中國萬乘之尊，而稱臣於醜虜〔七〕，則宰輔而下，皆其陪臣也。借使女真欣然講解，以一將軍將數萬衆〔八〕，駐兵泗水之上，願陛下面相結約，歃血而退，不知陛下何以待之？陛下試加採擇，或合聖意，即以此讎當復，無可通之義，明降指揮，寢罷奉使之命。」疏奏，上嘉納，命宰相趙鼎召至都堂諭旨，仍賜詔獎諭。

胡寅論邪説

寅又上表言：「天下有至公之心，有正直之論。違正論，拂公心，以行其邪説，雖當時不悟，及事已敗，世已陵遲，然後悔之，則無及已。姑以近事明之：方王安石得志，托大有爲之説。大有爲之説者，孟子之言也，豈不美哉？當時元勳舊德，皆以祖宗舊法不可變改，安石斥之爲流俗，而其説盛行。自今觀之，其所謂大有爲者，乃所以召亂；其所謂流俗者，皆賢才也。使神祖照之於司馬光辭樞密副使之時，而退王安石，罷新法，則尚有崇、觀之亂乎？及蔡京秉政，托繼志述事之説。繼志述事之説者，孔子之言也，豈不美哉？當時忠臣義士，皆以新法害民，當遵元祐。蔡京名之爲謗訕，而其説盛行。自今觀之，其所謂繼志述事，乃所以遂其私意；其所謂謗訕者，皆忠言也。使上皇照之於陳瓘論列之時，而退蔡京，復元祐，則尚有宣、靖之禍乎？天下之理，一是一非，出於是則入非，出於非則入是，理不並立，人無兩存，此人才邪正之所由分，而國家治亂之所由判，自古如此，豈惟今哉？女真入寇以來〔九〕，和戰兩議，肇於孝慈在位之日，兩議不決，馴致北狩。自今觀之，夷狄之不可與和〔一〇〕，亦易見也。而和議之説不息，非特通和女真，又欲通和劉豫。和之一字，實懷二心，以國與人，亦所不恤，豈不過甚矣哉？原其所本，起于耿南仲昌言之，正猶王安石大有爲之論、蔡京繼志述事之説；而尊主庇民，疾讎殄惡，不欲和者，亦猶司馬光不以王安石爲然，陳瓘不以蔡京爲是。八年於此，正論不勝，監觀前事，識者憂之。尚賴陛下險阻備嘗，照知情僞，於和議輩皆已試用，了無功效，此策不足中興，斷自宸衷，舍非從是，遂嚴降詔旨，罪狀反虜〔二〕，聲罪致討，一振國威，豈于女真尚肯通使？適睹何蘚之事，恐和説復行，國論傾危，士氣沮喪，所係不細，遂具陳奏。陛下曲賜褒諭，以來衆言，使天下忠義之士，皆知陛下雪耻復讎之意，用賢才，修政事，厲兵選將，駸駸北向，以爲迎二帝之實。大計一定，邪説不行，中興可期，宗社之福，豈獨微臣忝切恩詔，以爲今日美談而已？」

以墾田爲殿最

户部奏，諸路殘破州縣守令勸民墾田及抛荒殿最格，其法：墾田增及一分，郡守陞三季名次，累及九分，遷一官；虧及一分，降三季名次；九分鐫一官，縣令差減之。縣具墾辟實數，月申州，州季申監司。增虧十分者，取旨賞罰。

己丑，參知政事、權樞密院事孟庾進知樞密事。

得人安民爲上瑞

庚寅，趙鼎奏事，因言：「李沆作相時，每奏祥瑞，須雜以水旱螟蝗文字進呈，憂國愛民之心如此。」上曰：「王旦，賢相也，東封時都無一言。如天書降，殆難考驗，但朝廷内外得人，四民安業，則爲上瑞。」

論縣令得人

辛卯，嚴州壽昌縣令臧梓特改合入官，令再任，以兩浙轉運奏其治狀有實也。上曰：「若得賢令尹如此，一方皆受惠。」趙鼎曰：「一縣生靈十萬，縣令得人，則人人安業。」上曰：「然。朕區擇監司、守令，政欲安百姓也。」

宰執初提舉敕令

丁酉[二]，尚書右僕射張浚提舉詳定一司敕令，參知政事沈與求同提舉。初置提舉官也。

胡寅論士夫奔競

中書舍人胡寅言：「兵興以來，衣冠轉徙，失所者衆。於是開奏辟之路，置添差之闕，廣宮廟之任，增待次之除，所以惠恤之者亦厚矣。而奔競日昌，不安義命，方在責籍，則乞敘雪；已得敘雪，則乞祠祿；已得祠祿，則乞差遣；已得差遣，則乞改替；已得改替，則乞近闕；已得近闕，則乞見任；已在見任，則乞超擢。士風之弊，莫甚此時。伏見舊法，已有差遣及方在貶謫者，不得輒入國門。所以杜貪躁、清仕路、存綱紀也。伏望明詔宰執，舉行成憲。」從之。

胡寅論詞臣好惡

寅又言：「近來書命，多出詞臣好惡之私，使人主命德討罪之言，未免玩人喪德之失。」詔以付中書後省。

岳飛遣楊華招安

戊戌，岳飛至鼎州之城外，先遣兵馬鈐轄楊華入賊招安。華未降時，爲賊魁，以寬厚得衆，遂與故部曲潛結楊太黨，謀殺太以降。時大旱，湖水涸如深冬，賊益懼。

范沖朱震充府僚

己亥，貴州防禦使瑗爲保慶軍節度使，封建國公。宗正少卿兼直史館范沖兼史館修撰、兼侍講、資善堂翊善，起居郎朱震兼資善堂贊讀。上親筆付出，制曰：「朕爲宗廟社稷大計，選於屬籍，得藝祖七世孫〔一三〕，鞠之宫中。茲擇剛辰，出就外傅，宜有端良之士，以充輔導之官。博觀在廷，無以易汝。」時張浚在潭州，聞建國公當就傅，亦薦沖、震可備訓導。朝論以二人爲極天下之選。或謂浚繇此與鼎始有隙。

與趙鼎始有隙

盛暑慮囚爲永制

詔以盛暑，命諸路監司分往所部慮囚。前二日，進呈行在疏決，上問：「外路如何？」趙鼎曰：「臣記每年夏熱時，令提舉司催決獄事。自渡江後，不曾舉行。」上曰：「大理等處，禁繫無幾，當行之諸路，令無淹延刑禁，庶暑中不致罪人疾病也。」自是遂爲永制。

周十隆就招

庚子，知虔州韓昭奏周十隆已就招。

常以營造爲戒

六月癸卯朔，趙鼎言：「資善堂極褊隘，恐方暑不便。」上曰：「粗令修葺可也。朕常以營造爲戒，居處不敢求安。前日孫近乞罷修學士院，然上漏下濕，若不略與修葺，非朕待遇儒臣之意。」

湖賊楊欽降

甲辰，洞庭賊楊欽將所部三千人，詣岳飛降。初，張浚至長沙，親臨湖以觀賊勢，疑未可攻。會有急詔召浚還朝，謀防秋之計。岳飛至潭州，出圖示攻討出入之要，且曰：「禽之易耳。」浚曰：「恐防秋之期，俟明年再來討之，如何？」飛請除往來之程〔一四〕，限八日破賊，請浚曲留以俟。浚然之。飛以統制任士安爲賊餌，賊併力拒之，凡三日，飛乃以大兵四合，一戰破賊衆殆盡。乘其舟以入水寨，欽等迎降。欽在賊中最悍，楊太恃以爲强。飛厚待之，賊愈喪氣。

改統元曆

乙巳，名新曆曰統元。

造甲不擾百姓

丙午，上諭輔臣曰：「近令諸郡以箭鏃改造甲葉，恐再於民間科敷，密院只今行下，令只於作院打造，毋得科擾百姓。」趙鼎曰：「陛下恤民如此，臣等敢不奉承聖意！」

省併鑄錢司

丁未，罷饒州鑄錢司，合行事務權令虔州本司兼管。自渡江後，泉司所發額錢，比舊十虧八九，朝議以爲兩司責任不專，職事因致廢弛，乃合爲一司。

林季仲乞重縣令選

祠部員外郎林季仲嘗因面對，乞重縣令之選。其言曰：「令非其人，一邑受其弊；守非其人，一郡受其弊；監司非其人，一路受其弊。積諸路而言之，其弊有不可勝言者，將何利於國家，而輕是選耶？願從陛下丐一縣令，往以自效。臣承乏郎曹，求爲縣令，若不情者。然官職輕重，惟陛下如何，以省部爲重，則重在郎官；以斯民爲重，則重在縣令。漢明帝曰：『郎官出宰百里，有非其人，人受其殃。』蓋非以郎官爲重，重其出宰百里也。」

給賜南班宗室

己酉，上謂輔臣曰：「朕以南班宗室請給至薄，甚有貧窶者，昨日出內帑錢，每人賜二百千，令宗正丞沈禹卿散給。尚有親賢宅近屬，已取會人數，別行給賜。」趙鼎曰：「今宗室凋零無幾，陛下敦睦如此，盛德事也。」

建國公出資善堂

建國公初出資善堂，上命見翊善范沖、贊讀朱震皆設拜。趙鼎等得旨，依故事謁見。沖等每因箋奏，導國公以仁義之言，輒褾軸藏之，時一展玩。

范沖書孝經圖後

國公嘗得李公麟所畫孝經圖，沖書其後，略曰：「孝者，自然之理，天地之所以大，萬物之所以生，人之所以靈，三綱五常之所以立。學然後知之。心不苟慮，必依乎道；足不苟動，必依乎禮。行之以不息，守之以至誠。造次必於是，顛沛必於是。及乎習與性成，是謂純孝，不然無以立身矣。豈不見夫諸侯車服之美，儀物之盛，尊榮如此？國公以幼學之年，享寵禄之厚，盍思所以保富貴之道乎？故沖以諸侯之事爲獻，曰：『戰戰兢兢，如臨深淵，如履薄冰。』周之諸侯，其入而居於王所，則皆謂之卿士，故沖又欲以卿大夫之事爲獻，曰『夙夜匪懈，以事一人』。國公其勉之。」

因旱講朝政闕失

辛亥，趙鼎進呈以旱乞分命侍從官等，徧走群祀祈雨事。上曰：「亢陽如此，朝廷政事闕失更宜講求。」鼎等曰：「近日蠲除翎毛箭鏃，及官舟運糧等事，皆是仰承聖意，以寬民力。」沈與求曰：「雲漢之詩，雖上下奠瘞，靡神不宗，不廢禱祈之事，要之以側身修行爲本。陛下勤恤民隱如此，宜蒙嘉應。」

因旱罷科敷

癸丑，手詔：「訪聞諸路久愆雨澤，繇朕不德，致斯亢旱，雖恐懼修省，思所以答譴戒，弭天災，尚慮州縣違戾詔令，重擾吾民，致傷和氣。除税租、和預買及應副大軍之外，應干科敷催驅等事，日下並罷。」

岳飛平楊么

荆湖制置使岳飛破湖賊夏誠，楊太赴水死，餘黨相繼皆降。飛入水寨，殺賊衆殆盡，惟夏誠寨固守。寨三面臨大江，背倚峻山，官軍陸攻則入湖，水攻則登岸。至是，飛測其淺處，乃擇善罵者二十人，夜往罵之，且悉衆運草木放之上流。賊聞罵聲，争擲瓦石，草木爲瓦石所壓，一旦填滿，飛長驅入寨，遂執誠，湖寇悉平。

龜鑑曰：竹籤之題，卒誤鍾相。相既擒矣，么猶相也。然而昌寓致討而不能平，王𤩽招安而不能伏。及張浚至醴陵，召間諜之囚，釋其縛而縱之歸，使諭寇，於是么之將楊欽降，卒有膽喪之歎。岳飛至鼎城，取偏裨之慢令者鞭之，以折其氣，使爲虜餌，於是么斃而誠擒，果應「飛來」之讖，此平楊么之功烈也。

大事記曰：嘗謂宣王中興，平外夷耳〔一五〕；光武中興，平內寇耳。而高宗欲攘夷，則內寇轉迫，欲除盜，則外戎復張〔一六〕。然而降張遇等，殺杜用、丁順等，則有王淵；擊李昱、平趙方，則有劉光世；却丁進，則有守臣康允之；破戚方，則有守臣周杞；誅葉濃、討李成，則有張俊；平范汝爲、平曹成，則有韓世忠。而楊么據上流，僭號紀年，尤爲心腹之害。岳飛一至，八日而應「飛來」之讖，湖寇盡平，而內寇始息矣〔一七〕。使當時諸盜不作，諸臣得以併力中原，豈不足以建立事功哉？

宰執以旱乞罷

甲寅，尚書左僕射趙鼎、知樞密院事孟庾、參知政事沈與求奏：「自五月丙子不雨，今越四旬。叨冒近司，輔政無狀，致此譴戒。伏乞特降威命，正臣等之罪，早賜黜責。」詔答曰：「旱暵逾時，甘澤未應〔一八〕，乃朕菲德，非卿等咎。各安厥位，無得再請。」

范沖薦尹焞

丁巳，史館修撰、資善堂翊善范沖言：「伏見和靖處士尹焞誠明之學，實有淵源，直方之行，動應規矩，內外淳備，毫髮無玷，實爲鄉閭之所尊禮，士夫之所矜式。臣無能彷佛，舉以代臣，允愜公議。」詔川陝宣撫司以禮津遣赴行在。焞，程頤高弟也。頤死，聚徒洛中，非弔喪問疾不出户，士大夫尊仰之。靖康初，种師道薦於淵聖，方召至闕，將命之官，力辭而去。建炎兵亂，鎮撫使翟興辟之，不能致。紹興中，避難長安，僞帥趙彬以劉豫命玉帛招之，焞却幣奔蜀，居於涪州。上聞其賢，故召。

爲張俊所忌

湖寇既平，張浚乃更易郡縣姦贓吏，宣布寬恩。命岳飛進軍屯荆、襄，以圖中原，浚率官屬，泛洞庭而下。時淮東宣撫使韓世忠、江東宣撫使張俊皆已立功，而飛以列校拔起，世忠、俊不能平。先是，飛皆屈己下之，數通書，俱不答。及飛破楊么，獻樓船各一，兵徒戰守之械畢備，世忠始大悅，而俊益忌之。

減福建貢茶

戊午，詔福建歲貢龍鳳團及京挺茶，並權減半。

罷湖州貢花蕉布

罷湖州歲貢花蕉布。

甘澤應祈

癸亥，趙鼎奏，甘澤應祈，乞御常膳。上曰：「朕累日寢食不安者，豈特爲國無儲蓄，而望歲之心甚切，兼恐歲饑民貧，起而爲盜，朝廷不免遣兵討定，殘殺人命，亦天道之所宜憫也。」

許用諸儒説

甲子，詔省試舉人程文，許用古今諸儒之説，并自出己意，文理優長，並爲合格。令試院榜諭。

獎諭張浚之功

乙丑，張浚奏湖寇盡静。上手書賜浚曰：「非卿孜孜爲國，不憚勤勞，誰能寬朕憂顧？奏到之日，萬口一辭，以謂上流既定，則川陝、荆襄形勢連接，事力增倍，天其以中興之功付之卿乎！」

丙寅，詔州縣毋得催理民間積欠租税。

定省試差官例

戊辰，命翰林學士孫近知貢舉，給事中廖剛、中書舍人劉大中同知貢舉，中書、門下省檢正諸房公事呂祉、殿中侍御史張絢等六人爲參詳官，秘書省正字李彌正等二十二人爲點檢試卷官，太常少卿陳桷爲別試所考試官，司勳員外郎林季仲等四人爲點檢試卷官。自後率如此例。

禁假託軍需

詔：「諸路監司，州縣非奉朝旨，假作軍需名色之類科須者，並罷。」

責環中不知尊王

秘書丞環中知臨江軍。中嘗進春秋年表，沈與求奏：「不當先魯而後周。」上曰：「士大夫著述訛舛容有之。中爲人臣，乃不知尊王之義，豈可置之三館？」

呂大周增户之賞

庚午，權鄂州江夏縣呂大周特改合入官。時湖北提刑司奏大周任内招復增户二千八百七，故優賞之。

士珸遷官

辛未，皇叔蘄州防禦使士珸爲泉州觀察使。

汴京地震

是月，汴京地震。

朱召虎賜帛罷遣

秋七月壬申朔，饒州進士朱嘉積言，子召虎十歲，能誦經史、兵書，步射命中〔二九〕，乞挑試。詔賜帛二十匹，罷歸。

復一歲五享禮

丁丑，孟秋薦享太廟。自是歲五享如常禮。

按試武士所能

詔諸路監司、帥守按試武士所能，具職位姓名來上。用李光請也。

己卯，知樞密院事孟庾知紹興府。庾以行府闕三省、樞密院事，積不平，因稱疾求去。

執政兼措置財用

參知政事沈與求權樞密院事，兼權措置財用。

不假宦寺權

庚辰，内侍盧公裔言，見係致仕在蜀中，乞赴行在。上曰：「此人極不平穩，不若與在外宫觀。況朕宫中小黄門數十輩，備掃除趨走而已，近上者亦有數，未嘗假以權也。每觀漢、唐之禍及近時之變故，不得不防微杜漸。」趙鼎等曰：「漢、唐宦官傳有可鑑誡。」上曰：「仇士良勸後輩，戒人主不近儒生、不觀書，可以鑑也。」

獎諭李綱言事

壬午，賜觀文殿大學士李綱親筆詔書獎諭。綱應詔陳三策，又上六條，故有是賜。

復大小學教授

癸未，知南劍州沙縣丞陳沃、新婺州教授富元衡並充諸王宫大小學教授，紹興府宗正司供職。渡江後廢，趙鼎始創復之，一員居行在，一員居會稽。自是爲例。

趙不群再任

論守令不良致盜

丙戌，知宣州趙不群陞直龍圖閣，再任。上曰：「不群爲郡有稱，守公奉法〔二〇〕，使百姓安其田里。當寵旌之，以爲四方之勸。」上又曰：「民窮無聊，起而爲盜，多緣守令不良，擾之使然。若百姓安其田里，其肯爲盜乎？朕夙夜以此爲懷。卿等復留意，謹擇守令，庶幾百姓有安居樂業之意。」

史臣曰：紹興初，群盜充斥，既平閩中，而樞臣議收民兵以節制之。

詔曰：「事有本末，今所措置者，末也。致盜之因，良由科徭疾苦，吏不省憂，令監司條具利便以聞。」至此又有是言。夫出政而原其本，患盜而矜其情〔三〕，寬役使，厚常産，以修其安民之事。監司察郡縣，宰執擇守令，以持其安民之具，嘗聞安民矣，未聞治盜也，此之謂知要。

給淮北流民田

癸巳，知滁州何洋條上屯田利害。上曰：「淮北之民襁負而至，朕爲民父母，豈可使民失所？可賦田予之，更加優恤，恐乍歸之人，或無居止，當行下提點司，量給官錢賑助之。」沈與求曰：「立國不當爲朝夕計，今使就耕之民，盡蠲租賦，更賑助之，則五年以後，兩淮荒土往往耕辟已多，縱便恢復，亦爲朝廷之利。」上曰：「然。」

乙未，上曰：「内諸司轉官出職，祖宗皆有格法，朕遵守之甚嚴。但付之有司，依法施行。」

史臣曰：内諸司轉官出職，祖宗必嚴其籍，豈惟名器之惜哉！絶外廷之私謁，懼法守之易陵也。與夫褻近之臣皆所深戒，觀御藥院止用供奉官以下，至内殿崇班，則出而不可以寄資。内侍省押班必年五十以上，至張茂之除，雖四十八猶爲不可，司馬光引故事爲英宗言之，又爲神宗言之，皆此意也。

增爲十八員

八月甲辰，詔增館職爲十八員。時言者論：「唐太宗當兵戈搶攘之際，置文學館學士凡十有八人，其後皆爲名臣。祖宗辟三館，以儲養人材，蓋本於此。今國步艱難，時方右武，故館職猶多闕員，然臨事每有乏才之歎，則儲養之方，亦不可以兵戈而遽已也。乞如祖宗故事，通以十八人爲額。」故有是旨。

取詞科二人

禮部貢院放榜，考校到合格進士樊光遠等二百人，博學宏詞科，新敕令所删定官王璧、新明州州學教授石延慶二人。

趙鼎以薦舉乞罷

丁未，宰相趙鼎乞罷政。先是，殿中侍御史謝祖信奏：「新簽書廣德軍判官趙繼之任衢州江山令，贓汙狼藉，與判官趙不愚共爲姦利，表裏相濟。」詔浙西憲司劾治。其日癸卯。鼎嘗以京秩薦此二人，故乞解機務。是日，祖信方候對，上顧鼎曰：「事有輕重，卿薦士之失甚輕，而朕之罷相甚重。知人自古難之，豈可以薦二士之失而罷宰相？」

贈邵伯温官

己酉，趙鼎言：「故右奉直大夫邵伯温，大賢之後，行義顯著。元符末，以上書得罪，書名黨籍，坐廢者四十年。伏望優加褒贈。」鼎，伯温門人也。詔贈秘閣修撰，官其家一人。

丁巳，詔福建收買末茶指揮勿行。罷買福建末茶

己未，詔御筆：「比覽元符諫臣任伯雨章疏，論章惇、蔡卞詆誣宣仁聖烈太后，欲追廢爲庶人。誰無母慈，何忍至此？自朕纂服，是用疾心，昭雪黨人，刊正國史，雖崇寧而後，迷國猥衆，推原本始，實自紹聖惇、卞竊位之時。而諼慝未彰，將何以仰慰在天，稱朕尊嚴宗廟之意？可令三省取索議罪來上，當正典刑，布告天下。」丁卯，故特進、申國公章惇追貶昭化軍節度副使，故責授寧國軍節度副使蔡卞追貶單州團練副使，各人子孫，不許除在内職任。用己未詔書也。追貶章蔡

史臣曰：理能正於人之心，而治不足以達於天下者，未之有也。天下之亂，非自爲之也，必有害常醜正者取三綱九法，汨陳而倒行之，以致於亂矣。而人心之不泯者，猶在也。舉而明之，亂可使治，亦豈其自治哉？理在其心者，固先之矣。紹聖二姦，爲國産亂，以絶天之理，其忍哉？高宗誅姦於既死，其得撥亂世反之正之理乎！

是月，僞齊陷光州。

減罷總制錢

九月辛未朔，詔總制司，近取漕司雜稅，及常平增收頭子錢、鈔旁勘合錢、耆户長雇錢、常平一分寬剩錢、正稅零畸剩數等並罷，以久旱，用都省請也。

邵溥按吏振職

戒初鋭終怠

壬申，權川陝宣撫副使邵溥按屬郡守趙丞之不法。趙鼎曰：「溥在蜀中極振職。」上曰：「人情多鋭于其初，久之往往懈怠。若常如此，甚佳。雖古帝王亦然，唐明皇開元、天寶治亂可見矣。」趙鼎曰：「陛下知此，中興之功宜不難致，天下幸甚！」

擢汪洋等賜名應辰

乙亥，上御射殿，賜進士汪洋等二百二十人及第、出身。時右修職郎黄中對策言：「陛下貴爲天子，富有四海，而兩宫北狩，闕然温凊之奉者，十年於此矣。人生天地之間，如白駒之過隙，所謂十年者，豈可多得？陛下思念至此，豈不爲之痛心？然臣恐陛下有思念憂懼之言，而未有思念憂懼之誠心也。故凡有是誠者，必有是事。臣不識陛下所改作者，果何等事邪？今天下之弊極矣，臣愚以爲獨在於陛下安之以誠，益之以剛健，明詔二三執政大臣，思有所矯拂於世俗，事事刮靡整齊之，必盡去天下之宿弊，而爲之

黄中汪洋對策

一新其耳目，然後治效將有可觀，祖宗之烈爲可復，父兄之耻爲可雪也。」洋策言：「治道之要，不在乎他，在反求諸己而已。臣願陛下以帝王之道爲可以必至，以聖人之言爲可以必信，勤而行之，不自懈怠，以混一區宇爲心，使設施注措莫不當理〔二〕，從諫如轉圜，見善如不及，純而不已，盛德日進，使海内皆有歸往之心，然後大舉六師，削平蕃僞〔三〕，所謂以天下之所順，攻親戚之所叛也。惟陛下力行之耳。」詳定官、中書舍人胡寅等定中爲首選。輔臣奏：「中係有官人。」上問：「故事如何？」沈與求曰：「臣聞皇祐元年，沈文通考中第一，仁宗曰：『朕不欲以貴胄先天下寒畯。』遂以馮京爲第一，文通第二。」上曰：「可用此故事。」遂擢洋爲第一。

同日，賜特奏名進士汪喬年以下二百七十二人同出身至助教。

江上諸軍事藝精强

壬午，張浚奏江上諸軍事藝精强，非前日之比。趙鼎曰：「此皆陛下累年葺治之力。」上曰：「此皆卿等協贊。向使朱勝非尚爲相，必勸朕退避，今已無江、浙矣。」

進重修神宗實録

乙酉，尚書左僕射、監修國史趙鼎上重修神宗實録五十卷。舊文以墨，新修以朱，删出以黄。及進呈，上起，詣殿東壁焚香，再拜受書，内侍設案，

捧書至御坐前，鼎縉笏展書〔二四〕。修撰范沖進讀，上起立拱觀。禮畢，復
御座。

降告身博羅

降迪功郎告身于浙西諸州博羅，每道四千緡，亦不作進納，與理爲官户，仍理選限。

汪洋賜名應辰

己丑，敕賜進士及第汪洋乞避遠祖嫌名。上以其與王拱辰同歲，賜名應辰。

書中庸篇賜進士

時言者請賜新進士儒行及中庸篇，詔正字高閌校正，上將親書以賜。閌言：「儒行詞説夸大，類戰國縱横之學，蓋出於漢儒雜記。望止賜中庸，庶使學者知聖學淵源，而不惑於雜。」上從之。

謝惇德獻六策

雅州嚴道縣尉謝惇德特改左宣教郎、簽書昌州軍事判官〔二五〕，以所陳六策，議論可采也。惇德六策，一曰正國體，二曰正身，三曰求賢，四曰奉天，五曰愛民，六曰服四夷〔二六〕。

書尚書賜趙鼎

庚寅，上以御書尚書一秩賜趙鼎。翌日，鼎奏謝，上曰：「尚書所載君臣相戒敕之言，所以賜卿，政欲共由此道，以成治功耳。」

元符邪等人任子

壬辰，詔元符上書「邪説尤甚」范柔中等二十七人，身亡未任子者，並與一子官。趙鼎進呈，上曰：「此乃蔡卞、蔡京之罪。獻言者有可取則施行之，

無可取則容納之，如此則上無拒諫之名，而下有敢言之士，何至立爲邪等名目？其誤太上皇帝，皆此類也。」

張戒上書直言

國子監丞張戒面對，奏上曰：「臣幸因輪對，輒撰成書一封，宗社大計、軍國重事，臣靡不盡言。願陛下萬幾之暇，留神省覽。」上曰：「甚善。」戒進呈訖，奏曰：「臣所論事既多，必有不合聖心處。」上曰：「朕覽天下章奏不如此，朝廷初無拒諫之意。人臣進言，其可行者行之，其不可行者置之，朕未嘗加罪。」戒曰：「誠如聖諭。人臣進言若皆合聖心，即是陛下所已知者，又何用言爲？」上曰：「不惟已知已施行不須言，若人臣進言，必欲合人主之意，即是觀望。」戒曰：「陛下明此，天下幸甚！」

容納張戒忠言

乙未，趙鼎奏：「昨日蒙降出國子監丞張戒所上書，其言雖有過當，小臣敢盡言如此，亦不易得。」上曰：「戒因面對，攜此書來上，幾萬八千言。朕熟覽之，其間固有過當，然其憂國愛君之心，誠有可嘉。戒自言『恐忤聖意，願陛下容之』。方患朕之過失不得自聞，民之疾苦不得上達，大開言路，以防壅蔽，豈罪言者？朕意欲賞之。」沈與求曰：「陛下容納忠言如此，何患不聞盡言？」

法仁祖不及太祖

上曰：「戒言朕有仁宗皇帝守成之德，而不知太祖創業之志，此言良是。朕見仁祖皇帝在位四十二年，德洽民心，至今天下誦之，仰慕如堯、舜、文、武，故當時立政用人之事，朕嘗置左右，朝夕以爲法。至於太祖以神武創業，朕誠不及也。」

上諭省節財用

丁酉，權户部侍郎張致遠奏呈歲計，上曰：「今中外小大之臣罕有任責，若人人體國，以公事同家事，何憂不足？仍須每事省節，積少成多。唯贍軍、賞功務在激勸，此不可減耳。監司、守令有不經意于常賦、怠慢尸素者，户部宜糾劾之，當議竄責。」

華旺復光州

是月，淮西宣撫司統制官華旺復光州。

鏤版寬恤指揮

冬十月庚子朔，詔户部鏤板下江、浙、荆湖旱傷州縣，奉行寬恤指揮，御史劾其違者，竄責。

趙霈雞鴨諫議

先是，禁屠以禱雨〔二七〕，而併及雞鴨，右諫議大夫趙霈奏疏稱頌上德。中書舍人胡寅讀疏，笑曰：「諫職乃及此乎？聞虜中統兵有號『龍虎大王』者〔二八〕，脱或入寇，當以『雞鴨諫議』拒之。」

書車攻賜輔臣

壬寅，遣中使，以所書車攻詩賜輔臣。翌日，趙鼎奏謝，上曰：「朕觀鴻雁、車攻乃宣王中興之詩，今境土未復，二聖未還，當與卿等夙夜勉勵，以修政事，攘夷狄〔二九〕。」鼎曰：「陛下游神翰墨之間，亦不忘恢復，臣等敢不自勉？」

廣東更鹽法

乙巳，詔廣東鹽以二分即本路通商，餘一分官賣充漕計。廣東鹽舊從官賣，其後許通商於荆湖南、北及吉州，至是復有此命。尋又增鈔錢爲二十萬緡。

稽考常平義倉

戊申，殿中侍御史王縉請，嚴義倉之法，以備水旱。趙鼎進呈，因言：「湖南、江西歲旱，田畝災傷，今秋成之際，民間已闕食，恐至來春大饑。欲令常平司多方廣糴，以備賑濟。」上曰：「朕聞江、湖歲歉，夙夜爲憂。常平法自漢以來行之，乃是救荒之政。祖宗專用義倉賑濟，最爲良法。比年多有失陷。可降指揮，申飭有司稽考之。」

張浚自湖湘入見

書泰否卦賜張浚

庚戌，尚書右僕射張浚入見。浚既平湖寇，遂自鄂、岳轉淮東、西，會諸大將議防秋之宜，直至山陽，僞境震動。上勞浚曰：「卿暑行甚勞。然湖、湘群盗既就招撫，以成朕不殺之仁，卿之功也。」浚頓首謝。趙鼎、沈與求曰：「湖、湘既平，則川、陝血脈通矣。他日遂可漸爲恢復之圖。」上親書周易否、泰卦賜浚。浚奏：「自古小人傾陷君子，莫不以朋黨爲言。夫君子引其類而

張浚論泰否

進，志在於天下國家而已，其道同，故其所趨向亦同，曾何朋黨之有？惟小人則不然，更相推引，本圖利祿，詭詐之蹤，莫可跡究，故或爲小異，以彌縫其事，或内外符合，以信實其言。人主於此，何所決擇而可哉？則亦在夫原其用心而已。臣嘗考泰之初九：『拔茅茹，以其彙，征。』而象以爲志在外。蓋言其志在天下國家，非爲身故也。否之初六〔三〇〕：『拔茅茹，以其彙，征。』而象以爲志在君，則君子連類而退，蓋將以行善道，而未始忘憂國愛君之心焉。觀二爻之義而考其心，則朋黨之論可以不攻而自破矣。臣又觀否、泰之理，起夫人君一心之微，而利害及於天下百姓。方其一念之正，其畫爲陽，泰自是而起矣。一念之不正，其畫爲陰，否自是而起矣。然而泰之上六，陰已盡，復變爲陽，則君子在外，而否之所由生焉。否之上九，陽已盡，復變爲陰，則小人在外，而泰之所由生焉。當今時適艱難，民墜塗炭，陛下若能日新其德，正厥心於上，臣知其將可以致泰矣。異時天道悔禍，幸而康寧，則願陛下常思其否焉。」上嘗召對便殿，問所宜爲，且命以所聞見，置策來上，浚承命條列以進，號中興備覽，凡四十一篇〔三一〕，莫不備具。上深嘉歎，置之坐隅。

張浚中興備覽

李綱帥江西

乙卯，提舉西京崇福宮李綱爲江南西路安撫制置大使兼知洪州。初，張浚之謫福州也，綱亦寓居於福，二人相見，除前隙，更相厚善。至是，數於上前言其忠。趙鼎嘗爲綱辟客，亦爲上言綱才器過人，故有是命。綱辭，上手書敦諭，有曰：「朕之用卿審矣，卿宜以安社稷爲己任，勿間中外，勉爲朕行，不必數有請也。」

陳得一賜處士號

戊午，布衣陳得一造新曆成，賜號通微處士。

川陝類省推恩

詔川陝類省試合格第一名，依殿試第三人例推恩〔三〕，餘並賜同進士出身。特奏名人，令宣撫司置院差官，試時務策一道，以道遠，舉人赴殿試不及故也。

定宰執祿令

辛酉，吏部侍郎晏敦復請三公、三少、三省長官俸給，並依嘉祐祿令修立。從之。

呼延通漣水之捷

乙丑，淮東宣撫使韓世忠奏：「僞簽軍犯漣水軍，遣統制呼延通等引兵擊殪之，所脱無幾。」上曰：「中原赤子爲豫逼脅，死於鋒鏑，良可憐也。可令

埋簽軍遺骸

收拾遺骸埋瘞，仍出榜曉諭，使彼知朝廷矜恤之意。」

論監獄之冗

丁卯，殿中侍御史王縉言：「初出官人監獄廟理資任，若使許用舉主關

陞及年限磨勘，不惟僥倖太甚，兼恐偷惰苟且，習以成性。欲乞應初出官監獄廟人，年未及格，並不理資任。選人候釐務書考，纔許薦舉。釐務實及三考，無出身通理四考，纔許用舉主關陞承務郎已上。釐務磨勘，一依舊法。自後未經參選人，併父祖見任通判以上，及宮觀通判請給者，更不差監獄廟。」詔除用恩例陳乞外，更不許差，餘依見行條法。

前宰執不理爲職司

己巳，詔前宰執所舉京官狀，不理爲職司。

祫享太廟

是月，祫享太廟，祖宗並爲一列，不敘昭穆。

喻樗論蜀事

新知普州喻樗上書言蜀之可憂者四事，大略謂：「昨者虜兵深入和尚原〔三三〕，下青泥嶺，薄仙人關，賴吴玠等極力拒守，虜遂引去。夫所謂和尚原者，鳳之東境，距寶雞縣纔兩驛，抵鳳翔不能百里。我若屯兵其間，則可以下窺秦、雍，而於函、洛之路未絶也。所謂仙人關者，興之東境〔三四〕，距利州纔七驛，自利抵劍門關百里而嬴。今我退守仙人關，則蜀之險要所失過半，虜既到仙人關，習知隘險，必別生計，他日分兵數道並進，一軍自階、成趨文、政，一軍自梁、洋經米倉山入巴、閬，一軍自均、房由達州山路入夔、峽，復以一二千人攻仙人關，以綴吴玠。勢分形散，所備皆急。日者和尚原至仙人關退舍失地凡五百里，不知宣撫司亦復狀其實以聞朝廷乎？臣愚於此有二策焉，其一則經理興元，其二則措置荆襄。使川蜀一軍當秦、雍，江陵一軍拒襄、鄧，可以救援川蜀，覆蔽吴會，出軍宛、洛，通車三秦矣。」

置象牙牌

十有一月庚午朔，初置節度使已下象牙牌，一留禁中，一降付都督府，緩急臨敵，果有建立奇勳之人，先次給賜，以爲執守。

賣户帖

詔諸路州縣出賣户帖，仍立式行下。

胡寅言六事

胡寅言清中書之務

中書門下省奏中書舍人胡寅所言六事，一曰清中書之務，大略謂：「宰相大臣，陛下之所委任，以圖中興之丕烈者也。而兼總六曹有司之事，窮日之力〔三五〕，不得少息，皆細故也，而政事堂與州縣無以異矣。望陛下詔宰執大臣，選補六部長吏，凡有格法者，一切付之，使得各舉其職。法之所不載者，事之所不可行者，六部無得爲人申請，破壞成法。如是，則大小詳要，不相奪倫。中書之務清，有司之事治，廟堂之上，可以志其遠者、大者，久長之策，恢復之功，庶乎可冀矣。」

胡寅言學校之制

二曰議學校之制，大略謂：「自軍興以來，布衣韋帶之士，失其常産，因無常心，棄毛錐而説劍，上封事而覓官，泯泯紛紛，儒風掃地。謂宜稍增教授員闕，慎擇老成名士，以充其選。仍詔守臣留意

胡寅言重縣令

學校，加以歲月，必有可觀。」三曰重縣令之任，大略謂：「宜籍中外已爲臺省、寺監官，依倣漢制，分宰百里，俟有治績，不次陞擢，則又增重事權，優假其禮，借以服色，厚給餼廩，凡軍馬屯駐本縣者，許其節制；其經由者，悉用階級，則又據諸路縣分户口、賦入分爲三等，上等自朝廷除授，中等則自吏部注擬，下等令帥司、監司同共辟奏，則又用宋元嘉致治之法，以六期爲斷，革去三年成任、兩考成資，與堂選數易之弊，則又立四條爲三等縣考課之法，曰糾正稅籍，曰團結民兵，曰勸課農桑，曰敦勉孝悌。俟及三年，考其績效，已就緒者，就加旌賞；未有倫者，嚴行程督；皆無善狀，則黜汰之。」又命從官各舉二人之能任者，刺舉二人之姦贓者，皆籍於中書，俟考按功實，以次施行。」四曰京官必歷親民，大略謂：「近來由判司簿尉初改官人，及親爲京朝官而實不曾歷親民差遣者，例皆不肯參部，便欲直爲通判，作威勢，黷貨賄，爲民之害，無所不至。望詔大臣嚴守格法，不輕除授，庶幾息僥倖之風，勵人材之操。」

胡寅言久任監司郡守

五曰監司、郡守並以三年爲任，大略謂：「近歲監司、郡守更易頻數，雖使絶人之才居之，號令未及信於民，而已報除代矣。望明詔大臣，凡前宰執、侍從官爲州郡，未滿三年，不許除代。其庶官知州及轉運使、副、判官、提點刑獄，候到任一年，方差替人，其餘凡繫堂除者，除代以兩人而止，仍皆以三年爲任。如此，則官有宿業之士，功緒可稽；士息競奪之風，廉恥可立，乃中興急務也。」六曰除監司迴避户貫之禁：「近年指揮，監司、郡守不得除用土人，非良法也。夫得賢才，使臨本邦，知利害尤悉，愛百姓尤切；不賢不才者，雖在他方，以非吾土，爲害滋甚矣。望明詔大臣，蠲除近禁，盡心選授，惟務得人，有功則賞，有罪則罰。」詔三省措置立法，其在内窠闕，並樞密院差除依此。後頗有所施行，然不盡用也。

胡寅言勿避户貫

兵事貴密

兵機事不付外

辛未，趙鼎奏李大有上書言及機權事，上曰：「此涉兵機，不欲付外看詳。昔張齊賢上書，獻收河東之策，太祖怒甚，至裂其奏。及左右既退，徐取其奏，密授太宗曰：『他日取河東，出兵運糧，當用齊賢策。』未幾，河東平。沈幾如此，當爲萬世法。」

上屬籍總要

宗正寺上仙源慶繫屬籍總要。詔丞孫緯進秩一等，諸吏賜帛有差。

吳玠得事君體

癸酉，川陝宣撫副使吳玠奏遣其子來奏邊事。先一日，玠乞俟防秋畢入對，詔答不許。上諭輔臣曰：「玠比嘗請入覲，今又遣其子來奏事，可謂得事君之體。玠握兵在外累年，乃能周慎委曲如此，良可嘉也。」

死節並賜謚

詔：「應守令守禦，臨難不屈，死節昭著，不以官品高下，並令帥司保奏，特與賜謚。」

授尹焞官

乙亥，和靖處士尹焞充崇政殿説書，令川陝宣撫司加禮敦遣赴行在所。制曰：「先王之道，具在方册，非得深純篤厚之士，傳其師學，敷繹於前，則道固隱而不彰矣。朕博求碩儒，發明治要。聞爾安貧樂道，澹然無求，執德不回，久而益固，是用縻以好爵，列之經闈。勉從弓招，副朕虚佇。」

録顔真卿後

進士顔邵特補右修職郎，卓右迪功郎，彦輝下州文學。初，上聞真卿之後有居温州者，命守臣推擇以聞，得邵等三人，而彦輝則真卿十一世孫也。上謂大臣曰：「人有一死，或輕於鴻毛，或重於泰山，在處死爲難耳。真卿在唐死節，可爲得處矣。況今艱難之際，欲臣下盡節，可量與推恩，以爲忠義之勸。」

罷吉州場務

罷吉州榷貨務都茶場。

節省自宫廷始

癸未，上謂輔臣曰：「邦計匱乏，苟有一毫可以節省，亦當行之。朕宫人僅給使令，然昨日已搜采三十人出之。」趙鼎曰：「節省之道始于宫庭，此陛下盛德也。」

官吏權減俸

甲申，自渡江後，宰輔已減俸三之一。至是，趙鼎等復請于内權減二分，從之。於是行在官吏俸祿皆權減。

詞臣不由科第

乙酉，起居舍人任申先試中書舍人，仍兼直史館。國朝詞臣進不繇科第，林攄、顔岐及申先而已。

吳玠興屯田

丙戌，議者謂：「梁、洋沃壤數百里，環以崇山，南控蜀，北拒秦，東阻金、房，西拒興、鳳，可以戰守。而民未復業，墾辟殊少，多屯兵則糧不足以贍衆，少屯兵則勢不足以抗敵。」詔邵溥、吳玠擇二郡守相度。初，玠於興元、洋、鳳、成、岷五郡治官莊屯田，又修褒城廢堰，民知灌溉可恃，皆願歸業。利路漕臣郭大中言於玠曰：「漢中歲得營田粟萬斛，而民不敢復業，若使民自爲耕，則所得數什百於此矣。」玠用其言，歲入果多。

胡寅以論使出

戊子，中書舍人胡寅知邵州。初，寅既論不當遣使，上賜詔書褒諭。而尚書右僕射張浚自江上還，奏使事兵家機權，不用其説，乃遣都督行府準備差使范寧之與問安使何蘚偕行。寅復奏疏，言其無益者八、有害者二，大略謂：「庚戌而後不遣使，虜兵亦不來〔三六〕。及癸丑日遣使，則鈎引虜人入國，曾不旋踵。」又曰：「去冬下詔，罪狀劉豫，名其爲賊。今豫豈肯賓吾使人達之於虜哉？獨有一説使陛下難處者，以二帝爲言耳。然自建炎改元以來，使命屢遣，無一人能知兩宫起居之狀、謦欬之音者，况今歲月益久，虜必重閟，惟懼我知之。今以虜爲父兄之仇，絶不復通，則名正而事順，他日或有異聞，在我理直，易爲處置。若通使不絶，則虜握重柄〔三七〕，歸曲於我，名實俱喪，非陛下之利也。使或有知二帝所在，一見慈顔，宣達陛下孝思之念，雖歲一遣使，竭天下之力以將之，亦何不可之有？其如艱梗悠邈，必無可達之理乎？以此揆之，則以二帝爲言者，理不難處也。今日大計，只當明復讎之義，用賢才，修政事，息民訓兵，以俟北向，更無他策。至於何蘚之行，非特無效，決須取辱。臣所見如此，豈得以張浚有言而自抑也？」寅既與浚異論，乃以父病不及迎侍，乞湖南小郡，故有是命。

論奏案不當

甲午，權中書舍人潘良貴繳方州殺人奏案不當。上曰：「殺人者死，此古今不易之法。然情有可憫，許具奏，此祖宗好生之德，第恐州縣之吏受賕出入，略加約束可也。」

賜親賢宅絹帛

乙未，詔出内帑絹三千六百匹、綿萬兩，賜親賢宅諸宗室。上諭大臣曰：「時寒如此，令户部支，則恐傷經費，故第從内帑趲那給之。」

預買不抑納金銀

丁酉，詔預借民户和買絹紬二分止令輸見緡，毋得抑納金銀。除頭子錢外，每千收靡費錢不得過十文。

禁重催旱傷税

詔江西帥、憲司覺察漕司及州縣，毋得重疊催理旱傷民户苗米。

復差甲頭催税

詔罷催税户長，復以村疃三十户爲一甲，輪差甲頭一名催税。

減料鑄錢

江浙荆湖福建廣南路提點坑冶鑄錢趙伯瑜乞減料鑄錢，每千重四斤五兩，比舊減半斤。許之。時坑冶盡廢，伯瑜訪得諸監有古碴淪浸入地，漸生礦末，乃淘掘成銅，品合鼓鑄焉。

改神武軍名

十有二月庚子，詔神武係北齊軍號，宜以行營護軍爲名。神武前軍改稱中護軍，左軍稱前護軍，後軍稱後護軍，劉光世所部稱左護軍，吴玠右護軍，王彦前護副軍。

改晝日供職指揮

言者論：「行在職事官，凡有除授晝降指揮，日下供職，此適足以長奔競之風。除命之出，倘未愜於公論，則御史、諫官得以言，舍人得以繳，給事中得以駁。與其追寢於供職之後，曷若改正於未行之前？伏望特降指揮，除去舊例，亦所以訓迪在位，勵其風節。」從之。

軍馬撥隸三衙

辛丑，趙鼎等奏：「應都督府軍馬，並撥隸三衙。」上曰：「祖宗故事，應軍馬未有不隸三衙者，今釐正之，甚善。他日差出，即降指揮，聽某將節制。其名既正，則軍政漸可復舊。」

王俣論廢法用例

權戶部侍郎王俣言：「比年以來，官失其守，廢法用例，其弊滋甚。所以恩歸於下，怨集於上，人不退聽，事益增多。伏望明詔大臣，除刑寺斷例合依舊存留照用外，其餘委官詳定，附入本例。嚴戒有司，自今悉遵成憲，敢有弗率，必罰毋赦。」詔左右司、樞密院檢詳官取索措置，條具申尚書省。趙鼎因請委都司取會前後所行之例，約以中制，立爲定法，付有司遵守。吏無所肆其姦矣。

禁以翠羽爲飾

乙巳，詔：「以翠羽爲服飾者，依銷金罪賞，並徒三年，賞錢三百千，許人告。」

合兵爲北討計

丙午，劉子羽知鄂州、主管荆湖北路安撫司公事。張浚既還朝，始議大合兵爲北討計，乃白召子羽，令諭指西師，故有是命。

論治國猶治身

己酉，趙鼎奏謝因足疾蒙賜珍劑。上曰：「藥所以攻疾，疾良已則當却藥，或者烹煉金石餌之，徒耗真氣，非養生之道。豈惟治身，雖國亦然。」張浚曰：「秦以嚴刑峻法治天下，而自速其禍，此可以爲戒。」

侍從不拘輪對

給事中呂祉言：「近制，行在職事官係朝廷擢用，類多疏遠，不獲一望清光〔三八〕，故特延見訪問，所以求賢審官，詢事考言，惠至溥也。然侍從官以言語備顧問，朝夕論思，出入獻納，乃其職也，豈可令與庶官輪日面對？願詔侍從官免輪面對，如有己見，即許依舊請對，勿拘以時，勿限以數。」從之。

用人不分彼此

辛亥，上與趙鼎論人才，因曰：「朝廷用人，不分彼此，四方人才，宜參用之。」沈與求曰：「成湯立賢無方，豈限南北？」

王俁言國用五事

權戶部侍郎王俁言：「兵革未息，屯戍方興，大計所入，充軍須者十居八九，此國用所以常乏。謹以臣愚見，略陳五事，一曰處冗食之兵，二曰損有餘之祿，三曰收隱漏之賦，四曰補銷毀之寶，五曰修平準之法。」詔戶部勘當，其後頗施行之。

朝士始帥川陝

甲寅，刑部員外郎楊邁知夔州兼本路安撫使。渡江後，由朝士出爲川陝帥臣者，始此。

久任主計之臣

庚申，太府少卿沈昭遠請久任計臣。上曰：「祖宗時，三司使如陳恕最爲久任，號稱職。今內外計臣，倘能稱職，就加爵秩，以褒寵之可也，不須數易。」張浚曰：「久任豈獨計臣？他官倘有稱職者，亦當如此。」

命六曹守格法

辛酉，起居郎潘良貴言：「中臺者，出納王命，賦政四海，喉舌之司也。伏望嚴飭六曹長貳、郎官，凡朝廷送下勘當事理，並須具格法是非供報，輔臣進呈。」上曰：「祖宗以來，自有格法，有司但能遵守，即爲稱職。格法既定，誰復有僥倖之心？唯其因事陳請，人思幸得，此法之所以寖廢也。可依良貴所請。更切申嚴。」沈與求曰：「六部乃法守之地，有司徇情，遂至廢法而用例，然情豈勝徇耶？僥倖之門塞，則人自安分，天下何患不治？」

史臣曰：法外豈得有例哉？徇情之私而爲法之蠹，莫例若也。其弊蓋出於特旨，特旨爲例矣，而又沿請之，僥倖相乘無不可者。是猶從其不齊於物，而悉廢其器。雖有權量度數，無所用之也。天下誰爲知止足之分者哉〔三九〕！然則法安出也？傳之祖宗，蓋有所創之於上，付之有司，蓋有所受之於下，猶權量度數之器，受之於官而用之也，夫是之謂遵守。

增轉對員

詔敕令所删定官、監登聞檢鼓院官，自今並令轉對。

張浚措置屯田

甲子，詔屯田郎中樊賓，候都督府出使日，隨逐前去江、淮措置屯田〔四〇〕。

時張浚再出江上，欲謀大舉，深慮諸將議論不同，趙鼎與之謀曰：「公之此行未便能舉事，莫若兼領屯田而歸〔四〕，不爲無補。」於是置官屬，畫一而去。先是，建言屯田者甚衆，至是始爲之。

丙辰，都督府奏，以新知鄂州劉子羽權本府參議軍事，與熊彦詩並往川、陝撫諭。劉子羽等撫諭川陝

戊辰，夜，雨雹。

增入名儒講義皇宋中興聖政卷之十八

校勘記

〔一〕自令臣僚轉對　「令」原作「今」，據明抄本、宋史全文卷一九及繫年要録卷八九改。

〔二〕詔江浙四路共造五車十槳小船三十　「三十」，宋史全文卷一九同此；繫年要録卷八九作「五十」；宋會要輯稿食貨作「五十六」。

〔三〕恩意甚厚　「恩」，宋史全文卷一九同，繫年要録卷八九作「禮」。

〔四〕得女真之要領者誰歟　「要領」原作「的耗」，據宋刊本、明抄本及宋史全文卷一

九改。

〔五〕因講和而能息虜兵者誰歟　「虜」原作「敵」，據宋刊本、明抄本及宋史全文卷一九改。

〔六〕言酋豪帖服　「酋豪」原作「邊方」，據宋刊本、明抄本及宋史全文卷一九改。

〔七〕而稱臣於醜虜　「醜虜」原作「敵國」，據宋刊本、明抄本及宋史全文卷一九改。

〔八〕以一將軍將數萬衆　後一「將」字原脱，據斐然集卷一一論遣使劄子及歷代名臣奏議卷八六補。

〔九〕女真入寇以來　「入寇」原作「用兵」，據宋刊本、明抄本及宋史全文卷一九改。

〔一〇〕夷狄之不可與和　「夷狄」原作「西北」，據宋刊本、明抄本及宋史全文卷一九改。

〔一一〕罪狀反虜　「虜」原作「敵」，據宋刊本、明抄本及宋史全文卷一九改。

〔一二〕丁酉　原作「辛酉」，案本月甲戌朔，無辛酉日，據繫年要録卷八九及宋史卷二八高宗本紀五改。

〔一三〕得藝祖七世孫　「孫」原作「係」，據繫年要録卷八九改。

〔一四〕飛請除往來之程　「除」原作「徐」，據宋刊本、明抄本及繫年要録卷九〇改。

〔一五〕平外夷耳　「夷」原作「裔」，據宋刊本、明抄本及宋史全文卷一九改。下同。

〔一六〕則外戎復張　「戎」原作「禦」，據宋刊本、明抄本及宋史全文卷一九改。

〔一七〕而内寇始息矣　「内寇」原作「外侮」，據繫年要録卷九〇改。

〔一八〕甘澤未應　「應」原作「降」，據宋刊本、明抄本及繫年要録卷九〇改。

〔一九〕步射命中　「命中」原脱，據繫年要録卷九一補。

〔二〇〕守公奉法　「守」原作「首」，據繫年要録卷九一改。

〔二一〕患盜而矜其情　「患」原作「惠」，據繫年要録卷九一所引改。

〔二二〕使設施注措莫不當理　「注措」，繫年要録卷九一作「措置」。

〔二三〕削平蕃僞　「蕃僞」原作「西北」，據宋刊本、明抄本及宋史全文卷一九改。

〔二四〕鼎縉笏展書　「鼎」原脱，據繫年要録卷九三補。

〔二五〕雅州嚴道縣尉謝惇德特改左宣教郎簽書昌州軍事判官　「左」原脱，據繫年要録卷九三補。

〔二六〕六曰服四夷　「四夷」原作「四裔」，據宋刊本及明抄本改。

〔二七〕禁屠以禱雨　「雨」原作「晴」，據上文及皇朝中興紀事本末卷三三改。

〔二八〕聞虜中統兵有號龍虎大王者　「虜」原作「敵」，據宋刊本、明抄本及宋史全文卷一九改。

〔二九〕攘夷狄　原作「備邊方」，據宋刊本、明抄本及宋史全文卷一九改。

〔三〇〕否之初六　「六」原作「九」，據誠齋集卷一一六張魏公傳及否卦卦象改。

〔三一〕凡四十一篇　「一」原脱，據繫年要録卷九四及宋史卷三六一張浚傳補。

〔三二〕詔川陝類省試合格第一名依殿試第三人例推恩　「合格第一名依殿試」原脱，據繫年要録卷九四補。

〔三三〕昨者虜兵深入和尚原　「虜」原作「敵」，據宋刊本、明抄本及宋史全文卷一九改。下同。

〔三四〕興之東境　「興」原作「青」，據繫年要録卷九四改。

〔三五〕窮日之力　「力」原作「功」，據宋刊本、明抄本及宋史全文卷一九改。

〔三六〕虜兵亦不來　「虜」原作「敵」，據宋刊本、明抄本及宋史全文卷一九改。下同。

〔三七〕則虜握重柄　「虜」原作「金」，據宋刊本、明抄本及宋史全文卷一九改。

〔三八〕從「以繳」至「不獲一望清光」四百二十八字原脱，據明抄本及宋史全文卷一九補。

〔三九〕天下誰爲知止足之分者哉　「止足」原作「是王」，據繫年要録卷九六所引改。

〔四〇〕隨逐前去江淮措置屯田　「措」原作「若」，據繫年要録卷九六改。

〔四一〕莫若兼領屯田而歸　「若」原作「能」，據繫年要録卷九六改。

增入名儒講義皇宋中興聖政卷之十九

高宗皇帝十九

紹興六年春正月己巳朔，上在臨安。

雪寒賑濟

上或達旦不寐

辛未，上以雪寒，細民艱食，命有司賑之。翌日，謂尚書右僕射張浚曰：「朕居燠室，尚覺寒，細民甚可念。若湖南、江西旱災去處，亦宜早措置賑濟。民既困窮，則老弱者轉於溝壑，强悍者流爲盜賊，朕爲民父母，豈得不憂？」浚曰：「陛下推是心以往，則足以感召和氣，況實惠乎？」上曰：「朕每以事機難明，專意精思，或達旦不寐。」浚曰：「陛下以多艱之際，兩宮幽處，一有差失，存亡所係，慮之誠是也。然雜聽則易惑，多畏則易移，以易惑之心，行易移之事，終歸于無成而已。以陛下聰明，苟大義所在，斷以力行，夫何往而不濟？臣願萬機之暇，保養天和，澄心靜氣，庶幾利害紛至而不能疑，則中興之業可建矣。」

置局賣藥

壬申，初置行在和劑局，給賣熟藥。

問方今形勢

甲戌，左承奉郎孫道夫爲秘書省正字。道夫召對，上問以方今形勢之地，道夫請經營漢中，以爲復陝西之基，措置荆南，以爲守江左之策。上稱善。

乞均内外任

乙亥，右諫議大夫趙霈言：「比年以來，奔競日滋，廉耻道喪。指臺閣爲要津，笑州縣爲俗吏，僥倖捷徑，以圖進身。已參選者力求堂除，得外任者謀改京局。故臣僚一遇賜對，則明與陞擢差遣；一有過累，則明與外任差遣。人既知朝廷之輕外任，孰不以内任爲重乎？願明詔大臣，凡任臺省寺監及二年，才可任煩劇者，悉補監司、郡守之職；任監司、郡守及二年，才可被陞擢者，悉充省臺寺監之選。劇邑有闕，擇寺監丞有才術者爲之宰；寺監有闕，擇縣令有治績者爲之丞。更出迭入，居中補外，以熄奔競，以興廉耻，使士無入而不出之譏，郡守無雅意本朝之望。」疏奏，從之。

丙子，夜雪〔一〕。

納粟不許注親民

丁丑，詔納粟別作名目授官人，毋得注親民、刑法官，已授者並罷。

因旱檢寬恤事件

己卯，詔：「朕以菲德，致茲旱災，痛念斯人，流離窮苦，屢詔諸路，常加撫字〔二〕，尚慮未能深體此懷，奉承弗謹。今仰三省檢會累降寬恤事件，布告中外，悉力推行，務在實惠及民。」

伯玖除防禦賜名璩

壬午，宗室伯玖賜名璩，除和州防禦使。

上神宗實録

癸未，尚書左僕射兼監修國史趙鼎上重修神宗實録，通成二百卷。

請親行邊塞

丙戌，尚書右僕射張浚辭，往荆襄視師。浚以虜勢未衰〔三〕，而劉豫復據中原，爲謀叵測，奏請親行邊塞，部分諸將，以觀機會。上許焉。浚即張榜，

張浚聲劉豫罪

聲豫叛逆之罪。

戒幕帥措置屯田

丁亥，淮東宣撫司參謀官陳桷、淮西宣撫司參謀官李健、江東宣撫司主管機宜文字郗漸對于内殿，上諭以「國家贍養大兵之久，國用既竭，民力已困，切須專意措置屯田，此亦自古已成之效，況軍中亦須先立家計，若有機會，方圖進取。」後二日，以諭輔臣趙鼎曰：「措置如此，社稷幸甚！」

臣留正等曰：古之行屯田者何其易，而其效何其廣也。趙充國之於湟中，是以將帥而行之也；張公謹之於代州，是以郡守而行之也；韓約之於振武，是以部刺史而行之也，率不過一二歲而軍儲富矣。今以天子之命令，國家之事力，而每病其難，經歷歲月，未覩厥成，則將帥恬

不加意，抑𡴭任使之意也。使其開渠引水，用以澆溉，能若鄧艾；躬耕百畝，課督將校，能若郭子儀，如是而有不成，臣不信也，亦在賞罰勵之耳。

給還預借坊場錢

庚寅，殿中侍御史王缙言：「有司申請，乞將預借坊場錢先還一半，不便。」上曰：「既預借，當悉還之。朝廷號令，貴於守信而已。儻或失信，何以使民服從？」

因旱預修荒政

甲午，以江、湖、福建、浙東旱，命監司、帥臣修荒政。輔臣進呈文字，上曰：「歲饑，民多流殍，朕心惻然。官爲發廩以賑給之，則民受實惠。苟爲不然，雖詔令數下，恐徒文具耳。宜申飭有司，多方措置米斛，逐路監司行下州縣，如奉行有方，别無流亡，當行旌賞。如流亡稍衆，或聚而爲盜，即重行竄責。並令帥臣、監司比較優劣，保明來上，取旨賞罰。」

臣留正等曰：水旱之災，治世所不能免，然必有以處之。周有荒政，漢有賑貸之令，本朝從而推廣之。災之所被，必開倉廩，已逋負，休力役，甚則轉他路粟以給之，又甚則出内帑金帛以濟之，視前代益周密矣。至於戒飭監司，課州縣以存恤有方，與奉行不謹者而爲之賞罰，則自太上皇帝始。州縣之官，以字民爲職者也，職乎字民，遇其災而不能救焉，罰將奚辭？彼知罰之可畏，而賞之可慕也，於救民何敢不力？民之免於溝壑者，非太上皇帝之賜歟？二百餘年之間，德積而彌高，澤濬而益深，民之戴宋，永永無斁，宜矣！

宗室戚里不爲將相

乙未，進呈邊順乞外任劄子，趙鼎曰：「祖宗舊制，三衙用邊臣、戚里及軍班出身各一人，所以示激勸也。」上曰：「戚里未有可以當此任者。然近上戚里既擢用，後或有罪戾，罰之則傷恩，貸之則廢法，故不得不審也。唐用宗室，至爲宰相。本朝宗室雖有賢才，不過侍從而止，乃所以安全之也〔四〕。」

臣留正等曰：漢以諸呂，幾亂天下，而文帝復使薄昭典兵，豈非以太后故，欲恩之耶？昭卒犯法誅死，尚足爲恩也哉？魏文帝譏之，以舅后之家，但當養育以恩，不當假借以權，亦可謂知言矣。觀太上皇帝之語趙鼎，真可爲萬世法也。

定買官升轉法

戊戌，都督行府奏：「乞將大姓已曾買官人，於元名目上陞轉，文臣迪功郎陞補承直郎一萬五千緡，特改宣教郎七萬緡，通直郎九萬緡。武臣進義校尉陞補修武郎二萬二千緡，保義郎已上帶閤門祗候三萬緡，武翼郎已上帶閤門宣贊舍人十萬緡。已有官人，特賜金帶五萬緡，並作軍功，不作進納，仍與見闕差遣，日下起支請給，其家並作官户，差役、科敷並免。如將來參部、注擬之類，一切並依奏補出身條法施行。」從之。

陶愷以主紹述斥

二月己亥朔，尚書金部員外郎陶愷知筠州。前三日，愷因面對，言：「陛下未能建大中至正之道，未能平黨與，未能修政，未能用人。」其言頗主紹述之説，故命出守。

改江淮營田爲屯田

壬寅，都督行府奏改江、淮營田爲屯田。張浚出行邊，請應事務並申行府措置，俟就緒日歸省部，許之。於是官田、逃田並行拘籍，仍民間例，召莊客承佃，五家相保，官給牛種，每家貸本錢七十千，分二年償〔五〕。若收成日，願以斛斗折還者，聽。

癸卯，夜雪。

置行在交子務

甲辰，置行在交子務。先是，都督行府主管財用張澄請依四川法造交子，與見緡並行，仍造三十萬，用於江、淮矣。至是，中書言：「交子、錢引並沿邊糴買文鈔，皆係祖宗舊法，便於民間行使。自軍興以來，未嘗檢舉。今商賈雖通，少有回貨。已倣舊法，先椿一色見緡，印造交子，分給諸路，令公私並同見緡行使，期於必信，決無更改。」詔諸路漕司榜諭，遂造百五十萬緡充糴本，將悉行之東南焉。

乞勸分上户

乙巳，右諫議大夫趙霈言：「去秋旱傷，今春饑饉，賑救之術，不過二説，一則發廩粟減價以濟之，二則誘民户賑糶以給之。然豪右閉糶，蓋其常態，全在守令多方勸諭上户，估定中價，俾以所食之餘，各行出糶，紐計城郭、鄉村之户多寡，分擘米數，既無所擾，人亦願從，惠而不費之道也。」從之。

贈謚鄒浩

己酉，故承議郎鄒浩贈寶文閣直學士，謚曰忠。

召人買田

庚戌，詔：「諸路監司，榜諭人户，依限投買鄉村户絶并没官及賊徒田舍，與江漲沙田、海退泥田，永爲己業。」

張浚措置邊防

國威大振

書裴度傳賜張浚

辛亥，詔張浚暫赴行在所奏事。浚遂命京東宣撫使韓世忠自承、楚以圖睢陽，命淮西宣撫使劉光世屯合肥以招北軍，命江東宣撫使張俊進屯盱眙，又請權主管殿前司公事楊沂中領中軍爲後翼，命湖北京西招討使岳飛屯襄陽，圖復中原，於是國威大振。上自書裴度傳賜浚。

甲寅，都督府參謀軍事折彥質簽書樞密院事。

韓世忠禽牙合敗之

乙卯，淮東宣撫使韓世忠引兵至宿遷縣，執金人之將孛堇牙合。時劉豫聚兵淮陽，世忠欲攻之，引大軍進趨城下，命統制官呼延通行，世忠自以一騎隨之二十餘里，遇金人而止。世忠陞高丘以望通軍，通馳至陣前請戰，虜將孛堇牙合大呼曰〔六〕：「解甲！」通曰：「我乃呼延通也。我祖在祖宗時，殺契丹，立大功，誓不與契丹俱生，況爾女真小醜〔七〕，侵犯王略，我肯與爾俱生乎！」即馳刺牙合。牙合與通交鋒，轉戰移時，皆失仗，以手相格，逢坎而墜，牙合刃通之腋，通扼其吭而擒之。既而世忠爲賊所圍〔八〕，乃按甲不動，俄麾其衆曰：「視吾馬首所鄉！」奮戈一躍，已潰圍而出，不遺一鏃。世忠曰：「虜易與耳！」復乘鋭掩擊，賊敗去。

山賊雷進平

澧州慈利縣山賊雷進爲其徒伍俊等所殺。

韓世忠圍淮陽

丙辰，韓世忠圍淮陽軍。

辛酉，韓世忠自淮陽引兵歸楚州。世忠既圍城，賊堅守不下。劉豫遣使如河間，求援于宗弼。先是，虜、僞與其守將約〔九〕，受圍一日，則舉一烽，每日益之。至是城中舉六烽，劉猊與宗弼皆至〔一〇〕。世忠之出師也，請援于張俊，俊不從，世忠乃還，道遇虜師〔二〕，世忠勒陣向敵，遣小校郝彦雄造其軍，大呼曰：「錦袍驄馬立陣前者，韓相公也！」衆咎世忠，世忠曰：「不如是，不足以致敵。」及虜至，世忠以數騎挑之，殺其引戰者二人，諸將乘之，虜敗去。

壬戌，詔折彦質兼權參知政事。

癸亥，參知政事沈與求罷知明州。中書舍人任申先繳還詞頭，論其罪，改提舉臨安府洞霄宮。

寒食日引見李綱

新江西制置大使李綱見於內殿。前一日，趙鼎奏：「來日偶是寒食正節。」上曰：「朕宮中每日食後，略治家事，即觀書寫字，此外别無他事。來日自可引對。」鼎曰：「陛下清修如此，天下幸甚！」後二日，綱以急切利害再對，因言及張浚。上諭綱曰：「浚自富平敗，始練軍事。」時綱所上疏凡十六，其論中興及金人失信、襄陽形勝與和戰、朋黨五事，皆利害之大者。上嘉勞久之。其論金人失信略曰：「自金人起兵以來，不過以失信二字加我，臣請詳言之：方宣和間，遣使與金人結約海上，同謀契丹，厚與之賂，而得雲、燕之地。以爲失信於契丹則可，以爲失信于金人則不可。其後金人敗盟，以

稱張浚始練軍事

李綱言五事

論金人失信

犯燕山，遂犯京城。此則金人之失信一也。虜騎犯闕〔一二〕，勤王之師未集，議者一切以不可許者許之。當時所許乃城下之盟，神祇弗聽。元約肅王至河而返，不肆侵掠，而金人挾肅王以渡河。虜掠子女玉帛〔一三〕，殺戮尤甚，黏罕復犯威勝、隆德等州，此則金人之失信二也。朝廷遣使交割三鎮，三鎮之人守死不從，此特中國之人不願淪于夷狄耳〔一四〕。淵聖奉書請增歲幣，以代三鎮租賦。金人挾此，遂有再入之舉。朝廷遣執政、郎官分河割地，奉使虜中，往往爲兩河之民所殺，如聶山、王雲之流是也。虜騎既破汴都，登城不下，猶假和約已成之說，以款勤王之師，策立逆臣，易姓建號，此則金人失信三也。金人負大失信者三，反以此名加於中國，正猶盜賊劫略主人〔一五〕，恃其兇威，靡所不至〔一六〕，而猶自以爲已之直而主之曲也。願下明詔，詳述自宣和、靖康以來失信在彼而不在此，庶幾人百其勇，士氣自振。」

内庫樁管軍器

丙寅，詔自今置到軍器等，並於内軍器庫樁管。

收官誥綾紙錢

三月戊辰朔，初收官告綾紙錢。

李光趙霈争火災事

禮部尚書李光兼權刑部尚書。時臨安府多火災，或頃刻爇千百家。右諫議大夫趙霈建言，請峻其刑名，庶火初作，衆亟撲滅。事下刑部立法，光不奉詔，乃抗疏：「天災譴告，人君宜修德以厭之，不當濫及無知之民。」朝廷謂刑部有司也，抗疏爲非，而諫官之論，當略爲施行。起居舍人兼權中書舍人董弅白宰執曰：「二者之論俱不過，使兩易之，則各爲舉職矣。」

並用韓岳二將

己巳，淮南東路兼鎮江府宣撫使韓世忠爲京東淮東宣撫處置使兼節制鎮江府[一七]，徙鎮武寧安化，楚州置司；湖北京西南路招討使岳飛爲湖北京西宣撫副使，徙鎮武勝定國，襄陽府置司。時朝廷鋭意大舉，都督張浚于諸將中每稱世忠之忠勇、飛之沉鷙，可以倚辦大事，故並用之。

李綱論恢復十事

李綱入辭，退，上疏言：「今日主兵者之失，大略有四，兵貴精不貴多，多而不精，反以爲累；陣貴分合，合而不能分，分而不能合，皆非善置陣者。願明詔之，使知古人用兵之深意，非小補也。朝廷近來措置恢復，有未盡善者五，有宜預備者三，有當善後者二。今降官告、給度牒、賣户帖、理積欠，以至折帛、博糴、預借、和買，名雖不同，其取於民則一，而不能生財、節用、覈實、懋遷，一也。議者欲因糧於敵，而不知官軍抄掠，甚於寇盜，恐失民心，二也。金人專以鐵騎勝中國，而吾不務求以制之者[一八]，三也。今朝廷與諸路之兵盡付諸將，外重内輕，四也。兵家之事行詭道，今以韓世忠、岳飛爲

李綱論營田

京東、京西宣撫，未有其實，而以先聲臨之，五也。且中軍既行，宿衛單弱，肘腋之變，不可不虞，則行在當預備。江南、荆湖之衆盡出，敵或乘間擣虚，則上流當預備。海道去京東不遠，乘風而來，一日千里，而蘇、秀、明、越全無水軍，則海道當預備。假使異時王師能復京東、西也，則當屯以何兵，守以何將？金人來援，何以待之？萬一不能保，則兩路生靈盡就屠戮，而兩河之民絶望於本朝。勝猶如此，當益思善後之計。」綱又言：「今日之事，莫利營田，謂宜令淮南、襄、漢宣撫諸使各置招納司，以招納京東、西、河北流移之民，撥田土，給牛具，貸種糧，使之耕鑿；許江、湖諸路於地狹人稠地分，自行招誘，而軍中人兵願耕者，聽。初年租課盡畀佃户，方耕種時，仍以錢糧給之，秋成之後，官爲糴買，次年始收其三分之一，二年之後，乃收其半，罷給錢糧。」此其大概也。詔都督行府措置，其後頗施行之。

命南劍州祀陳瓘

庚午，詔南劍州學春秋釋奠，就祭陳瓘祠堂。用給事中張致遠請也。

以旱傷蠲逋負

辛未，詔：「去歲旱傷及四分以上州縣，所負紹興四年已前錢帛租税，皆除之。」執政初議倚閣〔一九〕，及進呈，上曰：「不若盡蠲以寬民力。」乃有是命。又詔：「旱傷四分地分闕食，民户盜劫米穀食物之屬，不曾毆傷人罪至死，權聽知、通酌情減等刺配，俟麥成日如舊。」

命官協力買馬

知全州劉遠知邕州。趙鼎因論廣西買馬司空有所費，而實無補，欲相度止令邕州知州專領，留屬官一員，主管錢物。上曰：「朕以諸事，每思慮必盡，昨計筭餘杭監牧〔二〇〕，一歲支費，無慮二萬緡，自可收買戰馬百三十匹〔二一〕，卿等更可商量。」時已命左承議郎范直清提舉廣西買馬，後二日，遂以遠同提舉買馬，令直清與遠協力措置焉〔二二〕。

尹焞辭命再召

癸酉，詔川陝宣撫司以禮敦遣和靖處士尹焞赴行在。焞始被命召，自言：「昨于靖康中，累被召旨，以疾力辭，誤蒙告命，賜之美名，聽其退處。兼以所習迂闊之學，施之事功，無一可者。願賜寢免，以安愚分。」故有是命。

乞勿拘輪對

太常丞華權面對言：「行在輪對官已經召對，及既嘗輪者〔二三〕，乞令吏部會問，如偶無己見〔二四〕，願輪以次官者，聽之。蓋天之降才不同，使其智識過人，遇事輒發，時可以上裨聰明者，顧對雖數而不嫌。倘效一官而僅足，且留於百執之間，以各展其所長，庶幾輪對不爲文具。」從之。

拒都督行府檄

乙亥，詔江東宣撫司統制官趙密、巨師古軍馬並權聽殿前司節制。時都督張浚在淮南，謀渡淮北向，惟倚韓世忠爲用。世忠辭以兵少，欲摘張俊之將趙密爲助。浚以行府檄俊，俊拒之，謂世忠有見吞之意。浚奏，乞降聖旨，而俊亦稟于朝。趙鼎白上曰：「浚以宰相督諸軍〔二五〕，若號令不行，何以舉事？俊亦不可拒。」乃責俊當聽行府命，不應尚稟於朝。復下浚一面專行，不必申明，慮失機事。時議者以爲得體。至是，浚終以俊不肯分軍爲患。鼎謂浚曰：「世忠所欲者，趙密耳。今楊沂中武勇不減於密，而所統乃御前軍，誰敢覬覦？當令沂中助世忠，却發密入衛，俊尚敢爲辭耶？」浚曰：「此上策也，浚不能及。」

言者攻貶陶愷

己卯，新知筠州陶愷送吏部，與監當差遣。愷既補外，上謂近臣曰：「愷論事，言皆劫持，雖灼見懷姦，以其議及祖宗，未欲行出。」言者復奏：「愷所言劫持懷姦，誠如睿旨，而迹其情狀，有不可貸者。元祐之初，哲宗皇帝即位，是時天下士民言新法不便者以千萬計，於是進用司馬光、呂公著等，逐蔡確、章惇之徒，除去新法，盡復祖宗之舊。終元祐九年，天下太平。洎紹聖元年殿試，進士李清臣撰策題，其略曰：『恭惟神宗皇帝憑几聽斷十有九年，禮樂法度，所以惠遺天下者甚備。朕思述先志，夙夜不忘。』畢漸對策曰：『陛下亦知有神宗皇帝乎？』既唱名，畢漸第一〔二六〕，於是紹述之論始興，吕大防、蘇轍、范純仁相繼引去，章惇、蔡卞始用事，厚誣宣仁，欺罔哲宗，以神宗爲名，刼持上下，盡逐忠良，群小畢進矣。逮太上皇嗣位之初，首召范純仁，忠義之士流竄而尚存，及一時正人公議所屬者，悉皆召用。章惇以策立之際，獨建異議，竄責嶺表，蔡卞等亦皆去位。曾未踰時，紹述之論復興。方其曾布、蔡京用事，亦以神宗皇帝爲名，刼持上下，姦人情僞，如出一律。方其召范純仁等，曾布乃爲建中之論，以此改元。蓋小人知其當退，遂欲雜用紹聖之臣，兼行紹聖之政，此説既行，則覆出爲惡〔二七〕，得以肆其姦，持大中至正之論，以濟朋比傾邪之術，卒如其計也。蓋自紹聖之後，每爲小人所勝，必假神宗皇帝爲名，始於建中，終於大亂，此已事之驗，可爲痛心疾首者也。恭惟陛下聰明稽古，憲章祖宗，洞見是非真僞之實，深究治亂興衰之源，更修信史，垂示萬世。而愷乃以爲未能平黨與，未能修政，未能用人，是欲以一身爲群姦先驅，鼓惑天下之聽，嘗試朝廷，庶幾僥倖萬一焉。伏望陛下明正典刑，揭示好惡，爲小人漸進之戒。」前一日，輔臣進呈，上曰：「所論甚詳，自當便與之行遣。」又曰：「久不聞如此議論，忽然聞此，甚可怪。」趙鼎欲送吏部與監當。上曰：「甚好。」鼎因言：「愷乃節夫之子。節夫爲蔡京死黨，力主紹述之説。」折彦質曰：「小人姦邪，自有源流。」

姦邪有源流

辛巳，詔自今初磨勘改官人，不許堂除通判差遣。

初改官不堂除通判

癸未，閤旦降二官取勘。旦爲成都府路轉運副使，怒府吏喬昇，以旋風棒擊之至死。上曰：「若以軍中法而馭吏，則安用三尺？此事雖朕亦不敢。」趙鼎退立曰：「陛下好生之德，天下共聞。」

上好生之德

甲申，詔：「命官諸色人捕獲兇惡强盜，未經結録已前，在獄身死，更不理爲推賞人數。」先是，惠州獲盜四十二人。而獄死者三十四，憲司以爲吏受賕鍛煉〔二八〕，致脅從之人拘囚至死，遂變換情詞，以爲正賊。詔惠州元勘獄官貶秩衝替。

强盜獄死不理賞

丙戌，上不視朝。後二日，趙鼎等問聖體，上曰：「前夜已覺目痛，偶探報叢集，又新令范沖校陸贄奏議，有兩卷未曾看過，三更方看徹，比曉，目遂腫痛，不能出。」鼎曰：「陛下勤於政事如此，天下幸甚。」

因夜觀奏損目

壬辰，詔：「四川災傷州縣，委失檢放人户所納户帖錢權與倚閣一半，災傷至重去處全閣，俟秋成日催理。」

災傷倚閣户帖錢

乙未，王庶知鄂州。初，庶召還，未見，先獻論十六篇，論時事。

王庶獻論十六篇

上元帥府事蹟

夏四月戊戌朔，史館上大元帥府事蹟十卷。

考校監司守令

庚子，殿中侍御史周祕言：「國家歲以十五事考校監司，四善四最考校縣令。而五六年間，惟成都府、潼川路一嘗奏到，其餘諸路課績並不中奏，法令廢弛，能否無辨。」詔吏部申嚴行下，違者，令御史臺糾劾。

經筵論奏讞

上御經筵，給事中兼侍講朱震留身，論四方奏讞，自王安石開按問之法，及曾布增强盜贓錢，遂皆不死。翌日，上以語宰執曰：「此極敝事，若出得一人死罪，雖云陰德，然殺人者不死，亦豈聖人立法之意？」折彥質曰：「此非陰德，乃長姦爾。」上顧趙鼎曰：「遇有奏案，切須詳之。」

宋藻十君論

辛丑，興化軍免解進士宋藻上所著十君論。上召對，特補右迪功郎。

扈舉臣等死唐州

甲辰，僞齊將王威攻唐州，陷之，團練判官扈舉臣、推官張從之皆死。

起復歸屯

乙巳，詔湖北京西宣撫使岳飛丁母憂，已擇日降制起復。緣見措置進兵渡江，不可等待，令飛日下主管軍馬，措置邊事，不得辭免。飛再辭，上不許。詔飛速往措置調發，毋得少失機會(二九)。飛奉詔歸屯。

京局改官並罷任

己酉，殿中侍御史石公揆請：「選人任京局改官後，並令罷任，庶幾待闕之人得以次進。」從之。

命訓宗室名

庚戌，初命宗正寺訓諸宗室名。自元豐後，非袒免親皆罷賜名之典，而宗正丞孫緯論同名者衆，故復訓名焉。

慮陰雨害麥

壬子，時正陰雨，上數問輔臣：「不害麥否？」趙鼎曰：「此正接梅雨，大抵江、浙須得梅雨，乃能有秋，是以多不種麥。然更望陛下誠意感格，天必垂祐。」上曰：「善。」

王縉諫取青碌瑇瑁

殿中侍御史王縉諫上取青碌、瑇瑁。後二日〔三〇〕，上諭趙鼎曰：「中間嘗取瑇瑁數十兩，止造一帶鞓襯，餘令入藥，兼朕雅不愛此物。」又顧鼎問：「朝廷曾令取青碌否？朕宫中未嘗輒修一椽屋，須此何用之？」明日進呈縉諫疏，鼎因言：「青碌乃是提舉坑冶趙伯瑜起請，令民間從便採取，所得價錢，以充銅本。」上曰：「不若別更處置，必是外間已有所議也。」鼎曰：「縉深得諫臣之體，大抵當防微杜漸。」上曰：「前日已嘗再三嘉奬。」

開三鎮賜功臣號

賞淮陽之捷

甲子，京東淮南東路宣撫處置使韓世忠賜號「揚武翊運功臣」〔三一〕，加横海武寧安化軍節度使，賞淮陽之捷也。節度開三鎮、大將賜功號，皆自此始。

復翰林侍讀

丙寅，新除翰林學士范沖改翰林侍讀學士，沖再辭新命，上乃令改命。自咸平初，始置講讀學士，經元豐、紹聖再省，至是，特以命沖。

論六部不任事

五月戊辰朔，輔臣進呈殿中侍御史石公揆論六部不任責事，上曰：「六部長貳，侍從高選，自當一面裁處，豈有不能決斷一部事，而一旦爲執政，便能決斷天下事耶？」

定四十大邑

辛未，秘書少監吴表臣言：「親民之官，莫重縣令〔三〕，除授之間，理宜措置。欲望下諸路監司，相度取邑大而事劇，素號難治者，並從朝廷擇有風力、自來作邑有聲者，三年爲任。隨其治狀高下而寵褒之，不任責者，罰亦稱是。」事下吏部，其後遂以常熟、山陰等爲四十大邑。

乞均内外任

吏部侍郎兼侍講劉大中言：「祖宗用人，内外一體，或自州縣入居臺閣，或由侍從出典藩方，因其所長，歷試以事，所以緩急之際，多有可用之材。近世以來，廉恥道喪，既得患失，無復難進易退之規，爲人擇官，寖成内重外輕之弊。與監司、郡守者謂之外，小人掛白簡丹書者乃補外任，非唯待士也賤，蓋亦視民爲輕。若革此風，請自臣始，儻不以臣爲不肖，試以一郡，俾之自效，庶幾稍全臣子進退之節，少革内外輕重之弊。」不許。

留金酒器賞將帥

癸酉，上謂大臣曰：「宫中有金酒器五百餘兩，俟他時有功將帥至，當舉以賜之。近日却令造得少許漆器。大抵物要適用，何必美觀？」趙鼎曰：

以儉素爲家法

「仁宗皇帝用紅漆唾盂、黄紬衾，兩府入對内殿，宫人嫌臥衾舊弊，遽取新易之，亦黄紬也。」上曰：「今則紬亦自難得，朕所服皆黄素羅衾褥，自祖宗以來如此。」折彦質曰：「此正陛下之家法也。」

王庶論名節

新知鄂州、荆湖北路安撫使王庶復顯謨閣待制。庶既老，愈通習天下事，前二日入對，首言：「今日之患，莫大於士氣之委靡。願振拔名節，士起其氣。」又論：「安危在修己，治亂在立政，成敗在用人。」上韙其言。庶因請曰：「臣肝膽未盡吐也，願賜臣間，得時縷數於前。」上乃燕見之，庶言益深，

王庶乞都荆襄

嘗跪而問曰：「陛下欲保江南，無所復事。如曰紹復大業，都荆爲可。荆州左吳右蜀，盡利南海，前臨江、漢，可出三川，涉大河以圖中原，曹操所以畏關羽者也。」上大異之。

引對臣僚

詔：「自今臣僚未經上殿者，令三省審察訖，關閤門引對。」復舊典也。

甲戌，户部言：「同知閤門事潘永思增給餐錢，不應格法。」上曰：「若于法不可，亦無如何。」趙鼎曰：「知閤門官惟永思與韓恕二人，恕已係横行遥防，故所得差厚，永思官小，每月止得俸錢四十餘千，所以用度不足。」上曰：

留爵禄賞將士

「永思輩端坐得此，亦足矣。今日戚里，官皆不過小使臣，方此國家艱難之

時，且留爵禄以賞戰士。」鼎等皆稱道聖德再三。

更堂除宮觀法

乙亥，詔除見任知州已上，及嘗任侍從官，依舊堂除宮觀外，餘並令吏部按格擬差。

命廣西帥買馬

詔廣西經略使胡舜陟與邕州守臣、同提舉買馬劉遠措置市戰馬。時都督行府言，去歲所市馬弱，不堪用。于是提舉官李預再貶秩，而更以其事付帥臣。

馬廣閱習水軍

命沿海制置副使馬廣閱習水軍戰艦〔三三〕。時右司諫王縉言：「舟師實吳越之長技，將帥之選既慎矣，而舟船數百多閣海岸，士卒逾萬，未聞訓習。欲乞明詔將帥，相視舟船損漏者修之，士卒疲弱者汰之。船不必多，取可乘以戰鬭；人不必衆，取可資以勝敵。分部教習，周而復始，出入風濤，如履平地，則長技可施，威聲遠震，折衝千里之外矣。」疏奏，從之。

論收撮課子弊

癸未，殿中侍御史周祕言：「聞淮南州縣皆有收撮課子之例，夏則撮麥，冬則撮穀。又有所謂助軍米、借牛租者，名色不一。重斂如此，而乃以愛惜民力爲言，使百姓虛被放免之惠。」詔提點司體究改正訖，申尚書省。

進職知温州

乙酉，提舉臨安府洞霄宮秦檜充觀文殿學士、知温州。

言者論交子弊

詔糴本交子並依逐年所降關子已得指揮，其官吏並罷。初，用張澄議置交子務於行在，而未有所樁見錢，於是言者極論其害，以爲：「四川交子行之幾二百年，公私兩利，不聞有異議者，豈非官有樁垛之錢，執交子而來者欲錢得錢，無可疑者歟？今行在建務之初，印造三十萬，令榷貨務樁撥見錢矣。續降指揮，印造和糴本錢交子，兩浙、江東、西一百五十萬，而未聞樁撥此錢，何以示信於人乎？竊見前年和糴用見錢關子，已而赴榷貨務請錢者，以分數支，民間行使，亦以分數論。去年和糴關子一百三十萬，先令榷貨務樁足見緡，日具數申省部，民間行使，亦依見緡用。然則可信者固在此，不在彼也。欲乞應印造交子，先令庫務樁垛見錢，行使之日，齎至請錢者，不以多寡，即時給付，則民無疑心，而行之可久矣。其或一節有礙，則商旅貿遷，井邑交易之際，必有不行者矣。重立法禁，恐不能勝，閫增物價，其弊不一，有如官告、度牒且猶有僞，數寸之紙，其無奸僞乎？伏望詳酌利害，更詔大臣熟議之。」詔户部勘當。

又言：「昨見朝廷令榷貨務樁見錢一十萬貫，措置見錢關子，許淮南東路行使〔三四〕，其後改爲交子，欲廣行用，廣南、福建等六路交子三十萬，兩浙路交子一十萬，臨安府界小交子一十萬，并見造江南、兩浙預樁糴本交子一百五十萬，其合用錢並未見樁管。由是遠近士民，議論紛然，皆以爲不便。臣聞天下事有利必有害，今之論交子者，其利有二，其害有四：一則饋糧實邊，減般輦之費；二則循環出入，錢少而用多，此交子之利也。一則市有二價，百物增貴；二則詐僞多有，獄訟益繁；三則人得交子，不可零細，而或變轉，則又慮無人爲售；四則錢與物漸重，民間必多收藏，交子盡歸官中，則又難於支遣，此交子之害也。欲望聖慈，博採衆言，付大臣熟議，或以其置造已成，必欲行之，即乞止用數十萬道，聽客人於沿邊入中斛斗，或納錢兑便，令持關子赴行在，請換見錢，或茶鹽引及香藥雜物之類，庶幾便商賈，省漕運，不失朝廷置關子之本意。」

又言：「錢引之法，若必行之兩浙等路，有不便者五。」工部侍郎趙霈時爲諫官，亦言其弊有五。刑部尚書胡交修時爲翰林學士，亦上疏力陳其害，以爲：「崇寧大錢覆轍可鑒，方大臣建議，舉朝無敢非者，法行未幾，錢分兩等，市有二價，姦民盜鑄，死徙相屬，終莫能勝。今之交子校之大錢，無銅炭之費，無鼓鑄之勞，一夫日造數十百紙，鬼神莫能窺焉，真贋莫辨，轉手相付，旋以僞券抵罪，禍及無辜。久之，見錢盡歸藏鏹之家，商賈不行，細民艱食，必無束手待盡之理，比及悔悟，恐無及矣。」江西制置大使李綱亦遺執政書，言其不可行。繇是遂復爲關子焉。

丙戌，右司諫王縉請令浙西漕司拘籍官司舟船，以備漕運。從之。

辛卯，輔臣進呈，上方以愆雨爲念，謂趙鼎曰：「昨夜甚有雲氣，朕焚香密禱，過二更，雲氣散，方敢退。」鼎曰：「陛下憂勤如此，天必垂祐。」

成忠郎李沆上皇宋大典三卷，詔進一官。

是夜，金星犯畢，翌日，上諭大臣曰：「占法：邊有敗兵。當諭張浚，令諸將戒飭守邊者。天既有象，須修人事以應之。」已而，趙鼎言：「徧問日官，皆言自有所臨分野。」上曰：「畢主趙地，然既云邊有敗兵，則我亦不得不戒也。」

壬辰，江東宣撫使張俊加崇信奉寧軍節度使，進屯盱眙。右僕射張浚命依山築城，左僕射趙鼎歎曰：「德遠誤矣！」僞齊遣三百騎，臨淮佇觀，久之而去。

甲午，詔自今鉟鎔錢寶，及私以碖銅製造器物，及買賣興販之人，一兩

廢交子復爲關子

拘官舟備漕運

焚香禱雨

李沆上皇宋大典

金星犯畢

張浚命築盱眙城

禁毀錢鑄銅器

已上，並徒二年。本罪重者，自從重。賞錢三百千，許人告。

周祕論邊費

乙未，殿中侍御史周祕試侍御史。先是，祕言：「太祖皇帝欲以絹二百萬匹盡易敵人之首，陛下將肆伐於北方，於常賦之外薄取於民，蓋不啻二百萬縑矣。今經常之費既已不足，則官司借兌之類，恐不能免。目前之用，粗已有餘，則非泛賞賜之類，恐不能免。若不稍加靳惜，臣恐師未及舉，而二百萬縑之直無幾矣。欲望密詔大臣，將近所取户帖、官告等錢，盡令都督府樁管，毋令有司輒有侵耗，庶不誤恢復之大計。」詔密付都督行府。

詔監司慮囚

丙申，詔諸州縣禁囚，監司每季親慮。不能偏行者，聽差官，即檢察不盡，致誤歲終賞罰者，徒一年。著爲令。

宮中種稻
喜雨霑足

六月丁酉朔，上謂趙鼎曰：「朕以宮中親種一方稻，數日雨既霑足，昨日令人驗之，頓長四寸半，真可喜也。」

命汪藻續編詔旨

癸卯，詔汪藻續次編類元符庚辰以來詔旨，修撰范沖言：「失今不就，事寖零落可惜。」乃先進藻一官，令接續類編。

甲辰，新知鄂州王庶知荆南府兼荆湖北路經略安撫使。荆南屢爲盗殘，庶與士卒披荆棘，致財用，治城隍，繕府庫，廨舍畢修，陶瓦爲民室廬，闢

王庶經理荆南

市區如承平時，流庸四集，而喜曰：「公可恃，我其安於此矣。」庶曰：「府庫未充也。」乃下令：「有欲吾田者，肆耕其中，吾不汝賦。有能持吾錢出而得息者，視其息與去之日多少，授其職有差。」武吏爭出應令，未幾，還輸其息，府庫大充，得以養兵，遂成軍，隱然爲雄藩。

趙鼎奏地震乞罷

丁未，趙鼎奏前夕地震。上曰：「知之。上天譴告，朕極憂恐。」鼎曰：「坤德宜安靜，今震動不寧，皆臣等輔佐無狀，向緣地震，吕頤浩嘗罷政。」上曰：「頤浩之罪，非爲此。卿等但當與朕協力修政事，用答天譴耳。」

戊申，趙鼎請下詔求言。上曰：「甚善，朕歷考前世故事，當避正殿，減常膳。今則所御止一殿，而常膳至薄，若更減損，亦無害。」鼎曰：「此皆文具也，應天消變之道，恐當專修人事，庶幾可召和氣。但即今費用浩大，科斂益煩，此傷和氣之大者也。」

詔自責求言恤民

己酉，手詔略曰：「迺六月乙巳地震，朕甚懼焉。政之失中，吏之無良，怨讟滋彰，乖氣致沴，永思厥咎，在予一人，凡内外臣庶，有可以應變，輔朕之不逮者，其各悉意以言，州郡守長近民之官，宜爲朕惠養凋瘵，安輯流亡，察冤繫，禁苛擾，毋倚法以削，毋縱吏爲姦。」

張浚請幸建康

遣內侍往淮南撫問右僕射張浚，以浚將渡江巡按故也。浚以謂東南形勢莫重於建康，實爲中興根本，臨安僻居一隅，內則易生安肆，外則不足以號召遠近，繫中原之心。遂奏請聖駕以秋冬臨建康，撫三軍而圖恢復。浚又渡江撫淮上諸屯，屬方盛暑，浚不憚勞，人皆感悅。時防秋不遠，浚以方略喻諸帥，大抵先圖自守，以致其師而後乘機擊之。遂命劉光世自當塗進

張浚軍聲大振

屯廬州〔三五〕，與韓世忠、張俊鼎立。又遣楊沂中進屯泗州，軍聲大振。

大暑疏放輕刑

壬子，上御正殿，疏放臨安府等見禁輕刑，以大暑故也。

改知紹興

乙卯，知温州秦檜改知紹興府。

罷交子務官吏

詔交子務官吏，依已降指揮並罷。初用臺諫及近臣議，改交子爲糴本關子。而榷貨務提轄官魏彦弼言：「本路受納錢物浩瀚，若印押關子，委與職事相妨，乞且令交子務印造。」朝廷從之。言者論：「自巡幸以來，凡用見錢關子並係本務印造，而彦弼避事，妄有陳請〔三六〕，乞勒令分析。」於是遂罷。

慮雨妨事

丁巳，上諭大臣曰：「雨不妨事否？」趙鼎曰：「若得晴，亦不妨事。」上曰：「田中雨過多，猶可車水結堰，盡人力料理。若旱，則更不可擘畫。大率豐年自古難得，所以春秋書『有年』，蓋喜之也。」

久任營田官

是日，營田官王弗候對，上望見之，曰：「少頃，當詳諭王弗，令竭力久任。若一二年間，營田就緒，庶幾可以少寬民力。」

臣留正等曰：務農之要有二：一曰審天時，二曰盡地利。太上皇於斯二者，兼舉而無遺。修水旱之備，所以審天時也；立營田之官，所以盡地利也。紹興之初，兵拏未解，調度百出，取給於民，其力困矣。故思有以寬之，始者，蓋嘗以屯田望諸將，惜其不能奉承也。肆主上休兵以來，博採群議，遣使講求。兵之屯田者，責之將帥；民之營田者，責之守臣。兩淮、荊襄膏腴之地，墾闢幾徧，行之數年，殆見公私兼濟，倉庾盈溢，羊祜十年之積，蓋有不足道矣。

王縉論地震事

右司諫王縉言：「地震駐蹕之所，豈非天心仁愛，著陰盛之戒？女子、小人則遠之，夷狄、盜賊則備之〔三七〕，是皆陰類也。」又言：「陛下即位十年，軍政未立，國用未節。宜詔大臣，參酌祖宗舊制，每歲出納之數而裁減之，爲長久之計也。」

久任江淮守臣

戊午，詔兩淮、沿江守臣並以三年爲任，用都督行府同措置營田王弗請也。輔臣進呈，上曰：「朕昔爲元帥時，嘗見州縣官説及在官者以三年爲任，猶且一年立威信，二年守規矩，三年則務收人情，以爲去計矣。況今止以二年者乎？雖有葺治之心，蓋亦無暇日也。」弗所論甚當，當如此施行。」

上論及治體，因曰：「治天下之道，在乎必賞與必罰而已，刑固不可淫以逞也，然苟有罪，豈可不以刑威？」鼎曰：「近時贓吏，雖不能依祖宗時一切棄市，然近亦數杖脊刺配。且如殺人者死，古今常法，比年皆從貸例，聖人以謂罪疑惟輕，既無所疑，何爲而貸？貸一有罪，則犯者愈衆，而善人咸被其禍矣。」

史臣曰：刑期於無刑，聖人之心也。治不能無刑，聖人之不得已也。昧其不得已之意，而謂刑可輕焉？貸一贓吏，而天下之貪者無所懼；縱一姦民，而天下之暴者無所懲。犯法滋多，賊民愈甚，以是爲仁，適以害仁也。帝者之世，兹用不犯于有司者，明于五刑之功也，非去刑而能使民不犯也。王者之世，遷善遠罪，而不自知者，殺之利之之功也，非去殺而能使之遷善也。然則，姑息之爲治，其亦不仁之甚哉！高宗之意，蓋欲以殺止殺者歟！

黄祖舜乞堂除縣令

辛酉，軍器監丞黄祖舜特引對，乞堂除縣令。上謂大臣曰：「祖舜謂郡守，朝廷知所選任矣，獨于縣令皆付之銓曹，專用資格差注。今若且委之郡守，使得澄汰無狀者，亦庶幾也。此論有理，其甄擢之。」

癸亥，先是，右僕射張浚密遣人至燕山回，知道君不豫，浚遂奏：「臣近得此信，不勝痛憤。願陛下剛健有爲，成敗利害，在所不恤。況孝悌可以格天，推此心行之，臣見其福，不見其禍也！」

不變鹽法之效

趙鼎得浚書云，建康入納鹽錢甚盛。上曰：「沿路既安，商旅放心來往。」鼎曰：「亦緣久不廢法。」上曰：「法既可信，自然悠久。」蓋自立對帶法，二年不變，故比之常歲有增也。

定牒試不實罪

甲子，詔自今委保舉人避親牒試不實者，許人告，保官先降一官，然後取勘合負罪犯。用四川制置大使席益奏也〔三八〕。舊法，見任官子弟去本貫二千里，及監司守貳有服親、門客與婚姻之家，皆牒赴漕司別試，七人而解試一人〔三九〕。後多冒濫，亦有以賄得者。

流寓漕司附試

詔：「自今諸州流寓舉人，每十五人解一名，不及五人，令本路漕司類聚附試。仍不拘路分，召文臣二員，結除名罪委保，所保不得過三人。」用國子監請也。

增入名儒講義皇宋中興聖政卷之十九

校勘記

〔一〕夜雪　「雪」，繫年要録卷九七作「雷」。

〔二〕常加撫字　「字」，繫年要録卷九七作「存」。

〔三〕浚以虜勢未衰　「虜」原作「敵」，據宋刊本、明抄本及宋史全文卷一九改。

〔四〕乃所以安全之也　「安」原脱，據宋刊本、明抄本及繫年要録卷九七補。

〔五〕分二年償　「償」原作「儻」，據宋刊本、明抄本及繫年要録卷九八改。

〔六〕虜將孛堇牙合大呼曰　「虜」原作「敵」，據宋刊本、明抄本及宋史全文卷一九改。下同。

〔七〕況爾女真小醜　「女真小醜」原脱，據宋刊本、明抄本及宋史全文卷一九補。

〔八〕既而世忠爲賊所圍　「賊」原作「敵」，據宋刊本、明抄本及宋史全文卷一九改。下同。

〔九〕虜僞與其守將約　「虜」原作「敵」，據宋刊本、明抄本及宋史全文卷一九改。下同。

〔一〇〕劉猊與宗弼皆至　「猊」原作「倪」，據宋刊本、明抄本及宋史全文卷一九改。

〔一一〕道遇虜師　「虜師」原作「敵兵」，據宋刊本、明抄本及宋史全文卷一九改。

〔一二〕虜騎犯闕　「虜」原作「敵」，據宋刊本、明抄本、宋史全文卷一九及李綱全集卷八一論金人失信劄子改。下同。

〔一三〕虜掠子女玉帛　「虜」原作「刼」，據宋刊本、明抄本、李綱全集卷八一論金人失信劄子改。

〔一四〕此特中國之人不願淪于夷狄耳　「夷狄」原脱，據宋刊本、明抄本、宋史全文卷一九及李綱全集卷八一論金人失信劄子補。

〔一五〕正猶盜賊刼略主人　「盜賊刼」原脱，據宋刊本、明抄本及李綱全集卷八一論金人失信劄子補。

〔一六〕靡所不至　「至」原作「止」，據宋刊本、明抄本及李綱全集卷八一論金人失信劄子改。

〔一七〕淮南東路兼鎮江府宣撫使韓世忠爲京東淮東宣撫處置使兼節制鎮江府　上一個「淮」原脱，據明抄本、宋史全文卷一九及繫年要録卷九九補。

〔一八〕而吾不務求所以制之者　明抄本作「而吾不務以求制之」，繫年要録卷九九作「而吾不務求所以制之者」。

〔一九〕執政初議倚閣　「倚閣」原作「閣依」，據宋刊本、明抄本及繫年要録卷九九改。

〔二〇〕昨計筭餘杭監牧　「牧」原作「收」，據宋刊本、明抄本、繫年要録卷九九及宋會要輯稿兵二二改。

〔二一〕自可收買戰馬百三十四　「三」，繫年要録卷九九及宋會要輯稿兵二二作「五」。

〔二二〕令直清與遠協力措置焉　「令」原作「今」，據繫年要録卷九九及宋會要輯稿兵二二改。

〔二三〕及既嘗輪者　「既」原作「已」，據宋刊本、明抄本、繫年要録卷九九及宋會要輯稿職官六〇改。

〔二四〕如偶無己見　「無」原作「元」，據繫年要録卷九九及宋會要輯稿職官六〇改。

〔二五〕浚以宰相督諸軍　「諸軍」原作「行府」，據宋刊本、明抄本及繫年要録卷九九改。

〔二六〕畢漸第一　「第」原作「策」，據宋刊本、明抄本及宋史全文卷一九改。

〔二七〕則覆出爲惡　「覆」，繫年要録卷九九作「復」。

〔二八〕憲司以爲吏受賕鍛煉　「吏」原作「史」，據宋刊本、繫年要録卷九九及宋史全文卷一九改。

〔二九〕毋得少失機會　「毋」原作「每」，據繫年要録卷一〇〇及宋史全文卷一九改。

〔三〇〕後二日　原脱，據繫年要録卷一〇〇補。

〔三一〕京東淮南東路宣撫處置使韓世忠賜號揚武翊運功臣　「揚武翊」原作「楊政翼」，據繫年要録卷一〇〇及宋史卷二八高宗本紀五改。

〔三二〕莫重縣令　「令」原作「尹」，據宋刊本、明抄本及宋史全文卷一九改。

〔三三〕命沿海制置副使馬廣閲習水軍戰艦　「廣」應作「擴」，蓋避宋寧宗趙擴諱。

〔三四〕許淮南東路行使　「淮南東路」，繫年要録卷一〇一作「淮南江東路」。

〔三五〕遂命劉光世自當塗進屯廬州　「遂」原作「三」，據繫年要録卷一〇二改。

〔三六〕妄有陳請　「請」原脱，據繫年要録卷一〇二補。

〔三七〕夷狄盜賊則備之　「夷狄」原作「邊防」，據宋刊本、明抄本及宋史全文卷一九改。

〔三八〕用四川制置大使席益奏也　「奏」原作「秦」，據宋刊本、明抄本及繫年要録卷一〇二改。

〔三九〕七人而解試一人　「一」原脱，據繫年要録卷一〇二補。

增入名儒講義皇宋中興聖政卷之二十

高宗皇帝二十

建官經理營田

紹興六年秋七月壬申，尚書屯田員外郎樊賓行司農少卿、提領營田公事，都督行府同措置營田王弗行屯田員外郎、同提舉營田公事〔一〕，並于建康府置司，仍令行府兼行，俟還闕日罷。

入錢批舊度牒

癸酉，先是，令僧道輸綾紙工墨錢十千，換給度牒，既而不復換，但令輸錢批舊度牒焉。

獎諭韓劉二將

丁丑，賜韓世忠、劉光世詔書獎諭。時右司諫王縉言：「近日淮西以麾下將領有欺隱軍人之券，淮東以幕中參佐有妄冒將士之賞〔二〕，皆能按劾聞奏。望特降詔獎諭，因使今後，凡奏功者必以實，而爵賞足以勸有功。凡勘給者必以實，而錢糧之餘，足以養戰士。」故有是命。

貶馮益交關外事

庚辰，幹辦皇城司馮益與在外宮觀，日下出門。初，宰相趙鼎見益稍出鋒鋩，意其未戢，乃言於上前。是日，上謂輔臣曰：「聞益交關外事，寖不可長，宜亟出之。」鼎等再三賀上威斷，上曰：「朕待此曹，未嘗不盡恩意，然纔聞過失，亦不少貸也。」

謹選監司郡守

甲午，知廣德軍湯鵬舉知饒州，以江東轉運使向子諲言其政績也。已而復詔進鵬舉一官，再任。上諭大臣曰：「近時士大夫數言縣令多有不稱其任者，朕再三思之，亦難盡擇。莫若慎選監司、郡守，以爲要道。正如朕深居九重之中，安能盡知百執事之賢否？但當留意宰相耳。」

臣留正等曰：昔唐開元時，有上書言：「按察使徒煩擾公私，請精擇刺史、縣令，停按使者。」姚崇非之曰：「今止擇十使，猶患未盡得人，況天下三百餘州，縣多數倍，安得刺史、縣令皆稱其職乎？」至哉斯言也！可謂知宰相之體矣。夫設官分職，上下相維，宰相之所宜擇者十使，十使之所宜擇者刺史、縣令。崇專以擇十使爲己任，是乃所以精擇刺史、縣令也。太上皇帝謂縣令難盡擇，而以選監司、郡守爲要道，使當時爲相者如姚崇得奉聖訓，豈非所謂聚精會神、相得益章者乎？

劉長源言十二事

監察御史劉長源應詔上書，言：「當今之弊，凡十有二事：一曰節儉之風不行於臣庶，二曰威福之柄漸移於臣下，三曰禁旅太弱，四曰從官輕去，五曰政令有不審，六曰賞罰有失當，七曰將帥失馭，八曰兵籍虛冗，九曰師旅有法不立，十曰賦斂有取無度，十一曰田荒不勸農，十二曰民困不擇令。」

劉光世克壽春府

淮西安撫使劉光世克壽春府。

秦檜入見賜茶

八月己亥，新知紹興府秦檜入見，命坐賜茶。

録司馬光後

吉州萬安縣丞司馬宗召添差兩浙路轉運司幹辦公事。先是，翰林侍讀學士范沖入對，言：「司馬光家屬，向者伏蒙聖恩，月給錢米，故得存在至今。竊惟光爲國宗臣，華夏蠻貊言及之〔三〕，則以手加額，功在社稷，澤在斯民。今奉祠乏主，行路之人，莫不哀之。宜有以振恤，昭示四方，爲忠義之勸。」故有是命。初，光孫植既死，立其再從孫稹爲嗣，而稹不肖，其書籍、生産皆蕩覆之。有得光記聞者，上命趙鼎諭沖令編類進入。沖言：「光平生記録文字甚多，自兵興以來，所存無幾。當時朝廷政事、公卿大夫議論、賓客游從、道路傳聞之語，莫不記録。有身見者，有得於人者，得於人者，注其名字，皆細書連粘，綴集成卷。即未暇照據年月先後、是非虛實，姑記之而已，非成書也。故自光至其子康、其孫植，皆不以示人，誠未可傳也。臣既奉詔，即欲略加删修以進，又念此書已散落於世，今士大夫多有之，删之適足以增疑。臣雖不敢私，其能必人以爲無意哉？不若不删之爲愈也。輒據所録，疑者傳疑，可正者正之，闕者從闕，可補者補之；事雖疊書而文有不同者，兩存之。」於是沖裒爲十册上之。上因覽沖奏，謂鼎曰：「光字畫端勁，如其爲人，朕恨生太晚，不及識其風采耳。」

范沖上司馬光記聞

陳公輔得諫臣體

庚子，左司諫陳公輔入對，上奏曰：「臣聞人君所以得天，莫先於孝；所以得民，莫先於誠。中興根本，不出於此。」疏奏，上大感動。詔：「公輔論奏，深得諫臣之體，令尚書省以其奏疏修寫成圖進入。」

梁璵賜帛免解

饒州童子梁璵賜束帛，免文解一次。璵年十歲，能誦五經及七書，射親六發四中〔四〕。

命李迨代趙開

癸卯，兩浙都轉運使李迨爲四川都轉運使、都大提舉茶馬，自襄、郢便道星夜之任。四川都轉運使趙開俟迨至，將本司財賦文籍交割訖，赴行在所。

甲辰，手詔曰：「迺者强敵亂常，阻兵猾夏，兩宫北狩，六馭南巡，霜雪十

下中儆詔

年，關河萬里。朕爲人之子，而雞鳴之問不至；爲人之弟，而鴒原之難不聞。眷言臣子之心，誰無父兄之念？而又干戈未息，疆埸多虞，遣戍經時，不離甲冑，飛芻越險，久棄室家。爾則效忠，朕寧不愧？是用當饋投匕，未明求衣，弗辭馬上之勞，以便軍中之務。諒彼同舟之衆，知吾發軔之情。咨爾有官，各揚其職。布告中外，悉使聞知。」

張浚再請幸建康

張浚自江上歸，力陳建康之行爲不可緩，朝論不同，上獨從其計。先是，三大帥既移屯，而湖北京西宣撫副使岳飛亦遣兵入僞地，僞知鎮汝軍薛亨素號驍勇，飛命統制官牛皋擊之，擒亨以獻。引兵至蔡州，焚其積聚。

師維藩中興十策

眉州布衣師維藩治春秋學，累舉不第，至是走行在，上中興十策，請車駕視師。上下共議於朝，浚以爲可用。

議幸平江

會諜報劉豫有南窺之意，趙鼎乃議進幸平江。

孟庾秦檜留守

丁未，新知紹興府秦檜充醴泉觀使兼侍讀、行宮留守，提舉臨安府洞霄宮孟庾提舉萬壽觀兼侍讀、行宮同留守，權許赴尚書省治事。時檜留行在未去也。

癸丑，兼都督行府參議軍事郭執中卒。張浚曰：「執中崇寧初以上書邪等，禁錮二十年。」上曰：「不知當時入邪等以何事？」趙鼎曰：「凡蔡京、蔡卞所惡者，皆入邪等。」折彥質曰：「蔡卞以紹述爲説，其所斥己者，盡毀以誣謗先帝。」上愕然曰：「太上皇帝内禪之初，嘗遣梁師成宣諭淵聖皇帝云：『朕聞司馬光爲前朝名相，今日朝廷諸事，但當以光爲法。』然則上皇之意固可知矣。且如朕今所施行，與上皇時豈無修潤者？要之一切從百姓安便而已。百姓安便，乃是上皇之意也。」

上皇重司馬光

丁巳，詔權罷講筵，俟過防秋日如舊。

劉長源乞敘奸黨

己未，監察御史劉長源面對，奏疏曰：「臣謂致治之道，莫先於用人；用人之道，莫先於覈實。不可懷愛憎以爲去取，不可徇朋黨以忘賢愚，不可信毀譽以爲進退。或謂應係元符以前人臣之子孫皆可用，臣恐其失近於官人以世，而其人未必皆賢。夫以房元齡爲賢相〔五〕，而其子遺愛預叛逆之誅；盧奕爲忠臣，而其子杞居姦邪之列，況不逮元齡與奕，而可保其子孫盡賢乎？苟曰盡賢，則不賢者冒濫於其間，而人莫敢言矣。或謂應係崇寧以後人臣之子孫皆不可用，臣恐其失近於罰及其嗣，而其人未必皆愚。夫以郤芮有謀弑晉文公之罪，而子缺有獲白狄之大功；李義府有議立武昭儀之姦，而子湛乃復中宗之良佐，況不爲芮與義府，而可誣其子孫盡愚乎？苟曰盡愚，則賢者隱晦於其中，而人莫敢舉矣。至若封倫、裴矩，其姦足以亡隋，而其智反以佐唐。李勣、許欽宗在太宗時則致治〔六〕，而在高宗時則致亂，是所用之人，不易一身，可使爲治，可使爲亂，其故何在？兹乃人君善持用人之柄，馭得其道，以君子制小人，而莫不爲吾之用，則其爲治亂，又在人君之操術焉。」

長源罪過於陶愷

庚申，趙鼎進呈劉長源奏劄，上曰：「長源昨日多有開陳，至比戰國之士，若不用於秦，則歸於楚。議論殊可怪。」鼎曰：「陶愷雖邪論，尚不敢至此。」上曰：「然。」張浚曰：「長源不學無識，至如疏中引證事實，皆非所敢聞者。況元符以後人臣子孫，誰爲可用而不用者？」折彥質曰：「如蔡京、王黼輩，是乃國家之深仇也，罪通于天，幸逃族誅，今日正使子孫真有可用者，猶不當用。」上曰：「長源之罪過于陶愷，當與遠小監當，朝廷明正典刑可也。」於是退而批旨：「長源識趣卑陋，不可置之臺列，送吏部與監當差遣。」

職事官給米

庚申，詔職事官月給米三斛。自郎官外，舊止有職錢、添給，至是，始增之。

定蔭銓試法

癸亥，左司諫陳公輔請：「奏蔭無出身人，並令銓試經義或詩賦、論策三場，以十分爲率，取五分合格。雖累試不中，不許參選，亦不許用恩澤陳乞差遣。」詔吏部措置。其後，吏部請試律外，止益以經義或詩賦一場，年二十五以上〔七〕，累試不中之人，許注殘零差遣，餘如公輔所奏。從之。

榷貨務賞格

詔榷貨三務歲收及一千三百萬緡，許推賞。大率鹽錢居十之八〔八〕，茶居其一，香礬雜收又居其一焉。

程敦厚經世十論

遂寧府教授程敦厚應詔上書，且獻所著經世十論曰：畏天、恤民、量敵、核實、正俗、練兵、生財、專任、廣聽、審慮。乃除通判彭州。

岳飛克盧氏縣

九月丙寅朔，上發臨安府，先詣上天竺寺焚香，道遇執黄旗報捷者，乃湖北京西宣撫使岳飛所遣武翼郎李遇。先是，飛遣統制官王貴、郝晸、董先引兵攻虢州盧氏縣，下之，獲糧十五萬斛。

責趙涣之

戊辰，上次崇德縣，縣令趙涣之入對。上問以民間疾苦，涣之言無之。又問户口幾何？涣之不能對。言者論涣之儲峙擾民，詔轉運副使張匯究實，乃削涣之二資，仍令匯治罪。趙鼎曰：「陛下所以延見守令者，正欲知民間疾苦耳。」上曰：「朕猶恨累日風雨，不能乘馬親往田間，問勞父老。」

延守令問民疾苦

壬申，僞齊故相張孝純遣其客薛筇間道走行在，上書言利害。

上至平江府

癸酉，上次平江府。

戊寅，詔行在職事官日輪一員面對。

恨未除科歛

己卯，上謂執政曰：「前此大臣誤國，科歛百姓以供不急之費，今日正復用兵，未能蠲除力役，真可愧也。」

治天下猶治疾

庚辰，趙鼎奏：「昨日趙密、巨師古軍中苦重膇之疾者，得陛下所賜藥，皆一服輒愈。」上曰：「朕於醫藥，嘗所留意，每退朝後，即令醫者診脈，纔有虧處，便當治之。正如治天下國家，不敢以小害而不速去也。」

許李迨拘收財用

詔四川應上供內藏、封樁等錢，並許都轉運使拘收應用。從李迨請也。後四日，迨始辭行。

范沖著實録辯誣

壬午，翰林侍讀學士兼史館修撰范沖言：「近重修神宗皇帝實録，于朱、墨二本中有所刊定，依奉聖旨，別爲考異一書，明著是非去取之意，以垂天下後世。今來重修哲宗皇帝實録，考其議論，多有誣謗，以當日時政記及諸處文字照據甚明，亦乞別爲一書，志其事實，欲以辯誣爲名，每月校勘到卷數，差人吏親事官送至行在，付沖看詳修定，就呈監修相公訖，有合添改去取，却發回史館〔九〕，庶幾不致妨廢。」從之。

尹焞赴召

新除崇政殿説書尹焞發涪州。初，焞固辭新命，夔州路轉運副使韓固奉詔，即所居敦遣，焞始就道。

江自昭賜帛罷遣

癸未，武舉童子江自昭年十二，能誦兵書及步射，詔賜帛罷之〔一〇〕。

王縉論大臣不和

左司諫王縉入對，以大臣不和爲憂，願戒大臣，俾同心同德，絶猜間之萌，以同濟國事。至再三言之。

上重修禄秩新書

丁亥，吏部侍郎晏敦復、權户部侍郎王俣等上紹興重修禄秩新書五十八卷、看詳一百四十七卷，乞鏤版施行。

胡憲賜出身

己丑，建州布衣胡憲特賜進士出身，添差建州州學教授。憲，安國從兄子也，有學行，累召不至。

張浚以宰相視師

劉豫告急于虜

庚寅，張浚復往鎮江視師。初，劉豫因宗維、高慶裔而得立，故每歲皆有厚賂，而蔑視其他諸酋〔一一〕。至是，豫聞上將親征，告急於金主亶，求兵爲援，且乞先寇江上〔一二〕。亶使諸將相議之〔一三〕，領三省事宗磐言曰：「先帝所以立豫者，欲豫闢疆保境，我得安民息兵也。今豫進不能取，又不能守，兵連禍結，愈無休息。從之則豫受其利，敗則我受其弊。況前年因豫乞兵，嘗不利於江上矣。奈何許之？」金主乃聽豫自行，遣宗弼提兵黎陽以觀釁，於是豫以其子麟領行臺尚書，許清臣權大總管，李鄴、馮長寧參行臺謀議，李成、

僞齊分路入寇

孔彥舟、關師古爲將，簽鄉兵三十萬，號七十萬，分三路入寇〔二四〕。中路由壽春犯合淝，麟統之；東路由紫荊山出渦口，犯定遠縣，趨宣、徽，以侄猊統之；西路由光州犯六安，彥舟統之。僞詔榜示，指斥鑾輿，尤甚於五年淮泗之役。諜報豫挾虜兵來寇〔二五〕，於是分遣諸將，以備要害。時江東宣撫使張俊軍盱眙，楊沂中軍泗上，京東淮東宣撫處置使韓世忠在楚，湖北京西宣撫副使岳飛在鄂，聲勢了不相及。獨淮西宣撫使劉光世在當塗，光世遣輕騎據廬，而沿江一帶，皆無軍馬，左僕射趙鼎甚憂之。浚乞先往江上視師，至是發行在。

通鑑有益治道

壬辰，上諭大臣曰：「資治通鑑首論名分，其間去取，有益治道，即知司馬光雅有宰相器。若通鑑，正可爲諫書耳。」

龜鑑曰：高宗之崇儒講學，即太宗身屬櫜鞬，風灑露沐，而鋭情經術，開文學館之時也。況聖訓有曰：「朕之務學，欲知治亂成敗、君子小人之迹。」而他日之讀通鑑，且曰：「通鑑去取，皆益治道，正可爲一諫書耳。」是則帝王務學也，豈徒誦説云乎哉？

冬十月丁酉，先是，劉麟等令鄉兵僞胡服于河南諸處〔一六〕，十百爲群〔一七〕，人皆疑之，以爲虜、僞合兵而至〔一八〕。劉光世奏禦賊事宜〔一九〕，謂廬州難守，且密干趙鼎，欲還太平州。張俊方駐軍泗州，都督張浚奏：「虜方疲於奔命，決不能悉大衆復來，此必皆豫兵。」而邊報不一，俊、光世皆請益兵，衆情洶懼，議欲移盱眙之屯，退合淝之戍，召岳飛盡以兵東下。浚獨以爲不然，乃以書戒俊及光世曰：「賊豫之兵，以逆犯順，若不剿除，何以立國，平日亦安用養兵爲？今日之事，有進擊，無退保。」而鼎及簽書折彥質皆移書抵浚，欲飛軍速下，且擬條畫項目，請上親書付浚，大略欲退師還江南，爲保江之計，不必守前議。于是韓世忠統兵過淮，遇虜騎，與訛里也孛堇等力戰，既而亦還楚州。或請上回臨安，且追諸將守江防海。浚奏：「若諸將渡江，則無淮南，而長江之險與虜共。淮南之屯，正所以屏蔽大江。使賊得淮南，因糧就運，以爲家計，江南其可保乎？今淮西之寇，正當合兵掩擊，況士氣甚振，可保必勝。若一有退意，則大事去矣。又岳飛一動，則襄漢有警，復何所制？願朝廷勿專制于中，使諸將不敢觀望。」上乃手書報浚：「近以邊防所疑事咨卿，今覽所奏甚明，俾朕釋然無憂。非卿識高慮遠，出人意表，何以臻此？」

張浚言有進無退

趙鼎折彥質議退保

上親征却虜

吏部侍郎呂祉亦言士氣當振，賊鋒可挫。上乃命祉馳往光世軍中督師。時劉猊至淮東，阻世忠，承、楚之兵不敢進，麟乃從淮西繫三浮橋而渡，於是賊衆十萬，已次於濠、壽之間，張俊拒之，即詔併以淮西屬俊。楊沂中爲俊統制官，浚遣沂中至泗州與俊合，且使謂之曰：「上待統制厚，宜及時立大功，取節鉞。或有差跌，浚不敢私。」諸將皆聽命。

張浚欲斬渡江者

戊戌，沂中及濠州，會劉光世已舍廬州而退，浚甚怪之，即星夜馳至采石，遣人喻光世之衆曰：「若有一人渡江，即斬以徇。」且督光世復還廬州。

不進兵當行軍法

劉光世兵屢捷

右司諫王縉亦言：「主帥有慢令不赴期會者，請奮周世宗、我太祖之英斷，以厲其餘。」上親筆付沂中：若不進兵，當行軍法。光世不得已，乃駐兵與沂中相應，遣王德、酈瓊將精卒，自安豐出謝步，遇賊將崔皋于霍丘，賈澤于正陽，王遇於前羊市，皆敗之。

是日，賊攻壽春府寄治芍陂水寨，守臣孫暉夜劫其寨〔二〇〕，又退之。

席益薦士知名

辛丑，四川制置大使席益薦嘗任知縣人十三員政績。時益所薦士頗衆，而馮時行、樊汝霖爲之最，後皆知名。

詔通判拘總制錢

詔總制司錢，令諸路州軍通判依已降指揮，悉心拘收，別用庫眼樁管，

依限起發。非專降朝旨，不以是何官司，並不得應副。〔二一〕

劉猊以衆數萬過定遠縣，欲趨宣化，以犯建康。楊沂中與其前鋒遇于越家坊，敗之。猊孤軍深入，恐王師掩其後，欲會麟於合淝。〔二二〕

楊沂中藕塘之捷

甲辰，沂中至藕塘，與猊遇。賊據山險，列陣外嚮，矢下如雨。沂中曰：「吾兵少，情見則力屈，擊之則不可不急。」乃遣摧鋒軍統制吴錫以勁騎五千突其軍，賊兵亂，沂中縱大軍乘之，自將精騎繞出其背，短兵接，即大呼曰：「破賊矣！」賊方愕視，會江東宣撫司統制張宗顔等率兵俱進，賊衆大破。猊以首抵謀主李諤曰：「適見髯將軍鋭不可當，果楊殿前也？」即以數騎遁去。餘黨猶萬計，皆僵立駭顧。沂中躍馬前，叱之曰：「爾曹皆趙氏民，何不速降？」皆怖伏請命。官軍獲李諤與其大將李亨等數十人。麟在順昌，聞猊敗，拔寨遁去，光世遣王德追擊之。德與沂中追麟至南壽春而還。是役也，通兩路所得，賊舟數百艘，車數千兩，器甲、金帛、錢米、僞交鈔、告敕、軍須之物，不可勝計。於是孔彦舟圍光州，守臣王萃拒之。彦舟聞猊敗，亦引去，北方大恐。

大事記曰：自紹興四年趙鼎爲相，僞齊與虜分道入寇〔二三〕，鼎决親征之議，於是世忠屯揚州，流星庚牌之計一行，遂捷於大儀鎮，而虜、僞俱遁矣。鼎又薦浚可當大事，以樞府視師江上，將士見浚來，勇氣百倍，而軍聲大作矣。自五年楊么既平，東南無盜區，於是鼎左浚右，並平章事兼領樞密，俱帶都督。浚出視師，取行府爲名。而鼎居中總政，表裏相應，雖孟庾、沈與求有「三省、樞密奉行府文書」之譏，而鼎至公協心，未嘗計較，説一般話，行一般事，用一般人，諸賢聚會，一時號「小元祐」矣。自六年浚親行邊，盛暑不憚。命世忠自承、楚以圖淮陽，光世屯廬州以招北軍，岳飛屯襄陽以窺中原，張俊爲進屯盱眙之計，而鼎與浚同心，責張俊以當聽行府命，告浚以邊事不必禀朝廷，恐失機會。故僞齊入寇，浚獨建「有進擊，無退保」之論，諭諸將以「一人渡江，即斬以徇」之言。於是楊沂中捷于藕塘，北方大恐，而虜廢劉豫矣〔二四〕。此紹興四年以後，七年以前，所以又大異於紹興之初也。

李綱奏陳利害

丁未，先是，江西制置大使李綱聞上巡幸，遣羅薦可奉表問起居，且請速進兵，又奏陳利害，大略以謂：「竊見間探所報，僞齊乞兵於虜人〔二五〕，頭項頗多，未聞有渡淮而南者。其侵犯淮、淝及光山、六安等處作過，只是李成、孔彥舟叛將簽軍。深慮賊情狡獪〔二六〕，匿重兵於後，而以簽軍來嘗我師，若一勝之後，兵驕氣墮，則爲患有不可勝言者。伏望降詔諸將，益務淬礪，以待大敵。仍命朝廷按圖以視諸路，某路固實，當設疑以款賊兵；某路空虛，當增兵以禦侵掠，使江、淮之間，表裏相資，首尾相應。」上以綱所陳利害，切中事機，賜詔奬諭。

奬諭李綱

夜閱淮西警報

戊申，上謂大臣曰：「近日淮西有警，朕常至夜分方寢，奏報到，又輒披衣以起，或至再三。」趙鼎曰：「致陛下憂勞如此，臣等之罪也。」

褒諭張浚忠勤

辛亥，楊沂中捷奏至，俘戮甚衆。上愀然曰：「此皆朕之赤子，迫於兇虐，勉强南來。既犯兵鋒，又不得不殺，念之痛心。」上嘉張浚之功，賜詔略曰：「賊雖犯順〔二七〕，犯壽及濠。卿帥師徒，臨敵益壯，遂使兇渠宵遁，同惡自焚，寤寐忠勤，不忘嘉歎。」

張九成辭職名

新兩浙東路提點刑獄公事張九成改除直秘閣。九成以貼職太峻，固辭不受，上不許。九成言：「今日辭免，非矯激要名，第不欲因九成上紊朝廷紀綱。」上察其意，爲之改命，仍賜詔奬諭。

席益增印錢引

壬子，四川制置大使席益以便宜增印錢引三百萬緡市軍儲〔二八〕。制司增印錢引，始此。

建國讀孟子終篇

癸丑〔二九〕，翰林學士朱震、翰林侍讀學士范沖各進官一等，以建國公讀孟子終篇也。

易青死賊

庚申，都督行府摧鋒軍效用易青爲廣東賊曾衮所執，青不屈，死之。

日中黑子

壬戌，日中有黑子。

與張浚不協求去

癸亥，張浚遣行府書寫機宜文字計有功來奏事。初，趙鼎得政，首引浚共事，其後二人稍有異議。及楊沂中奏捷，鼎即求去位，上不許。鼎因曰：「臣始初與張浚如兄弟，近因呂祉輩離間，遂爾睽異。今同相位，勢不兩立。陛下志在迎二聖，復故疆，當以兵事爲重。今浚成功淮上，其氣甚鋭，當使展盡底藴，以副陛下之志。如臣但奉行詔令、經理庶務而已，浚當留，臣當去，其勢然也。」上曰：「朕自有所處，卿勿爲慮。」鼎曰：「陛下即位以來，命相多矣，未有一人得脱者，豈不累陛下考慎之明乎？」上徐曰：「俟浚歸議之。」

趙鼎等議回臨安

浚奏：「車駕宜乘時早幸建康。」鼎與折彦質共議回蹕臨安，以爲守計，上許之。

大事記曰：建炎元年幸揚州〔三〇〕，三年幸杭州，此汪、黄爲之也。然自明州而航海幸越，幸平江，亦汪、黄爲之乎？自紹興八年定都臨安，不復進都，此秦檜爲之也。六年，浚獨相，乃有建康之幸；七年，鼎獨相，已有駐蹕臨安之議，亦檜爲之乎？胡寅有言：「陛下父兄在虜中〔三一〕，日夕南望，曰：『吾有子弟爲中國帝王，吾之歸有日矣。』痛惟愁苦屈辱之中，發此念，爲此言，于今三年，日迫日切。而獻謀奉慮之人，方導陛下南狩，日遠日忘，遂無復國之心，别求建都之地，臣所未諭。」不得已則如張浚所謂都建康，則北望中原，常懷憤惕可也。今乃息心於一隅，何義乎？

十有一月乙丑朔，玉山進士詹叔霆特免文解一次。叔霆嘗投匭上書，且獻平定策，故旌録焉。

詹叔霆平定策

戊辰，左宣奉大夫、守尚書右僕射張浚特遷左光禄大夫，以禄秩成書也。浚請回授其兄滉，許之。中興後，輔臣以進書恩回授親屬，自此始。

以官回授其兄滉

詔應轉對官如有疾故，許實封投進文字，更不引對。

轉對官許投進

庚午，詔張浚召還行在所，令學士院降詔。

癸酉，湖北京西宣撫副使岳飛奏：「依奉處分，往江州屯駐。」上曰：「淮北既無事，飛自不須更來。」趙鼎曰：「此有以見諸將尊朝廷。」爲可喜也〔三二〕。

諸將知尊朝廷

鄭剛中言虛文弊

丁丑，新敕令所删定官鄭剛中引對。剛中言：「陛下臨御十年，寬刑罰，省科徭。戒貪贓，恤饑窮，嚴警備，每一下詔，丁寧懇惻，而德澤未徧者，蓋天下有虛文之弊。臣願爲士大夫下厲精之詔，許自今宣布實德，視斯民利害，如在其家，不得以虛名文具欺罔朝廷，使陛下之誠意，被覆赤子之身，而不在於官府文書之上。」翌日，輔臣進呈，上曰：「近所引對，多是人才。朕雖得珠玉珍玩，不足爲寶，但冀一歲之間，得十數輩人物，乃足爲寶也。」又翌日，以其言令學士院降詔，出榜朝堂，遂以剛中充樞密院編修官。

因引對而得人才

戊寅，故左朝議大夫孫諭特贈左中奉大夫。諭爲吏廉，湖北諸司請官其曾孫偉，以爲天下廉吏之勸，奏可。

旌孫諭以勸廉吏

庚辰，上諭大臣曰：「司馬光隸字真似漢人，近時米芾輩所不可髣髴。朕有光隸字五卷，日夕置之座隅，每取展玩。又所書乃中庸與家人卦，皆修身治國之道，不特玩其字而已。」趙鼎曰：「如光所謂動容周旋中禮，而無纖毫遺恨者也。」

喜司馬光隸字

壬午，四川制置大使席益上漕運六策，令學士院降詔奬諭。

席益上漕運六策

丙戌，起居舍人呂本中兼權中書舍人。時有監階州倉草場苗亘者以贓

呂本中請不黥贓吏

獲罪，黥之。本中奏曰：「近歲官吏犯贓，多抵黥罪。且既名士人，行法之際，宜有所避。況四方之遠，或有枉濫，何由盡知？若遽施此刑，異時察其非辜，雖欲深悔，亦無所及矣。又此刑既用，臣恐後世不幸，姦臣弄權，必且借之以及無罪，使國家此刑不絕，則紹聖以來憸人盜柄，縉紳遭此，殆無遺類矣。願酌處常罰，以稱陛下仁厚之意。」疏再上，從之。

丁亥，日中黑子沒。

己丑，故翰林學士王洙之孫楚老獻仁宗所賜飛白字及御書。洙在翰林，仁宗問：「今歲科舉內中，合要奏告文宣王及諸賢表章。」趙鼎奏：「此事不見於他書。」上曰：「祖宗留意人材如此，天下安得不治？」

壬辰，上書大成殿榜，賜成都府學官。

初，劉麟等既敗歸，金國遣使問劉豫之罪。豫懼，廢猊爲庶人以謝之，於是金國始有廢豫之意矣。

十有二月甲午朔，詔行宮留守秦檜令赴行在所奏事。張浚以檜在靖康中，建議立趙氏，不畏死，有力量，可與共天下事，一時仁賢薦檜尤力，遂推引之。趙鼎既與浚不咸，左司諫陳公輔因奏劾鼎，鼎復求去。上愀然不樂

仁宗奏文宣王諸賢

書成都大成殿榜

虜欲廢劉豫

與諸賢共薦秦檜

陳公輔劾趙鼎

曰：「卿只在紹興，朕他日有用卿處。」

臨安火命賑之

是日，臨安火，所燔幾萬家。詔以米一千斛，賜被火之家貧乏者。

王縉攻折彥質

戊戌，右司諫王縉入對，論簽書樞密院事折彥質之罪，大略謂：「彥質於賊馬南向之時，倡爲抽軍退保之計，上則幾誤國事，下則離間宰臣。乞賜罷絀。」先是，張浚自江上還平江，隨班入見。上曰：「却敵之功，盡出右相之力。」於是趙鼎皇懼，復乞去。

張浚諫回蹕議

浚入見之次日，具奏曰：「天下之事，不倡則不起，不爲則不成。今四海之心，孰不想戀王室？虜、叛相結〔三三〕，脅之以威，雖有智勇，無由展竭。三歲之間，賴陛下一再進撫，士氣從之而稍振，民心因之而稍回，正當示之以形勢，庶幾乎激忠起懦，而三四大帥者，亦不敢懷偷安苟且之心。夫天下者，陛下之天下也。陛下不自致力以爲之先，則被堅執鋭、履危犯險者，皆有解體之意。今日之事，存亡安危，所自以分。六飛儻還，則有識解體，内外離心，日復一日，終以削弱。異日復欲下巡幸詔書，誰爲深信而不疑者？何則？彼知朝廷姑以此爲避地之計，實無意於圖回天下故也。」上翻然從其計。浚因獨對，乞乘勝取河南地，擒劉豫父子。

請罷劉光世

又言：「劉光世驕惰不戰，不可爲大將，請罷之。」上問：「嘗與趙鼎議否？」浚

請擒劉豫取河南

曰：「未也。」浚見鼎，具道其故。鼎曰：「不可。豫，几上肉耳。然豫倚金人爲重，不知擒滅劉豫，得河南地，可遂使虜不内侵乎？光世將家子，將帥士卒多出其門下，若無故罷之，恐人心不可。」浚不悦。鼎復言：「强弱不敵，宜且自守，未可以進。」由是與彥質俱罷之。

趙鼎折彥質罷

韓世忠淮陽之捷

京東淮東宣撫處置使韓世忠引兵攻淮陽軍，敗之。

壬寅，尚書左僕射、同中書門下平章事兼知樞密院事趙鼎充兩浙東路安撫制置大使兼知紹興府。

范沖乞宮觀

翰林侍讀學士兼史館修撰、資善堂翊善范沖提舉江州太平觀。沖再疏求去，乃有是命。

以蘇符代范沖

甲辰，尚書司封員外郎蘇符兼資善堂贊讀，赴行在，代范沖也。

論唐明皇任相

乙巳，上與宰相語唐開元之治曰：「姚崇爲相，嘗還除郎吏，明皇仰視屋椽，崇驚愕久之。後因力士請問，知帝所以專委之意。人主任相當如此。」張浚曰：「明皇以此得之，亦以此失之。楊、李操柄，事無巨細，一切倚仗，馴致大亂。吁，可戒焉！」上曰：「不然，卿知所以失否？在於相非其人，非專委之過也。」浚曰：「明皇方其憂勤，賢者獲進。逮其逸樂，小人遂用，此治亂之所以分。陛下灼見本末，天下幸甚。」

趙鼎入辭。鼎既行，上趣令之鎮。鼎力辭新命，詔不許。鼎在越，惟以束吏恤民爲務，每言：「不束吏，雖善政不能行，蓋除害，然後可以興利。易之豫『利建侯行師』，乃所以致豫。解『公用射隼於高墉之上』，謂射隼而去小人，乃所以致解。」鼎之學得于易者如此。至是，姦猾屏息。又塲務利入之源，不令侵耗，財賦遂足。

趙鼎經理紹興府

丙午，秦檜入見。

簽書樞密院事兼權參知政事折彥質提舉臨安府洞霄宮。

手詔曰〔三四〕：「朝廷設官分職，本以爲民。比年以來，重內輕外，殊失治道之本。自今監司、郡守秩滿，考其善狀，量與遷擢，治效著聞，即除行在差遣。其郎官未歷民事者，效職通及二年，復加銓擇，使之承流於外，仍令中書、御史臺籍記姓名，俟到闕日，檢舉引對，參考善否，取旨陞黜，庶幾天下百姓蒙被實惠，以稱朕意。」時張浚專任國政，首言：「比年以來，內重外輕。又官于朝者不歷民事，利害不明，詔令之行，職業之舉，豈能中理？民多被其害。」遂條具以聞，故有是詔。

詔均內外任

賞蔡景芳招商

福建市舶司言：「蕃舶綱首蔡景芳招誘舶貨，自建炎初年至紹興四年，共收息錢九十八萬緡。」詔補景芳承信郎。〔三五〕

召入經筵

戊申，醴泉觀使兼侍讀秦檜令赴行在所講筵供職，行宮同留守孟庾充行宮留守。

川陝赴殿給驛券

詔川、陝進士將來省試，令四川制置大使司依舊例施行。其合預殿試人並赴行在，仍給五人衙官驛券，自是爲例。

己酉，詔自今前宰相到闕，並許張蓋，爲秦檜故也。

優擢館職外任

庚戌，詔館職如在職二年以上，知縣資序人與除大郡通判，通判資序人除知州軍。任滿到闕，令閤門引見上殿，與參考治狀善否，取旨陞黜。仍令中書省、御史臺籍記姓名。

辛亥，提舉臨安府洞霄宮張守自常州入見，即日除參知政事。

銓量監司守貳

詔監司守貳委寄非輕〔三六〕，除授非人，百姓受弊。可令中書省開具已除姓名，送中書後省、御史臺，今後遇闕到前半年，並加銓量，如不可任用，並具奏，改作自陳宮觀。

引試效士

詔樞密院、都督府效士並令附來年春選人，類試時務策一道，優等再令學士院召試推恩。

壬子，詔張守兼權樞密院事。

江州進士孫復禮投匭訟德安令黃覿不法，御筆令監司究實。上諭大臣曰：「復禮亦須知管，如體究所訴不實，即痛與懲戒。鼓、檢院止許士庶陳獻利害，儻挾私怨，有所中傷，不惟長告訐之風，亦非求言本意。」不長告訐之風

乙卯，右司諫王縉言：「風俗頹弊，起于士大夫貪冒無恥。乞明詔大臣，自今除賢能之人，宜擢用者，待以不次外，其餘並依吏部格法，則各安分守，職業交修，頹風復振，賢才輩出矣。」詔令三省遵守。王縉言士風貪冒

丁巳，翰林學士朱震乞以自古循吏傳編成一書，遇守令有治行者賜之。上曰：「不若有治行者或進官或擢用，無治行者隨輕重責罰。賞罰既行，自有懲勸。賜循吏傳，恐無補於事。」

詔諸路監司，今後分上下半年，開具所部知縣有無善政顯著、繆懦不職之人，申尚書省。論守令賞罰

戊午，詔自今吏部注擬知通、守令，並選擇非老病及不曾犯贓與不緣民事被罪之人，仍申中書、門下省審察。旬具注擬人脚色，關御史臺，如非其

人，許本臺彈奏。用中書請也。既而行宮吏部請，因民事犯徒已上罪人，如今詔。自祖宗以來，以公、私、贓三等定天下之罪，至是始增民事律焉。

注擬增民事律

己未，左司諫陳公輔言：「自熙、豐以後，王安石之學著爲定論，自成一家，使人同己。仰惟陛下天資聰明，聖學高妙，將以痛革積弊，變天下尚同之俗。然在廷之臣不能上體聖明，又復輒以私意，取程頤之説，謂之伊川學，相率而從之，是以趨時競進、飾詐沽名之徒，翕然胥效，倡爲大言，謂堯、舜、文、武之道傳之仲尼，仲尼傳之孟軻，軻傳之頤，頤死無傳焉。狂言怪語，淫説鄙論，曰『此伊川之文也』，幅巾大袖，高視闊步，曰『此伊川之行也』。能師伊川之文，行伊川之行，則爲賢士大夫，捨此皆非也。臣謂使頤尚在，能了國家事乎？且聖人之道，凡所以垂訓萬世，無非中庸，非有甚高難行之説〔三七〕，非有離世異俗之行，在學者允蹈之而已。伏望察群臣中有爲此學，相師成風，鼓扇士類者，皆屏絕之。然後明詔天下，以聖人之道，著在方册，炳如日星，學者但能參考衆説，研窮至理，各以己之所長而折中焉。惟不背聖人之意，則道術自明，性理自得，故以此修身，以此事君。以此治天下國家，無乎不可矣。」輔臣進呈，張浚批旨曰：「士大夫之學，宜以孔、孟

陳公輔乞禁伊川學

爲師，庶幾言行相稱，可濟時用。可布告中外，使知朕意。」時朱震在經筵不能諍，論者非之。

四十大邑堂除

辛酉，詔以山陰至長沙四十縣並從堂除，浙西之邑十四，浙東九，江東八，江西、福建各四，湖南一。

劉豫請立太子

僞齊劉豫密知金人有廢己謀，請于金，欲立麟爲太子。金主亶曰：「先帝所以立爾者，以爾有德於河南之民也。爾子還有德耶？ 徐當咨訪河南百姓以定之。」

兩浙寬剩錢

是歲，兩浙轉運司始取婺、秀、平江歲計寬剩錢二十二萬緡，自是爲例。

增入名儒講義皇宋中興聖政卷之二十

校勘記

〔一〕都督行府同措置營田王弗行屯田員外郎同提舉營田公事　第二個「行」字原脱，據繫年要録卷一〇三補。

〔二〕淮東以幕中參佐有妄冒將士之賞　「冒」原作「具」，據宋刊本、明抄本及繫年要録卷一〇三改。

〔三〕華夏蠻貊言及之　「華夏蠻貊」原作「黄童白叟」，據宋刊本、明抄本及宋史全文卷一九改。

〔四〕射親六發四中　「親」，繫年要録卷一〇四作「鵠」。

〔五〕夫以房元齡爲賢相　「元」當作「玄」，蓋避始祖趙玄朗之諱。下同。

〔六〕李勣許欽宗在太宗時則致治　「欽」應作「敬」，蓋避翼祖趙敬諱改。

〔七〕年二十五以上　「二」，繫年要録卷一〇四作「三」。

〔八〕大率鹽錢居十之八　「錢」原作「鐵」，據宋刊本、明抄本及宋史全文卷一九及繫年要録卷一〇四改。

〔九〕却發回史館　「却」，繫年要録卷一〇四五作「即」。

〔一〇〕詔賜帛罷之　「罷」，繫年要録卷一〇五作「寵」。

〔一一〕而蔑視其他諸酋　「酋」原作「將」，據宋刊本、明抄本及宋史全文卷一九改。

〔一二〕且乞先寇江上　「寇」原作「攻」，據宋刊本、明抄本及宋史全文卷一九改。

〔一三〕亶使諸將相議之　「將」原作「帥」，據宋刊本、明抄本及繫年要録卷一〇五改。

〔一四〕分三路入寇　「寇」原作「攻」，據宋刊本、明抄本及宋史全文卷一九改。

〔一五〕諜報豫挾虜兵來寇　「虜」原作「北」，據宋刊本、明抄本及宋史全文卷一九改。

〔一六〕劉麟等令鄉兵僞胡服于河南諸處　「胡」原作「北」，據宋刊本、明抄本及宋史全文卷一九改。

〔一七〕十百爲群　「十」，繫年要録卷一〇六作「千」。

〔一八〕以爲虜僞合兵而至　「虜」原作「敵」，據宋刊本、明抄本及宋史全文卷一九改。下同。

〔一九〕劉光世奏禦賊事宜　「賊」原作「敵」，據宋刊本、明抄本及宋史全文卷一九改。下同。

〔二〇〕守臣孫暉夜劫其寨　「劫」原作「却」，據繫年要録卷一〇六改。

〔二一〕案此條詔令，繫年要録卷一〇六繫於「壬寅」。

〔二二〕案此條記事，繫年要録卷一〇六繫於「壬寅」。

〔二三〕僞齊與虜分道入寇　「虜」原作「敵」，據宋刊本、明抄本改。下同。

〔二四〕而虜廢劉豫矣　「虜」原作「金」，據宋刊本、明抄本改。

〔二五〕僞齊乞兵於虜人　「虜」原作「敵」，據宋刊本、明抄本及宋史全文卷一九改。

〔二六〕深慮賊情狡獪　「賊」原作「敵」，據宋刊本、明抄本及宋史全文卷一九改。

〔二七〕賊雛犯順　「賊雛」原作「劉豫」，據宋刊本、明抄本及宋史全文卷一九改。

〔二八〕四川制置大使席益以便宜增印錢引三百萬緡市軍儲　「三」，宋史卷三七四李迨傳作「六」。

〔二九〕癸丑　繫年要録卷一〇六繫於「乙卯」。

〔三〇〕建炎元年幸揚州　「元年」原作「二年」，據宋史全文卷一九及本書前文改。

〔三一〕陛下父兄在虜中　「虜」原作「敵」，據宋刊本、明抄本及宋史全文卷一九改。

〔三二〕爲可喜也　案此語據繫年要録卷一〇六所載，爲宋高宗所説。

〔三三〕虜叛相結　「虜」原作「敵」，據宋刊本、明抄本及宋史全文卷一九改。下同。

〔三四〕手詔曰　案此手詔繫年要録卷一〇七繫於「丁未」。

〔三五〕案蔡景芳補官事，繫年要録卷一〇七繫於「丁未」。宋會要輯稿職官四四繫於本月十三日，即「丙午」。

〔三六〕詔監司守貳委寄非輕　「輕」原作「人」，據宋刊本、明抄本、繫年要録卷一〇七及宋會要輯稿職官四五改。

〔三七〕非有甚高難行之説　「甚」原作「其」，據宋刊本、明抄本、繫年要録卷一〇七及道命録卷三改。

增入名儒講義皇宋中興聖政卷之二十一

高宗皇帝二十一

詔駐蹕建康

紹興七年春正月癸亥朔，上在平江，手詔：「將乘春律，往臨大江，駐蹕建康，以察天意。」

陳公輔言攻守策

左司諫陳公輔言：「今日恢復之策，不出攻守二事。攻者，以我攻彼也；守者，防彼攻我也。以我攻彼，其勢在我；防彼攻我，其勢在彼。攻雖爲難，而守之爲尤難。攻雖在所急，而守之尤在所急。今將移蹕建康，則其地尤重於淮東矣。臣愚欲乞措置淮西，先選大臣以臨之，更增兵將以實之，仍令諸大將緩急相援，首尾相應，則雖虜騎之來[一]，不足畏矣。」

置御前軍器局

置御前軍器局於建康府，歲造全裝甲五千、矢百萬，仍隸樞密院及工部。

因知馬論知人

丙寅，上諭大臣曰：「昨日張俊呈馬，因爲區別良否優劣及所産之地，皆不差。」張浚曰：「臣聞陛下聞馬足聲而能知其良否。」上曰：「然。聞步驟之聲，雖隔牆垣可辨也。凡物苟得其要，亦不難辨。」浚曰：「物具形色，猶或易〔三〕，惟知人爲難。」上曰：「人誠難知。」浚因奏：「人材雖難知，但議論剛正，面目嚴冷，則其人必不肯爲非。阿諛便佞，固寵患失，則其人必不可用。」上亦以爲然。

臣留正等曰：耕稼陶漁，天下之賤事也，四民世守其業，未必盡善，而舜之所以爲聖，堯固以此得之，蓋天下之理一也。精其能者謂之藝，而通其理者，雖治天下國家可也。太上皇帝興衰撥亂，立事建功，逆知君子小人情僞，蓋用此法，其源流所從出者遠矣。

月樁之弊

丁卯，户部員外郎霍蠡自鄂州軍前來奏事，言：「今軍事所須，而病民最甚者，莫如月樁錢。州縣所樁窠名，曾不能給其額之什二三，自餘則一切出於州縣之吏臨時措畫，銖銖而積，僅能充數。一月未畢，而後月之期已迫矣。」詔諸州通判開具申尚書省。

汪藻編詔旨成書

龍圖閣直學士汪藻再遷一官，以類編元符庚辰以來詔旨成書也。

黃次山告訐董弅

辛未，中書舍人董弅知衢州，免謝辭。先是，有旨禁伊川學，録黃下禮部，吏部員外郎黃次山欲鏤板，弅曰：「少俟之。」乃以己見求對。次山即申御史臺，謂弅沮格詔令。於是侍御史周祕彈弅，故弅遂罷。

陳公輔攻張九成

新兩浙東路提點刑獄張九成罷。先是，左司諫陳公輔論九成平日所行，無非矯僞。朝廷每因其辭，輒復遷擢，彼亦何憚而不辭？詔九成與小郡。九成又辭，乃令主管江州太平觀。

聞赴部所費極多

壬申，進呈李誼論吏部非次闕不當改爲集注。上曰：「士大夫羈旅之中，有非次闕不得授，又待集注之期，所以衆論以爲非爾。聞每赴部授差遣者所費極多，何以責其清廉？」

史臣曰：立國以法者，天下之至公。待人以情者，帝王之全度。太祖杖贓吏於朝堂，以至極刑，無所容貸。而高宗乃憫其赴部之苛費、集注之淹期，惻然有哀矜之心，二者不同，何也？蓋祖宗建極之初，立萬世之規模〔三〕，用法不得不盡其嚴。高宗遭多事之時，士大夫流離困苦者衆，故不得不本乎恕。其迹不同，而帝王之度一也。

以功遷特進

癸酉，先是，張浚以破賊功遷特進，浚悃辭。上曰：「朕以賞罰治天下，

以賞罰治天下

如卿大臣，固不俟勸。然賞不行，則四方萬里無由知卿之功。」浚復固辭以富平敗事，受天下之責。上曰：「富平之失，卿以宮祠去位，朕所以示罰也。今日有功，則賞可後乎？卿每有制除，則再三辭避，恐於君臣之義有所未安。」浚恐竦奉詔。

朱震求去之晚

翰林學士兼侍講朱震引疾乞在外宮觀，不許。先是，董弅免官，震乃白張浚求去，徽猷閣待制胡安國聞之，以書遺其子寅曰：「子發求去晚矣。當公輔之説纔上，若據正論力争，則進退之義明。今不發一言，默然而去，豈不負平日所學？惜哉！且復問宰相云：某當去否？既數日，又云：今少定矣。此何等語？遇緩急則是偷生免死計，豈能爲國遠慮？平生讀易何爲也？」

胡安國辨伊川學

於是安國自上奏曰：「士以孔、孟爲師，不易之至論。然孔、孟之道，失其傳久矣。自程頤始發明之，而後其道可學。而至今使學者師孔、孟，而禁不得從頤之學，是入室而不由户也。夫頤之文，於易則因理以明象，而知體用之一原；於春秋則見諸行事，而知聖人之大用；於諸經、語、孟則發其微旨，而知求仁之方，入德之序。鄙言怪語，豈其文哉？頤之行則孝悌顯于家，忠誠動於鄉，非其道義，一介不以取予，則高視闊步，豈其行哉？自嘉祐以來，頤與兄顥及邵雍、張載皆以道德名世，如司馬光、呂公著、呂大防莫不薦之。頤有易、春秋傳，雍有經世書，載有正蒙書，惟顥未及著書。望下禮官，討論故事，加此四人封爵，載在祀典，比于荀、揚之列，仍詔館閣裒其遺書，以羽翼六經，使邪説不得作而道術定矣。」

薦劉錡大將才

以張浚薦得用

戊寅，帶御器械劉錡權主管馬軍司并殿前步軍司公事。張浚薦錡文武兩器，真大將才，故有是命。

取天下須論形勢

辛巳，韓世忠奏已還軍楚州。上因論：「淮陽取之不難，但未易守。」張浚曰：「淮陽，今劉豫要害之地，故守之必堅。」上曰：「取天下須論形勢，若先據形勢，則餘不勞力而自定矣。正如奕棋布置，大勢既當，自有必勝之理。」

癸未，翰林學士兼侍講陳與義參知政事，提舉醴泉觀兼侍講沈與求同知樞密院事。

朱倬乞固民心

左修職郎朱倬召對，乞申戒有司，勤恤民隱。今西北之民已思見官儀矣，陛下大固其心，勿小小以傷之，天下幸甚！

復置樞副

乙酉，詔：「有密，本兵之地，事權宜重，可依祖宗故事，置樞密使、副（四），宰相仍兼樞密使，其知院以下如舊。」

呂祉論程頤學

吏部侍郎呂祉在建康，聞禁伊川學，上奏曰：「臣竊惟孔子删詩，序書，繫周易，作春秋，明禮樂，與門弟子答問則見於論語。凡學孔子，無如子思、孟子。中庸與七篇之書具存，自漢至本朝，上所教，下所學，鴻儒碩學、端亮閎偉之士，接武於時，何嘗不由此道，豈特程頤而後傳也？臣竊詳程頤之學，大抵宗子思中庸篇，以爲入德之要。中庸曰：『君子之中庸，時中。』程頤之所得也。近世小人見靖康以來，其學稍傳，其徒楊時輩驟躋要近，名動一時，意欲歆慕之，遂變巾易服，更相汲引，以列于朝，則曰：『此伊川之學也。』其惡直醜正，欲擠排之，則又爲之説曰：『此王氏之學，非吾徒也。』號爲伊川之學者，類非有守之士，考其素行，蓋小人之所不爲。有李處廉者，知瑞安縣，專事貨賂，交結權貴，取程頤文并雜説，刊板作帙，徧遺朝士，朋比者交口稱譽，謂處廉學伊川。近聞處廉犯入己贓，繫獄，罪當棄市，遠近傳笑。此皆子思所謂小人之中庸而無忌憚者也。中庸，一也，然有君子之中庸，有小人之中庸，非其學之謬，乃學者之罪也。望將前日聖旨指揮連臣僚所論，出榜諸路州縣學舍，使學者皆知舊學，而不爲近世小人之所習，以補治化。」從之。

分堂部守倅闕

丙戌，詔：「以知州軍、諸郡通判各六十一闕歸吏部。」用左、右司奏也。於是堂除郡守之闕一百九、通判八十。

丁亥，閤門祇候、充問安使何蘚，都督行府帳前準備差使范寧之至自金國，得右副元帥宗弼書，報道君皇帝、寧德皇后相繼上僊。

除樞密使

醴泉觀使兼侍讀秦檜爲樞密使，應干恩數，並依見任宰相條例施行。

合茶馬爲一司

辛卯，四川都轉運使李迨始視事。時茶馬司闕官，命迨兼領。熙、豐以來，成都府、秦州皆有榷茶司、買馬監牧司，至是關陝既失，迨請合爲一司，名都大提舉茶馬司。從之。

太平州鎮江府火

二月丙申，夜，太平州火。丁酉，鎮江府火。

王倫使虜

己亥〔五〕，主管台州崇道觀王倫充迎奉梓宮使，閤門宣贊舍人高公繪副之。

岳飛請正皇子位

湖北京西宣撫副使岳飛赴行在〔六〕，翌日，内殿引對，飛密奏，請正建國公皇子之位。上諭曰：「卿言雖忠，然握重兵於外，此事非卿所當預也。」飛色落而退。

太陽有異

辛丑，詔以太陽有異，氛氣四合，令中外侍從各舉能直言極諫之士一

因災異舉賢良

人。自復賢良方正科，久未有應者，至是張浚乞因災異降詔，上從之。

史臣曰：求賢良久矣，未有一人應詔者，其養之未成耶？求之未至耶？天下誠無其人耶？噫！有賢良方正之人，而文不足焉，汲黯之直，賢於公孫洪遠甚，雖不設科可也。

壬寅，夜，雷聲初發。

詢究營田利害

癸卯，命樞密院計議官李寀往江、淮，詢究營田利害，如有未便於民者，令寀與樊賓、王弗商量，先次改正。

夜，大雪。

常御蔬菜豆腐

甲辰，輔臣奏事，上曰：「朕常日不甚御肉，多食蔬菜，近日頗雜以豆腐爲羹，亦可食也。水陸之珍兼陳於前，不過一飽，何所復求？過殺生命，誠爲不仁，朕實不忍也。」沈與求曰：「陛下舉斯心以加諸彼，天下不難治矣！」先是，太陽有異，張浚奏曰：「臣以非才，備位宰相，致天象如此，罪無所逃。」上曰：「此乃朕不德所致。」浚因引咎，上曰：「應天以實不以文，惟君臣交修不逮，可以消變。」浚曰：「臣等敢不恭承大訓！」

吴玠印銀會子

丙午，川陝宣撫副使吴玠初置銀會子於河池，迄今不改。

因御馬論用人

岳飛見識極進

己酉，上與輔臣論兵器〔七〕，因曰：「前日岳飛入對，朕問有良馬否？飛奏舊有兩馬，已而亡之，今所乘，不過馳百餘里力便乏。此乃未識馬故也，大抵馴而易乘者，乃駑馬，故不耐騎而易乏。若就鞍之初，不可制御，此乃馬之逸群者，馳驟既遠，則馬力始生。」張浚曰：「人材亦猶是也，但當駕御用之耳。」上曰：「人才若只取庸常易悦者，何以濟天下之事？」浚曰：「既知其可用，則當不責近效，以待有成。」上曰：「飛今見識極進，論議皆可取。朕嘗諭之國家禍變，惟賴將相協力，以圖大業，不可時時規取小利，遂以奏功，徒費朝廷爵賞。須各任方面之責，期以恢復中原，乃副朕委寄之意。昨張俊來覲，亦以此戒之。」

史臣曰：上論人材，不取庸常易悦者，以其無補也。唐太宗與臣僚論事，有不出其意者，退而有憂色。人主有大功德及於天下者，其志趣不相遠類此。

庚戌，吏部尚書孫近等請謚大行太上皇帝曰聖文仁德顯孝，廟號徽宗。

林保中興龜鑑

癸丑，提舉廣南市舶林保進中興龜鑑。

是日，雨雹。

貶宇文彬瑞禾圖

丙辰，知果州宇文彬降一官放罷。去歲，果州旱，守臣王騭率民出粟賑貸，會騭滿歲，彬代之，乃與通判州事龐信孺繪禾登九穗圖獻于朝。上曰：「此不出誕謾，即諂諛爾。去年四川荒旱，黎民艱食，安有瑞禾？政使偶然有之，何足爲瑞？往年知撫州高衛進甘露圖，朕疾其佞，罷其守符。彬等可降官，仍放罷。」

與張俊隙深

丁巳，湖北京西宣撫副使岳飛爲太尉，賞商、虢之功。翌日，陞宣撫使。飛威名日著，淮西宣撫使張俊益忌之，參謀官薛弼每勸飛調護，而幕中之輕鋭者復教飛勿苦降意，於是飛與俊隙始深矣。飛時留行在，遂衛上如建康。

己未，上發平江府，以舟載徽宗皇帝、顯肅皇后几筵而行。

劉光世乞祠

言劉光世之罪

庚申，淮西宣撫副使劉光世乞在外宮觀。先是，議者謂：「光世昨退保當塗，幾誤大事，軍律不整，士卒恣横。」張浚亦言：「光世沉酣酒色，不恤國事，語以恢復，意氣怫然，乞賜罷斥，以警將帥。」上然之。光世聞上進發，乃引疾乞祠。上曰：「光世兵比之韓世忠、張俊之軍，訓練殊不至，一軍皆驍鋭，但主將不勤耳。月費錢米不貲，皆出民之膏血，而不能訓練，使之赴功，甚可惜也。大抵將帥不可驕惰，若日沉迷於酒色之人，何以率三軍之士？」後三日，乃以親筆答光世曰：「卿忠貫神明，功存社稷，朕方倚賴，以濟多艱。俟至建康，召卿奏事，其餘曲折，併俟面言。」

張亨衢歷代中興論

平江府進士張亨衢進歷代中興論，上讀曰：「肅宗以張后、李輔國之故，不能盡子道於明皇，可以謂之仁孝乎？」

李德鄰留心民事

辛酉，上次常州。

賜無錫知縣李德鄰五品服。初，上引德鄰入對，問以民間疾苦，德鄰對：「民户避役，田土悉歸兼并之家。近者雖令單丁、女户募人充役，然每都不得過一名。欲望均爲五人，俾得均濟。」詔付户部。上以德鄰留心民事，故有是賜焉。

三月癸巳朔，上次丹陽縣，韓世忠以親兵赴行在，遂衛上如建康。

甲子，上次鎮江府，楊沂中以所部赴行在。詔沂中總領彈壓車駕巡幸一行事務。

背嵬軍極驍健

己巳〔八〕，上發鎮江府，乘馬而行。晚次下蜀鎮。上謂張浚等曰：「道中晴明，因閲韓世忠背嵬軍馬，極驍健，事藝比往日益更精强。」浚等因論奏：「諸將才能不同，大要在得士心，則人肯用命。」上曰：「天時、地利不如人和。將帥能得士心，則上下和輯，樂爲之用矣。」

上次建康府

辛未，上次建康府，賜百司休沐三日。

甲戌，岳飛朝辭。

召胡安國

丙子，召提舉江州太平觀胡安國赴行在。時安國上所纂春秋傳，翰林學士朱震乞降詔嘉奬。上曰：「安國明於春秋之學，比諸儒所得尤邃。向來偶緣留程瑀而出，可令召來。」張浚曰：「若安國乃君子之過，過於厚耳，小人必須觀望求合，豈肯咈旨？」上曰：「安國豈得爲小人？俟其來，當置之講筵。」故有是命。仍用金字遞行。

重胡安國春秋傳

安國自言：「所著傳，事按左氏，義取公羊、穀梁之精者，大綱本孟子，而微辭多以程氏之説爲據。凡三十年乃成。」上甚重之。

戊寅，同知樞密院事沈與求進知院事。

劉錡始成軍

庚辰，行營前護副都統制王彦知邵州。詔彦軍併隸權主管馬軍司公事劉錡，於是錡始能成軍。

吕頤浩留守臨安

辛巳，浙西安撫制置大使兼知臨安吕頤浩兼行宮留守〔九〕。頤浩至臨安，處事甚有緒，豪右莫敢犯禁。

劉光世解兵柄

淮南西路兼太平州宣撫使劉光世爲少保，充萬壽觀使，奉朝請，封榮國公。時光世入見，再乞罷軍，且以所管金穀百萬獻于朝，乃以其兵屬都督府，而有是命。張浚因分光世所部爲六軍，令聽本府參謀軍事吕祉節制。

詔職事官轉對

詔行在職事官令轉對一次。

廣西大飢

是春，廣西大飢，斗米千錢，桃李互實，皆可食，凡物多類此。

宮中養蠶種稻

夏四月癸巳，張浚奏：「雨既霑足，又即晴霽，庶於蠶麥不妨。」上曰：「朕宮中亦養蠶兩箔許，欲知民間蠶熟與否。」浚等曰：「陛下敦本憂民如此，天下幸甚。」上又曰：「朕聞祖宗時，禁中有打麥殿。今後圃有水，朕亦令人引水灌畦種稻，不惟務農重穀，示王政所先，亦欲知稼穡之艱難爾。」

築太廟于建康

詔築太廟于建康，以臨安府太廟充本府聖祖殿。

蔣將論十事

甲午，鎮江府進士蔣將上書論十事，詔永免文解。

惡黃次山

乙未，尚書吏部員外郎黃次山爲荊湖南路提點刑獄公事。次山引疾乞補外，會給事中胡世將舉次山自代，張浚因擬次山修注。上曰：「非告訐董弅者耶？此風不可長。」遂令補外。浚意甚沮。

鄭諶除命不行

戊戌，御批鄭諶帶御器械。翌日，上諭宰臣曰：「諶除命未須行，朕宿思之〔一〇〕，昨召用徐俯，外議謂諶所薦。朕何嘗容内侍薦人？止緣洪炎進黄庭堅文集，有云徐郎或徐甥者，後因胡直孺薦俯自代，朕問之，始知其人。今諶新命，又恐外間紛紛，不若止與在外宫祠。」張浚等曰：「陛下聖慮如此，敢不奉詔。」

王縉論江淮營田

庚子，右司諫王縉論江、淮營田利害。輔臣進呈，上曰：「營田誠今日大利，如兩淮閑田不可數計，但恐召募不行，而奪見耕之農，則爲民害矣。要須遲以歲月，以漸爲之，第使耕種日廣，便爲大利。」

棄軍廬墓

丁未，起復湖北京西宣撫使岳飛乞解官持餘服。飛與宰相張浚異論，歸，過江州，上疏自言與宰相議不合，求解帥事，遂棄軍而廬墓。上不許。

李綱言時事

江南西路安撫制置大使兼知洪州李綱特遷左金紫光禄大夫。時綱遣韓异奉表問上起居，且上疏論時事，略曰：「願陛下益廣聖志，與神爲謀，日新其德。勿以去冬驟勝而自怠，勿以目前粗定而自安。

李綱論中興

凡可以致中興之治者，無不爲；凡可以害中興之功者，無不去。有所規畫措置，必以天下爲度，必以施于長久，可傳於後世爲法，則中興不難致矣。夫中興之於用兵，止是一事，要以修政事、信賞罰、明是非、別邪正、招徠人材、鼓作士氣、愛惜民力、順導衆心爲先，數者既備，則士奮於朝，農安於野，穀粟充盈，財用不匱，將帥輯睦，士卒樂戰，用兵其有不勝者哉？」疏入，詔綱典藩踰年，民安盜息，故有是命。

張浚以宰相視師

壬子，張浚辭往太平州、淮西視師〔二〕。

以陶朱公自比

論范蠡君臣之義

沈與求奏：「劉光世嘗語人，以陶朱公自比。」浚等論范蠡之賢，人所難及。上曰：「蠡固賢，朕謂於君臣之義，猶有所未盡也。」

訪民瘼闕政

蜀中水陸運利害

丙辰，都官員外郎馮康國面對，論蜀中漕運。丁巳，詔送都督府。既而秘書省正字孫道夫轉對。上諭曰：「召自遠方者，朕必詢民間疾苦。至如職事官轉對，即以朝廷闕失訪之，誠欲追法祖宗，不特舉行故事，爲文具而已也。卿蜀人，宜知蜀中利害，水運與陸運孰便？」道夫奏曰：「水運遲而省費，陸運速而勞民。」上曰：「水運既便，自當行之。」

兵在主將得人

五月乙丑，上與輔臣論淮西事，因曰：「兵無不可用，在主將得人耳。趙奢用趙軍大破秦軍，而趙括將之，則大敗；樂毅用燕兵攻齊，而騎劫代之，則爲田單所敗。豈不在主將得人乎？」

趣李綱捕諸盜

丁卯，詔江西制置大使李綱趣捕虔、吉諸盜。

舉勇力權略士

戊辰，金部員外郎宋棐請詔中外臣僚採訪勇力權略之士，不時薦舉，以備采擇。從之。

禮官條具祀禮

壬申，詔禮官條具舉行文宣、武成王、熒惑、壽星、嶽瀆、海鎮、農蠶、風雷、雨師之祀。

計有功晉鑑

張浚在廬州，遣計有功赴行在。前二日，引對。有功嘗獻所著晉鑑。上曰：「朕乙夜觀之，且爲艱難之戒。」又面問著春秋防微之旨，對曰：「婦笑於齊，六卿分晉，此書之所爲作也。」上首肯之。

甲戌，胡安國提舉萬壽觀兼侍讀，疾速赴行在。

經賦各差考官

殿中侍御史石公揆奏：「今以詞賦、經義取士，而考校者患不能兼通，升黜安能得實？今歲科場，望令諸路轉運司取經義、詞賦兩等，各差考官。」從之。

恩威賞罰並行

戊寅，上謂秦檜等曰：「治天下須恩威賞罰並行，若有恩而無威，有賞而無罰，何以爲治？朕自即位以來，未嘗以私怒降一人官，所以言此者，蓋姑息之風不可長也。楊沂中，朕嘗日撫綏之，過於子弟。去年淮西有警，朕親筆戒之，若不便進，當行軍法。沂中震恐承命，遂以成功。」檜曰：「陛下英武如此，中興不難致矣。」既而給事中兼直學士院胡世將請因此風厲諸將帥，各務究心水利，措置營田。從之。

己卯，廣西進出格馬，上曰：「此幾似代北所生。廣西亦有此馬，則馬之良者，不必西北可知。」上因論：「春秋列國不相通，所用之馬，皆取于國中而已。申公巫臣使吴，與其射御，教吴乘車，則是雖吴亦自有馬。今必于產馬之地而求之，則馬政不修故也。」

廣西進出格馬

臣留正等曰：天下物產之良，常係乎風土之所宜，是以自昔論勁兵良馬，必以西北爲上，他產之所不及也。雖然居東南之地，而必待夫西北所產者而後用之，則是無時而有可乘之馬，可戰之人矣。然則如之何？曰馬政修，則天下無不可用之馬；軍政習，則天下無不可用之兵，初不以南北論也。吴人乘車，遂能與諸侯抗衡，而周瑜、謝元皆以南方之人取勝秦、魏〔二〕，此前世已然之效驗，無可疑者。太上皇帝嘗與群臣論淮西事，亦曰：「兵無不可用，在主將得人。」意蓋類此。

舉行大火之祀

詔禮部討論大火之祀。先是，行在多火災，言者論：「國家實感炎德，用宋建號。康定間，因古商丘作爲壇兆，以閼伯配大火之祭。多事以來，地陷賊境〔三〕。望詔有司即行在所，每建辰戌出納之月，設位望祭。」從之。

獎諭李迨

壬午，賜四川都轉運使李迨詔書獎諭，以其能裁抑冗濫，以寬民力故也。

時暑慮囚

甲申，詔：「以時暑，命行在所及行宮御史各一員慮諸獄囚，諸路州軍令監司分詣。」

策試效士

初，命學士院策試效士五十三人，得陳壽昌等十人合格，詔優等授官，平等免文解一次，餘皆賜帛罷之。

申嚴薦舉之罰

乙酉，手詔：「自今內外臣僚薦士，或不如所舉及罪當并案者，必罰毋赦。」上以薦舉法壞，甚者以子弟、姻戚互相薦論，至犯吏議，則僥倖首免，故條約焉。尚書省言：「自來立法太重，不能必行。」乃詔自今犯贓私罪者，舉主遞降二等，其以子弟、親戚互薦者，令臺臣察之。

舉才堪大縣人

監察御史趙渙乞侍從至職事官，不限資序，各舉才堪大縣者一人，俟三二年之間，按其治狀，同其賞罰。詔行在所侍從官限一月，通舉二十人。

許不避本貫

丁亥，中書省言：「諸路監司除授依祖宗法，即不避本貫。」詔如故事，仍止避置司州。

實録褒貶自見

己丑。張浚奏論史事，因言：「紹聖以舊史不公，故再修，而蔡卞不公又甚，每時以褒貶之語，以騁其愛憎。今若不極天下之公，則後人將又不信。」上曰：「謂之實録，但當録其實，而褒貶自見。若附以愛憎之語，豈謂之實録？」上又曰：「今日重修兩朝大典，不可不慎。」浚曰：「敢不恭承聖訓。」

張浚薦尹焞

尹焞以禁伊川學辭

庚寅。張浚言：「臣先備員川陝宣撫處置使，切見和静處士尹焞，緣叛臣劉豫父子迫以僞命〔一四〕，焞自長安徒步趨蜀，乞食問路，僅獲生全。臣嘗延請至司，與之款接，觀其所學所養，誠有大過人者。紹興甲寅春，被命還朝，蓋嘗以焞姓名達之天聽。今陛下博采群議，召置經筵，而焞辭免新命。未聞就道。伏望特降睿旨。令江州守臣疾速津遣。」初，焞行至九江，會諫官陳公輔請禁伊川學。復辭曰：「學程氏者，焞也。」浚乃顯言其學行，請趣召之，焞猶不至。

上辨南兵不可用

論歷代南兵可用

六月癸巳，左司諫陳公輔入對，面奏興復之策，因言衆論謂南兵不可用。上慨然曰：「赤壁之役，曹操敗於周瑜；淝水之戰，苻堅敗於謝元，北人豈常勝哉？越王勾踐卒敗吴王，兵强諸國，亦豈北方士馬邪？」

罷江淮營田司

乙未，罷江淮營田司，以淮東轉運判官蔣璨、淮西轉運判官韓璡、江東轉運副使俞俟、兩浙轉運副使汪思温並兼提領本路營田，仍督責州縣當職官接續措置。

命改兩朝新録

丙申，御筆：「史館重修神宗皇帝實録，尚有詳略失中，去取未當，恐不可垂信傳後。宜令本館更加研考，逐項貼説進入，以俟親覽。」先是，著作郎何掄乞刊正新録紕繆〔一五〕，至是批出。掄所言，張浚意也。

召張大樴

戊戌，詔四川制置大使司津遣隱士張大樴赴行在〔一六〕。大樴，龍水人，隱居翠微巖，知天象。

張大樴獻蓋天圖

嘗倣唐制爲蓋天圖，謂可置之几案，及備軍幕中候驗，因爲木式以獻。乃詔大樴併賫所藏天文秘書赴行在。

陳公輔攻胡安國

壬寅，詔胡安國累上章引疾，可與便郡。以左司諫陳公輔等有言也。乃以安國知永州。

吕祉撫諭光世軍

戊申，兵部尚書兼都督府參謀軍事吕祉往淮西撫諭諸軍。祉初在建康，每有平戎之志〔一七〕，張浚大喜之。

張浚易帥之謬

浚以劉光世持不戰之論，欲罷之。參知政事張守以爲不可，浚不從。守曰：「必欲改圖，須得有紀律、聞望素高〔一八〕、能服諸兵官之心者一人，乃可。」浚曰：「正謂有其人，故欲易之也。」

張浚繆用吕祉

時祉亦

自謂：「若專總一軍，當生擒劉豫父子，然後盡復故疆。」及光世罷，乃命祉先往淮西。直秘閣詹至聞之，遺浚書曰：「呂尚書之賢，固一時選。然於此軍恩威曲折，卵翼成就，恐不得比前人。兼此軍今已付之王德，德雖有功，而與酈瓊輩故等夷〔一九〕，恐其下有不能平者。願更擇偏裨，素爲軍中所親附者，使爲德副，以通下情。」會祉還朝，而瓊與其下八人列狀訟德于都督府，且乞回避。都督府謂德直，寢不行。瓊等又訟于御史臺，德亦言瓊之過，乃召德還建康，以所部一軍隸都督府，命祉往廬州節制之。祉又辟準備差遣陳克自隨。葉夢得與克厚，謂之曰：「呂安老非馭將之才。子高詩人，非國士也。淮西諸軍方互有紛紛之論，是行也，危矣哉！」弗聽。祉、克皆留其家，乃單騎從軍。

酈瓊訟王德

詔以欽、廉、邕州去歲大水，米踴貴。令本路常平官蠲賦稅，賑飢乏，其公私欠負皆停之。

賑廣西水災

己酉，皇叔同知大宗正司士㒞開府儀同三司。士㒞嘗因對，勸上留意恤民。上曰：「朕以干戈未息，不免時取於民。如月椿之類，欲罷未可，一旦得遂休兵，凡取於民者，當悉除之。」時建康有積欠左藏庫錢帛，乞免輸，上

論息兵除科斂

曰：「建康兵火後，遺民無幾，朕何忍更取積逋邪？可並除之。」因謂輔臣曰：「朕嘗語趙鼎，宣和以前，宰輔非其人，費用無節，誅求無藝，四海之民，困於科斂，不得安業。朕嗣位以來，思與之休息，又以邊事未靖，軍費之資，取辦于諸路者尚多，斯民之災如此，儻他日兵寢，朕當一切蠲罷，雖租賦之常，亦除一二年。朕之此心，天地鬼神實照臨之。」張浚等曰：「陛下聖志如此，天必助順，民之休息，固有期矣。他日更在陛下選用大臣，推行德意。」

論唐太宗用人

上曰：「然。事亦在朕。」秦檜因論及唐太宗不能去封德彝，上曰：「唐太宗用封德彝、宇文士及，朕常以爲恨。既知其姦佞〔二〇〕，猶信之不疑。」浚曰：「太宗所謂惡惡而不能去也。」

許用諸儒説及自生意

丙辰，尚書省請申命：「舉人程文，許通用古今諸儒之説，及自出己意，但文理優長，即爲合格。」從之。

論荆南形勢

乙卯，執政進呈左朝奉大夫蒲贄乞駐蹕江陵。上曰：「荆南形勝，自古吴、蜀必争之地。宜諭王庶益浚治城塹，招徠流移，練兵積粟，爲悠久之計。」張浚曰：「庶在荆南，頗有治行。」

論蜀中多士

上曰：「蜀中多士，幾與三吴不殊。近日上殿如李良臣及蒲贄，極不易得。」因論：「士人各隨所習。如蜀中之士，多學蘇軾父子；江西之士，多學黄庭堅。」浚等曰：「大抵耳目所接，師友淵源，必有所自。」贇，閬中人〔二〕，浚在閬州，引爲主管機宜文字，後六日，遂以贇行尚書兵部員外郎。

論孫近信命篤

丁巳，吏部尚書孫近引疾乞奉祠。張守曰：「聞近信命甚篤，以爲自此當有災咎，亟求去位。」上曰：「君相之命〔三〕，固不當言命。矧近時日者尤不足信〔三〕，朕未嘗問也。」

察愛憎爲毁譽

秋七月乙丑，知虔州張觷條上措置盜賊事件。張浚等言：「觷有才，必有措置。」秦檜曰：「觷向知南劍州，能平賊，甚有功，而言者以爲多殺平人。毁譽是非，不公如此。」上曰：「大凡人爲血氣所使，而愛憎移之，所以毁譽是非不公，在上察之耳。」浚曰：「士大夫少學，故如此。孔子許顏回爲王佐，蓋惟不遷怒，不貳過者，可以爲天下國家也。」上曰：「孔子所許，顏回一人而已，可知其難。士大夫少時爲血氣所使，而輕任喜怒，更事既多，若能知悔，則亦少累。朕爲親王時，或因事輕用喜怒，至今不能忘，常自悔責。」

史臣曰：人君過失與常人不同，天下臣民惟以順君爲義，莫或拂之，而亦莫或回之。惟上聖卓然特立，異於常情，乃能自反爾。故以過爲諱失者常千萬〔二四〕，文過以自安者常十百，悔過而能自反者，纔千一也。

論士夫須歷外任

丙寅，秘書郎張戒提舉福建路茶事。上因論館中人材，以爲戒好資質，而未更事任，可令在外作一任，復召用之。戒聞，請補外。後二日，上謂輔臣曰：「士大夫須更歷外任，不必須在朝廷，若既練達，而止令在外，則又不盡用材之道。」陳與義進曰：「前日陛下惜張戒人材，除外任以養成之，聖意甚美。」上曰：「中書省可籍記，他日復召用。」

敦請岳飛管軍

丁卯，起復湖北京西宣撫使岳飛遣屬官王敏求來奏事。初，飛請解官，上命參議官李若虛、統制官王貴詣江州敦請飛依舊管軍，如違，並行軍法。若虛等至東林寺見飛，具道朝廷之意，飛堅執不肯出。若虛曰：「相公欲反邪？相公河北一農夫耳，受天子之委任，付以兵柄，相公謂可與朝廷相抗乎？公若堅執不從，若虛等受刑而死，何負於公？」凡六日，飛乃受詔，赴行在。張浚見飛，具道上所以眷遇之意，且責其不俟報，棄軍而廬墓。飛詞窮，曰：「奈何？」浚曰：「待罪可也。」飛然之，遂具表待罪。上慰遣之。將

上親戒諭岳飛

行，上謂飛曰：「卿前日奏陳輕率，朕實不怒卿，若怒卿，則必有行遣。太祖

所謂『犯吾法者，惟有劍耳』，所以復令卿典軍，任卿以恢復之事者，可以知朕無怒卿之意也。」飛得上語，意乃安。

史臣曰：人主平時馭下，不過恩與威而已。至於馭將，又非平時恩威之所能盡也，是必有不貲之恩出於望外，不測之威出於物表，然後可以折其力，服其心，而得其死力也。太祖遣王全斌伐蜀，一日，念其寒，脫所服裘帽賜之。其伐江南也，曹彬等入辭，以匣劍授彬曰：「副將而下，不用命者斬之。」此無他，駕馭英雄之術當然也。高宗亦嘗自言：「朕拊楊沂中過於子弟，及淮西有警，則親筆戒之，若不便進，當行軍法。」沂中承命皇恐〔二五〕。至於岳飛奏陳輕率，自知必抵罪，而乃開示胸腹，略無留難，飛深極感激，二人者卒皆成功，此其術豈在太祖下？若乃濫賞以褻其恩，姑息以玩其威，其欲諸將之爲用，難哉！

至是，遣敏求奏事，委曲感恩云：「非官家保全，何以有今日？」翌日，上以其語諭輔臣。秦檜見飛舉趾，已有忿忿之意矣。

壬申，張浚以旱乞率從官祈雨，又乞弛役、慮囚等數事〔二六〕，因奏：「如浙

忿岳飛舉趾

秦檜見岳飛忿忿

宮中種稻知水旱

西諸郡及宣州、廣德軍地形下，未覺旱；如鎮江、建康地形高，最覺少雨。」上曰：「朕患不知四方水旱之實，宮中種兩區稻，其一地下，其一地高。昨日親閱之，地高者其苗有槁意矣。須精加祈求，庶幾數日得雨也。」

張守知秦檜患失

時方盛暑，浚一日坐東閣，參知政事張守突入，執浚手曰：「守向言秦舊有德聲〔二七〕，今與同列，徐考其人，似與昔異，晚節不免有患失心，是將爲天下深憂。」蓋指樞密使秦檜〔二八〕。浚以爲然。

邵溥上伯温辨誣

徽猷閣待制邵溥上其父伯温所著辨誣三卷。上曰：「事之紛紛，止緣一邢恕耳〔二九〕。數十年來，士大夫相攻詆，幾分爲國？幾分爲民？皆由私意，托公以遂其事。宣仁之謗今已明白，紛紛之議可止矣。」

戒仲湜好珊瑚

嗣濮王仲湜薨〔三〇〕。仲湜酷好珊瑚，大者一株至數百千。上嘗問仲湜：「墜地則何如？」曰：「墜地則碎矣。」上曰：「以民膏血，易此無用之物，朕所不忍也。」仲湜無以對。

戊寅，史館校勘張嵲面對。先是，有詔刊修神宗新録訛謬，校勘李彌正、胡珵見張浚，辭史職。既而嵲對罷。申後省，以所得聖語云：「范沖、任申先止憑校勘官，便以爲是，故實録多舛誤。」彌正、珵再辭史職，從之。

辛巳，張浚等奏禱雨備至，未獲感應。上曰：「應天須以實，如恤刑、弛役之類，當更有實惠可及民者。朕曉夜思之，如積欠一事，爲民之害甚大。比因移蹕，所過州縣，下蠲除之令，民間極喜。可將諸路紹興五年以前稅賦積欠，及其他逋負議蠲之，庶幾少蘇民力。」浚等退而條具，悉施行焉。因旱除積欠

金晉國王宗維卒。粘罕死

癸未，手詔：「臣民各許實封言事，在外令附驛以聞。」旱故也。宰臣張浚、樞密使秦檜已下引咎乞罷黜，詔曰：「亢陽未雨，憂心如熏。咎在一人，非卿等罪。各安乃位，勿復陳詞。夙夜勉旃，以輔台德。」因旱許上封事

簡州教授黃源應詔上書言：「中興之主，當與創業同。創業當視藝祖，其大計大議取謀於宰相，則趙普等是也；大勳大烈責成于大將，則曹彬等是也。內則講修政事，爲萬世計；外則削平僭僞〔三二〕，爲一統計。今陛下中興，十有一年，政事則講修不逮，僭僞則削平不果〔三三〕，何也？無乃隆主勢以論一相，威嚴斷以馭大將，作威作福，直與藝祖不同故邪？」因條六事，一曰躬一德以享天心，二曰正東宮以嗣國統，三曰勵宗親以策勳勞，四曰厚禁旅以鞏宸極，五曰連秦、夏以臨三晉，六曰由淮甸以傾全齊。黃源言中興六事

甲申，蠲諸路民户紹興五年以前欠租，上旨也。坊場净利，五年正月以前所負亦除之。建康府居民貧病者畀之藥，死者助其葬。

丁亥，詔令後士民陳獻利害，令給、舍子細看詳，其可採者，取旨施行。看詳陳獻利害

增入名儒講義皇宋中興聖政卷之二十一

校勘記

〔一〕則雖虜騎之來　「虜」原作「敵」，據明抄本及宋史全文卷二〇改。

〔二〕猶或易　繫年要録卷一〇八「易」下有「辨」字。

〔三〕立萬世之規模　「規」原作「法」，據明抄本及宋史全文卷二〇改。

〔四〕置樞密使副　「使副」原互倒，據繫年要録卷一〇八乙正。

〔五〕己亥　繫年要録卷一〇九及宋史卷二八高宗本紀五均繫於「庚子」。當是。

〔六〕湖北京西宣撫副使岳飛赴行在　「湖北」原作「河南」，據繫年要録卷一〇九及本書上下文改。

〔七〕上與輔臣論兵器　「兵」原作「共」，據繫年要録卷一〇九改。

〔八〕己巳　原作「乙巳」，案本月癸亥朔，無乙巳日，據繫年要録卷一〇九改。

〔九〕浙西安撫制置大使兼知臨安吕頤浩兼行宫留守　「大」原脱，據繫年要録卷一〇九補。

〔一〇〕朕宿思之　「宿」原作「夙」，據明抄本、繫年要録卷一一〇及宋史全文卷二〇改。

〔一一〕張浚辭往太平州淮西視師　「州」原脱，據明抄本、繫年要録卷一一〇及宋史全文卷二〇補。

〔一二〕而周瑜謝元皆以南方之人取勝秦魏　「元」應作「玄」，蓋避始祖趙玄朗之諱改。下同。

〔一三〕地陷賊境　「陷賊境」原作「淪北壤」，據明抄本及宋史全文卷二〇改。

〔一四〕緣叛臣劉豫父子迫以僞命　「僞」原作「敵」，據明抄本及宋史全文卷二〇改。

〔一五〕著作郎何掄乞刊正新録紕繆　「新」原作「親」，據明抄本、宋史全文卷二〇及繫年要録卷一一一改。

〔一六〕詔四川制置大使司津遣隱士張大檝赴行在　「张大檝」原作「張檝」，據繫年要録卷一一一及下文改。

〔一七〕每有平戎之志　「戎」原作「敵」，據明抄本及宋史全文卷二〇改。

〔一八〕聞望素高　「聞」原作「問」，據繫年要録卷一一一改。

〔一九〕而與酈瓊輩故等夷　「夷」原作「倫」，據明抄本及宋史全文卷二〇改。

〔二〇〕朕常以爲恨既知其姦佞　「恨既」原脱，據繫年要録卷一一一及宋史全文卷二〇補。

〔二一〕闐中人　「闐」原作「間」，據繫年要録卷一一一改。

〔二二〕君相之命　「之」，繫年要録卷一一一作「造」，當是。

〔二三〕矧近時日者尤不足信　「矧」原作「近」，據宋史全文卷二〇改。案繫年要録卷一一一作「況」，亦通。

〔二四〕故以過爲諱失者常千萬　「以過爲諱失」，明抄本、宋史全文卷二〇作「以過爲失諱」，繫年要録卷一一二所引作「以過失爲諱」。

〔二五〕沂中承命皇恐　「皇」原作「乎」，據繫年要録卷一一二所引改。

〔二六〕又乞弛役慮囚等數事　「等」原作「筭」，據繫年要録卷一一二及宋會要輯稿禮一八改。

〔二七〕守向言秦舊有德聲　「有德」，明抄本作「有得」，繫年要録卷一一一作「德有」。

〔二八〕蓋指樞密使秦檜　「指」原脱，據繫年要録卷一一二補。

〔二九〕止緣一邢恕耳　「一」原作「士」，據繫年要録卷一一二改。

〔三〇〕嗣濮王仲湜薨　「王」原作「玉」，據明抄本及繫年要録卷一一二改。

〔三一〕外則削平僭僞　「僭僞」原作「四字」，據明抄本及宋史全文卷二〇改。

〔三二〕僭僞則削平不果　「僭僞」原作「西北」，據明抄本及宋史全文卷二〇改。

增入名儒講義皇宋中興聖政卷之二十二

高宗皇帝二十二

歎劉豫簽軍之酷

紹興七年八月壬辰，張浚奏：「探報僞齊簽軍，自六十以上則減之，十五以上則增之，科調之煩，民不堪命。出軍之際，自經於溝瀆者，不可勝計。」上蹙然歎息曰：「朕之赤子至於如此，當思有以拯救之。可諭江、淮諸郡，凡歸附者加意撫納，厚與賙恤，勿令失所，以稱朕意。」

除淮西安撫

分置淮西帥

乙未，江南東路宣撫使張俊爲淮南西路宣撫使，盱眙軍置司，主管殿前司公事楊沂中爲淮南西路制置使，權主管侍衛馬軍司公事劉錡爲淮南西路制置副使，並廬州置司。

吕祉密奏罷酈瓊等

時吕祉至廬州，而酈瓊等復訟王德於祉，祉諭之曰：「若以君等爲是，則大相詆。然張丞相但喜人向前，儻能立功，雖有大過，彼亦能闊略，況此小嫌疑乎？」於是密奏，乞罷瓊及統制官靳賽兵權，乃命二帥往淮西，召瓊等還行在。

丁酉，左從事郎朱松特改左宣教郎〔一〕，爲秘書省校書郎。松，熹之父也，以薦得召見。時已用張浚策，進次建康，指授諸將，計日大舉，以復中原。松欲堅上志，即奏言：「陛下當抗志於高明，而輔以睿智日躋之學，垂精延訪，早夜汲汲，以求宗廟社稷經遠持久之計。申明紀律，崇獎節義，而又以民心爲基本，忠良爲腹心，則恢復大功，指日可冀矣。」因論：「自古中興之君，惟漢之光武，勤勞不怠，身濟大業，可以爲法。晉之元帝、唐之肅宗，志趣卑近，功烈不終，可以爲戒。」又言：「宜鑑既往之失，深以明人倫、勵名節爲先務，而又博求魁磊骨鯁、純正不回之士，置之朝廷，使之平居無事，正色立朝，則姦萌逆節銷伏於冥冥之中，一朝有緩急，則奮不顧身，以抗大難，亦足以禦危辱淩暴之侮，庶幾乎神器尊嚴，而基祚强固矣。」蓋松深病夫士溺於俗學，不明於君臣之大義，是以處於成敗之間者，常有苟生自恕之心，而闕於舍生取義之節，將使三綱淪墜，而有國家者無所恃以爲安，而發爲是言。上深悦之，諭輔臣曰：「光武固無可議，若元帝，僅能保區區之江左，略無規取中原之心；肅宗惑于張后、李輔國之讒，而虧人子之行，此其可戒也〔二〕。」

朱松赴召論事

席益李迨違言

四川制置大使席益復與都轉運使李迨有違言，交愬于上。詔令學士院賜詔戒諭。

論王庶勸誅殺

戊戌，張浚進呈知荆南府王庶復徽猷閣直學士。上曰：「庶嘗云：『今天下不可專用姑息，要當以誅殺爲先。』謂朕太慈。聞仁宗皇帝嘗云：『寧失之太慈，不可失之太察。』此祖宗之明訓也。今百姓犯罪，自有常法，何以誅殺爲先乎？」浚等曰：「聖人三寶，一曰慈，未聞以慈爲戒也。」

酈瓊殺吕祉降劉豫

酈瓊搜郵傳得祉奏

酈瓊叛，執兵部尚書吕祉。祉簡倨自處，將士之情不達。淮西轉運判官韓璡舊在劉光世幕中，光世待之不以禮，至是諸校或以罪去。祉之乞罷瓊與靳賽也，其書吏朱照漏語於瓊，瓊令人遮置郵，盡得祉所言軍官之罪，瓊等大怨怒。前一日，被旨易置分屯，康淵曰：「歸事中原則安矣。」詰朝，諸將晨謁，祉坐定，瓊袖出文書，示中軍統制官張景曰：「諸兵官有何罪，張統制乃以如許事聞之朝廷邪？」祉見之大驚，欲退走，不及，爲瓊所執，瓊遂以所部四萬人渡淮，降劉豫。

張浚因吕祉引咎

壬寅，張浚見上，引咎。上曰：「失三萬人，不繫國安危，譬猶臨陣折傷，亦是常事，卿等不可以此介意，當益鎮安人心，激厲士氣，以爲後圖。」浚曰：

「臣非才誤國，上貽聖慮。今聖志先定，臣復何憂？敢不黽勉，以圖報效！」

呂祉死於叛將

是日，呂祉爲酈瓊所殺。先一日，瓊與其衆擁祉次三塔，距淮僅三十里，祉下馬，立棗林下，謂曰：「劉豫逆臣，我豈可見之？」衆逼祉上馬，祉駡曰：「死則死此，爾等過去，亦豈可保也？」軍士聞之，有傷感咨嗟者。瓊恐摇衆心，乃急策馬先渡淮，至霍丘縣，令統領官尚世元殺祉。世元以刃刺祉，且顧統領官王師晟，師晟不肯。祉駡瓊不已，遂碎首折齒而死。

復召趙鼎

甲辰，御筆：「兩浙東路安撫制置大使兼知紹興府趙鼎充萬壽觀使兼侍讀，疾速赴行在。」是日，張浚留身，求去位，上問可代者，浚不對。上曰：「秦檜何如？」浚曰：「近與共事，始知其闇。」上曰：「然則用趙鼎。」遂令浚擬批召鼎。檜謂必薦己，退至都堂，就浚語，良久，上遣人趣進所擬文字，檜錯愕而出。浚始引檜共政，既同朝，乃覺其包藏顧望，故上問及之〔三〕。

張浚覺秦檜包藏

催召尹焞

詔新除崇政殿説書尹焞疾速赴行在，以焞再辭除命故也。

上論險阻不足恃

丁未，張浚論淮西地勢險阻，可以固守。陳與義曰：「見王德呈淮西圖，道路幾不可方軌。」上曰：「地形雖險，亦在將兵者如何耳。李左車謂井陘之道，車不得方軌，騎不得成列，韓信卒由井陘口以破趙軍。要是險阻不足侍也。」

論文學政事兩科

戊申，權禮部侍郎吳表臣言：「比年科舉，校藝詩賦稍優，不復計策論之精粗，以致老成實學之士，不能無遺落之歎。欲望特降睿旨，今之秋試及將來省闈，其程文並須三場參考，庶幾四方學者不徒事于空文，皆有可用之實。」輔臣進呈，上曰：「文學、政事自是兩科，詩賦止是文詞，策論則須通古今。所貴于學者，修身、齊家、治國，以治天下。專取文詞，亦復何用？」

褒贈呂祉

癸丑，贈呂祉資政殿大學士。時有得祉括髮之帛歸吳中者，其淑人吳氏持之自盡以殉葬，聞者傷之。

贓吏不復黥配

甲寅，中書言：「命官犯贓抵死，祖宗之時，間有杖脊刺面，係一時酌情斷遣。近來刑部引爲常例，甚非朝廷欽恤之意。」詔自今似此案狀，令刑部更不坐例，止由朝廷酌情斷遣，自是贓吏不復黥配矣。

臺諫攻張浚誤國

乙卯，御史中丞周祕入對，論：「右僕射張浚輕而無謀，愚而自用，德不足以服人，而惟恃其權；誠不足以用衆，而專任其數。雖本無疑貳者，皆使有疑貳之心；雖本無怨望者，皆使有怨望之意，故酈瓊以此懷疑而叛。願早正其誤國之罪，以爲後來之戒。」

丙辰，殿中侍御史石公揆入對，論張浚罪。

李綱因旱論事

是月，諸路大旱，江、湖、淮、浙被害甚廣。江西制置大使李綱獻言，乞修政事，以救今日之弊，大略以謂：「前年江、湖、閩、浙嘗苦大旱，陛下親灑宸翰，勸誘賑濟，至誠感天，報以休應，歲大豐穰，民以安樂。自經一稔之後，上下恬嬉，不復勤恤民隱，朝廷百色誅求。上供不以實數而以虛額，和糴不以本錢而以關子；絲蠶未生，已督供輸，禾穀未秀，已催裝發。州縣困於轉輸，文移急於星火，官吏愁歎，閭里怨咨，感動天心，旱災復作。然則陛下欲銷弭災異，導迎吉祥，不必他求，但如前日之用心，自然感召和氣，休應立臻，繼旱暵復爲豐年矣。今日之患，欲民力寬則軍食闕矣，欲軍食足則民力乏矣，非有術以權之，使斂不及民而軍食足，不可得而均也。惟陛下留神邦本，天下幸甚！」

再審量濫賞

九月辛酉，申命吏部審量崇、觀以來濫賞。初，范宗尹既免相，遂罷討論。及是復開坐二十四項，自是追奪者復衆矣。

左正言李誼論張浚，望收還政柄，置之閑慢。

周祕等力攻張浚

乙丑，御史中丞周祕入對，言：「近上殿論宰相張浚失謀誤國，乞正其罪，未蒙付外施行。臣謹摭所聞，爲陛下言其二十罪，雖未足以盡浚之所爲，而不達軍情、不恤民力、不用善言、不畏公議，所以至於敗事者，實皆由此。今猶强顔廟堂之上，以淮西之變爲細事，以呂祉之死爲奇節，尚欲文飾其過，以欺聖明，此亦可謂無恥矣。望將浚前後罪狀，明正典刑，以爲人臣誤國之戒。」浚聞，復求去，自是不復入對矣。

上倚重韓張二將

丁卯，京東淮東宣撫處置使韓世忠、淮西宣撫使張俊皆入見〔四〕，議移屯。秦檜曰：「臣嘗語世忠、俊，主上倚兩大將，譬如兩虎，固當各守藩籬，使寇盜不敢近。」上曰：「此論猶未切，政如左右手，豈可一手不盡力也？」乃命俊將所部，自盱眙軍移屯廬州。

獎諭李綱乞兼聽

李綱言十五事

辛未，江西制置大使兼知洪州李綱奏疏，論淮西兵叛，因勸上以兼聽。上深以爲然，令學士院賜詔獎諭。時綱疏所陳朝廷措置失當者五，深可歎息者五，及鑑前失以圖將來者五，且言：「天地之變，不足爲災。人不盡言，國之大患。侍從者，獻納論思之官也；臺諫者，耳目心腹之寄也。今侍從、臺諫以言爲職，類皆毛舉細故以塞責，至於國家大計，繫社稷之安危、生靈之休戚者，初未嘗聞有一言及之。陛下試察，如淮西之變，侍從、臺諫之臣，

李綱以書責張浚

亦有見危納忠，爲陛下言之者乎？大臣懷祿而不敢諫，小臣畏罪而不敢言，此最今日之可憂者。」又以書遺張浚言：「自今春閤下專任大政以來，薦進人才，調護將帥，措置邊防，均理財用，皆未卓然有以慰天下之心者。聲譽損於前時，規模爽於舊說，中興氣象，邈未有期，不知何爲而然也？且以近日淮西叛將事觀之，官吏軍民二十餘萬，相率而北去，將佐遇害者甚衆，閤下平日信任，以爲可屬大事如吕祉者，被執以往，挫威辱國，中外震驚，於誰責而可乎？今有人力足以舉百鈞，而益之以萬鈞，則力必不勝矣。然有可任之理者，與人共之也。今閤下以一人兼將相之權，總中外之任，而無與人共功名之心，軟美者進，鯁諒者疏，逆耳苦口之言不聞，曲突徙薪之謀不至，變生所忽，不足怪也。若因淮西之變，痛自懲創，輯睦將帥，博詢衆謀，惟其是之爲從，幡然改圖，則未必不轉禍而爲福也。安危休戚，與國家及閤下同之。」

尹焞再辭除命

和靖處士尹焞言：「誤蒙召命，已及國門。癃老廢疾，委實可矜。伏望敷奏，許之自便。」輔臣進呈，上曰：「尹焞可謂恬退矣，辭免之奏至十數上而未止。可降旨不允。」

太學生論淮西事

初，以旱故求直言，而太學生有應詔上書論兵事者，且言：「以淮西事論之，去歲劉豫力攻淮西，劉光世遂欲南渡，爲退保之計。光世之罪，天下共欲誅之。酈瓊等兵馬，平日驕惰，終不爲用，天下之事，有大於此者。自古中興之世，則必有中興之臣。臣觀張浚區區之心，實有是念，惜乎才力有限，舉非其人。浚之孤立，無一介爲助者，爲陛下自任以天下之責，此亦今日之所難矣。臣願陛下召諸大臣盡赴行在，拜張浚爲大都督，陛下親御戰馬，往來問勞，庶使蕃僞之情不能探伺〔五〕。臣聞張俊一軍號曰『自在軍』，平居無事，未嘗閱習，惟韓世忠、岳飛兩軍人馬整肅。願陛下速置諸路都督〔六〕，以通上下之情，無使諸軍復有淮西之禍也。」

張浚罷相

壬申，特進、守尚書右僕射、同中書門下平章事兼樞密使、都督諸路軍馬、監修國史張浚罷爲提舉江州太平觀。浚爲相凡三年。

趙鼎乞進退人才

給事中、直學士院胡世將試尚書兵部侍郎。先是，趙鼎言：「臣蒙恩召還經帷，方再辭，而復遣使宣押，臣無地措足。然先事言之，則不敢昧。蓋進退人才，乃其職分。今之清議所與，如劉大中、胡寅、呂本中、常同、林季仲之徒，陛下能用之乎？妒賢黨惡，如趙霈、胡世將、周祕、陳公輔，陛下能去之乎？陛下於此或難，則臣何敢措其手也？」疏入，上爲徙世將。於是公輔等相繼補外。

岳飛願進屯淮甸

癸酉，湖北京西宣撫使岳飛言：「近傳淮西軍馬潰叛，於國計未有所損，不足上軫淵衷。臣願提全軍進屯淮甸，萬一蕃僞窺伺〔七〕，臣當竭力奮擊，期於破滅。」詔奬之。

王縉乞留張浚

右司諫王縉請對，乞留張浚。不從。

甲戌，張浚落職，依舊宫觀。浚既罷相，而御史中丞周祕復論浚，望削奪官職，重賜竄責，以爲大臣專權誤國之戒。殿中侍御史石公揆亦論浚罪，請投之遠方，故有是命。

未嘗送人入獄

乙亥，大理少卿薛仁輔乞：「天下獄有半年未決者，委提點刑獄親問；一年未決者，具因依申省。」張守等奏：「累降旨催諸路決獄，不得淹繫。若如仁輔所奏，則許及半年或一年矣。」上以爲然，且曰：「獄，重事也。朕自即位以來，未嘗送一人入獄。」

淮西宣撫使張俊言，軍中營寨未辦，張守乞增支錢。上因論：「財用皆出民力，若如此之費，實不可已。苟可已者，須極愛惜。張俊嘗奏：『軍中費却陛下無限錢糧。』朕語之：『朕何嘗有一錢與卿，此皆百姓膏血也。卿知百姓膏血不可窮竭，務與朝廷爲一體，則中興之功不難致矣。』」

錢糧皆百姓膏血

趙鼎復相

丙子，萬壽觀使兼侍讀趙鼎守尚書左僕射、同中書門下平章事兼樞密使。前一日，鼎至行在，上召對于内殿，首論淮西事。鼎曰：「臣愚慮不在淮西，恐諸將竊議，因謂罷劉光世不當，遂有斯變。自此驕縱，益難號令。朝廷不可自沮，爲人所窺。」上以爲然。

趙鼎勸守静

丁丑，上問趙鼎防秋大計，鼎曰：「淮西雖空闕，當以壯根本爲先務。」又問：「去留如何？」鼎曰：「來已失之，遽去不可復爾。今國威少挫，須勉强自振。」上以爲然，且曰：「初聞淮西之報〔八〕，未嘗輒動，執政奏事，皆皇懼失措，反求以安慰之。」鼎曰：「正須如此。見諸將尤須安靖，使之罔測，不然，益增其驕蹇之心矣。仍以控制之事，專責之二將曰：『光世之兵，本不爲用。我之所賴，惟汝二人。』彼必感陛下倚任之重，且不敢以朝廷爲弱也。前此大臣曾以此啓否？」上曰：「彼皆倉皇，無地措足，何暇及此？」

書羊祜傳賜秦檜

戊寅，御書羊祜傳賜樞密使秦檜。

辛巳，合祀天地于明堂，太祖、太宗並配。

特詔張俊侍祠

張俊至行在，特詔俊赴大禮侍祠。

復召劉光世

召劉光世、高世則赴行在。權禮部侍郎陳公輔言：「光世之召，乃因大將之言。如是，則朝廷威令可否，皆在諸將。今後大將有過，何以處之？張浚之罷，幾於助將帥而罷宰相，何倒置之甚耶？」

大將子任職事官

乙酉，張子儀監登聞鼓院，未上，改軍器監丞。大將子孫除職事官，始此。

交趾李陽焕薨

交趾郡王李陽焕薨，子天祚立。

治刊伊川集罪

丙戌，李處廉除名、新州編管。處廉知永嘉縣，坐以官錢雕伊川集板，及印造與人，并他贓，當絞。特貸死，籍其貲，自是以爲例。

吴玠營田之效

丁亥，中書言：「川陝宣撫副使吴玠於梁、洋勸誘軍民營田，今夏二麥并約秋成所收近二十萬石，可省饋餉。」詔奬之。

劉錡帥淮西

戊子，權主管侍衛馬軍司公事劉錡知廬州〔九〕、主管淮南西路安撫司公事，仍兼制置副使。張俊既還行在，朝議復遣之，趙鼎顯言於衆曰：「今行朝握精兵十餘萬，何至自擾擾如此？儻有他虞，吾當身任其責。俊軍還未閲月，乃遽使之復出，不保其無潰亂也。」起居舍人勾濤因薦錡以所部屯合淝。

上從之。時淮西制置副使楊沂中亦已還行在，在淮西者，錡一軍而已。

劉豫乞師于虜

劉豫使乞兵于金主亶，且請用酈瓊爲鄉導，併力南下。亶陽許之，遣使馳詣汴京，以防瓊詐降爲名，立散其衆。

王倫説虜廢劉豫

先是，王倫奉使，至歸德府，豫遲之不遣，彌旬。迓使至，倫始渡河，見魯王昌、瀋王宗弼於涿州，具言劉齊營私、民怨之狀。時金人已定議廢豫，頗納其言。

令後省看詳上書

冬十月庚寅，上謂大臣曰：「向緣亢旱，詔求直言，自是上書者甚多，雖經親覽，猶恐未能詳究利病。可令後省官子細看詳，有可採者，中書條上，取旨行之，庶詔令不爲虛文。」

詔間日開經筵

詔依舊間日一開講筵，用右正言李誼奏也。先是，陳公輔建議，以爲上日臨講筵，有妨退朝居喪之制，乞令講讀官供進口義。誼奏：「真宗嗣位，首命崔頤正講尚書〔一〇〕。英宗嗣位，司馬光首請開講筵，是祖宗三年之制，未嘗廢學也。」從之。

壬辰，周祕入對〔一一〕，論張浚罪，乞更賜貶責。

上喜讀胡安國春秋

丁酉，新知永州胡安國提舉江州太平觀，從所請也。趙鼎進呈，因言：

禁中自有日課

上留意字學

「安國昨進春秋解，必嘗經聖覽？」上曰：「安國所解，朕置之座右，雖間用傳注，頗能發明經旨。朕喜春秋之學，率二十四日讀一過，居常禁中亦自有日課，早朝退，省閱臣僚上殿章疏，食後，讀春秋、史記，晚食後，閱內外章奏，夜讀尚書，率以二鼓罷。」鼎曰：「陛下聖學如此，非異代帝王所及。」上曰：「頃陳公輔嘗諫朕學書，謂字畫不必甚留意。朕以謂人之常情，必有所好，或喜田獵，或嗜酒色，以至其他玩好，皆足以蠱惑性情，廢時亂日。朕自以學書賢於他好，然亦不至廢事也。」

竄張浚永州

趙鼎救張浚

戊戌，提舉江州太平觀張浚責授秘書少監、分司南京、永州居住。先是，趙鼎奏欲降一詔，以安淮西軍民。上曰：「當以罪己之意，播告天下，俟行遣張浚畢降詔。」鼎曰：「浚已落職。」上曰：「浚誤朕極多，理宜遠竄。」鼎曰：「浚母老，且有勤王大功。」上曰：「勤王固已賞之爲相也，功過自不相掩。」於是臺諫周祕等論浚罪未已，石公揆、李誼相繼論列。祕對後四日，夜降祕等各兩章，後批：「浚散官，安置嶺表。」至是，鼎封起，未即行。翌日，至漏舍，約諸人救解，鼎奏曰：「外頗傳播，以謂浚之出，皆諸將之意。今又如此行，外間益疑矣。」上曰：「若宰相出入由於諸將，即唐末五代之風，今幸未至此。」鼎曰：「今謫浚，雖非諸將之言，亦少快諸將之意矣。」上曰：「此不恤也。」樞密使秦檜奏曰：「臣等前日不敢言，今日却當言。」參知政事張守曰：「浚爲陛下捍兩淮，宣力勤勞。前此罷劉光世，正以其衆烏合，不爲用，今其驗矣。群臣從而媒蘖其短。臣恐後之繼者，必指浚爲鑑，孰肯身任陛下事乎？」上顧而不答。鼎又曰：「浚有老母，今過嶺，必不能將母，陛下忍使其子母爲死別乎？」上猶未解。鼎又留身再懇曰：「浚之罪，不過失策耳。凡人計謀欲施之，豈不思慮？亦安能保其萬全？儻因其一失，便置之死地，後雖有奇謀妙筭，誰敢獻之？此事利害自關朝廷，非獨私浚也。」上意解。鼎朝退，召勾龍如淵、馮康國、馮檝至都堂，曰：「上憐德遠母老，有復辟功，決不遠謫，無過嶺之患。諸君速以書報上意。」三人退，鼎又目之曰：「鼎不負德遠，德遠負鼎。」又翊日，乃有是命。

趙鼎留秦檜

鼎之初相也，上謂曰：「卿既還相位，見任執政去留惟卿。」鼎曰：「秦檜不可令去。」浚既貶，張守、陳與義乞罷，上皆許之。檜亦留身，求解機務，上

秦檜謝趙鼎留己

曰：「趙鼎與卿相知，可以少安。」檜退至殿廬，起身向鼎，謂曰：「檜得相公如此，更不敢言去。」

李綱申理張浚

江西制置大使李綱上疏言：「臣切見張浚罷相，言者引漢武誅王恢事以爲比。臣恐智謀之士卷舌而不敢談兵，忠義之士扼腕而無所發憤，將士解體而不用命，州郡望風而無堅城，陛下將誰與立國哉？夫張浚措置失當，誠有罪矣，然其區區徇國之心，有可矜者。願少寬假，以責來效。」

上戒朋黨

庚子，都官員外郎馮康國乞補外。趙鼎奏：「自張浚罷黜，蜀中士大夫皆不自安，今留行在所幾十餘人，往往一時遴選。臣恐臺諫以浚里黨，或有論列，望陛下垂察。」上曰：「朝廷用人，止當論才不才。頃臺諫好以朋黨罪士大夫，如罷一宰相，則凡所薦引，不問才否，一時罷黜，此乃朝廷使之爲朋黨，非所以愛惜人才而厚風俗也。」鼎等頓首謝。

趙鼎論改實録

壬寅，秘書省正字胡珵、李彌正復兼史館校勘。趙鼎因奏事，議及改修神宗實録，上曰：「止修訛謬，非有所改也。」鼎曰：「所降御筆如此。」上曰：「乃宰相擬定者。」鼎曰：「起居注載著作郎張嵲所得聖語亦然。」上駭曰：「安得有此？」即詔嵲所記勿存留。鼎乃知是事本非上意。

言聖意異於前日

鼎又曰：「臣去國半載，今觀聖意稍異前日。」上曰：「尋常造膝，每以孝悌之説相摇撼，其實紹述之謀也。」鼎曰：「秦檜莫有正論？」上曰：「無之。自卿去，惟朱震不改其

趙鼎論君子小人

舊。」鼎曰：「臣觀持中論者，皆惑聖聰，乃是沮善之術，故以爲不可太分，當兼收並用，則得人之路廣。臣謂君子小人並進，何以爲治？與其多得小人，寧若少得君子之爲愈也，蓋分善惡，惟恐不嚴，稍寬則落其姦便。君子於小人常恕，小人于君子不恕也。」上復以爲然，乃詔：「昨令史館官再加研考新修神宗實録，止緣曾統所進本脱落不全，又九卷不載舊史，理宜修整，別無同異之嫌。元校勘官胡理、李彌正可依舊校勘。」

盜賊止誅首惡

癸卯，上曰：「昨布衣賴好古上書，論虔賊事，頗有理。」趙鼎奏：「大意以招安爲非。」陳與義曰：「招安、討殺，不可偏廢。」上曰：「用兵則不免害及良民，止當誅其首惡，餘悉縱之，乃善。」

戒諭韓世忠

初，京東淮東宣撫處置使韓世忠遣親校温濟來奏事，且圖上淮陽形勢，言賊並淮陽增築堡障〔三〕，欲遣偏師平之。上戒濟曰：「歸語汝帥，當出萬全，不宜輕動，以貽後悔。」濟既稟命，復要他日將士之賞。上曰：「有功須當賞，但須覈實，然後有功者勸。世忠既以狀來上，則朝廷不欲違其意，如去年攻淮陽，賞一萬七千餘人，人不以爲當也。」濟恐悚奉詔。

辛亥，權主管殿前司公事楊沂中乞以諸路所起禁軍弓弩手，揀刺上四軍。趙鼎等因論及南兵可教，張守曰：「止是格尺不及耳。」上曰：「人猶馬也，人之有力，馬之能行，皆不在軀幹之大小。故兵無南北，顧所以用之如何耳。自春秋之時，申公巫臣通吳於上國，遂霸諸侯。項羽以江東子弟八千，横行天下。以至周瑜之敗曹操，謝元之破苻堅〔一三〕，皆南兵也。」

論南兵可用

甲寅，直秘閣詹大和知江州，仍趣之任。趙鼎進呈除目，因言：「士人有不可爲郡守，而必欲得之者，往往不肯就宫祠。」上曰：「爾則不肯，其如一方赤子何？」鼎退而歎曰〔一四〕：「大哉，帝王之言也！」

郡守不肯任宫祠

乙卯，上曰：「昨降出劉瑜書論十事，皆民間疾苦，可擇其當行者行之。」趙鼎等曰：「所論皆善，然法令已詳密，當申嚴行下。」上曰：「若申嚴未必濟事，須去其不便於民者，謂如向來浙右困于水脚錢，其後造成綱船，遂免此患。」瑜以布衣應詔言事，上納用之。

納用布衣言事

丁巳，詔遇六參日，輪行在百官一員轉對。右正言李誼奏：「昨扈從臣僚不多，止令輪正對一次，今已輪徧數月矣。望准建隆、天聖故事，日輪一員，候百官俱集，則依舊制。」故有是旨。

六參日輪對

閏十月辛酉，知廣州連南夫條上市舶之弊，上曰：「市舶之利最厚，若措

論市舶利厚

置合宜，所得動以萬計，豈不勝取之於民？朕所以留意於此，庶幾可以少寬民力矣。」

以張浚有爲戒

癸亥，左正言辛次膺論士大夫營私不任事之弊，詔榜朝堂。時趙鼎再相已踰月，未有所施設，朝士或以此責之。鼎曰：「今日事如久病虚弱之人，再有所傷，元氣必耗，惟當静以鎮之。若作措置，焕然一新，此起死之術也。張德遠非不欲有爲，而其效如此，亦足以戒矣。」

責將帥御弓馬

趙鼎奏張浚措置河道事，上曰：「浚每事必親臨，所以有濟。」上因言：「朕每論將帥，須責其挽弓騎馬，人未知朕意，必謂古有文能附衆，武能威敵，不在弓馬之間。抑不知不能弓馬，何以親臨行陣，而率三軍使之赴難？況今時艱，將帥宜先士卒，此朕之深意也。」

川陝茶專博馬

乙丑，上諭大臣曰：「川陝茶當專以博馬。聞吴璘軍前尚或以博馬價珠及紅髮之屬，艱難之際，戰馬爲急，可劄下約束。」

尹焞入講筵

丙寅，左宣教郎尹焞爲秘書郎兼崇政殿説書。焞及國門，稱疾未已，上趣起之。既而焞入見，遂就職。

尹焞齋沐告君

焞每當講前夕，必齋戒沐浴。或問之，曰：「欲以所言感悟人君，安得不敬？」焞時年六十七矣。焞既至經筵數日，即乞致仕。翌日，趙鼎言：「焞有山〔二五〕林志，不樂居此。願陛下以禮留之。」因加賜賚，焞乃止。其後有言於上者，乃謂其徒相與造謀，欲朝廷見留，以爲高云。

命從官舉監司郡守

己巳，上謂大臣曰：「朕思今日安民之要，無過擇監司、郡守而已。其間或有不材之人，奈一方赤子何？可降旨，令侍從官不限員數，舉可以爲監司、郡守者，中書置籍，遇有闕，卿等共議差填，朕亦當書之屏風，置諸左右，以時揭貼。見在已差人不任職而無他過，與自陳宮觀，公議亦必以爲是。」上又曰：「謬吏之害民，甚於贓吏，贓吏一身取錢爾，謬吏爲州，則一州之胥吏皆取錢；爲縣，則一縣之胥吏皆取錢，其害民豈不甚於贓吏也？」秦檜曰：「向令內外侍從舉知縣，而有互舉其子者，其子又皆貪贓。」上曰：「侍從官，朕之所取信也，而其任私欺謾如此，朕當時不知，若知之，當竄之嶺表！」

庚午，詔侍從官各選可爲監司、郡守之人，不限員數，具名以聞，務令實惠及民，不爲文具。

堂部窠闕復舊

辛未，詔堂除吏部窠闕，並依去年十二月丙午指揮已前舊制施行。自張浚獨相，欲革內重外輕之弊，乃詔郎官、館職二年並補外，又取寺、監丞以下至外州學官送部者百闕，而取知縣堂除者四十處。未幾，郎曹、館職請外者衆，終不克行，至是又復其故焉。

修徽宗實録

詔史館見修徽宗皇帝日曆，以實録爲名。

上知偏裨才性

庚辰，韓世忠乞統制官許世安功賞，上曰：「世安雖勇果不及呼延通等，而平穩曉事過之，平居議論多有補於世忠。」上於諸將偏裨，其才性短長，亦照臨無遺如此。

李綱以忤時罷

辛巳，江南西路安撫制置大使兼知洪州李綱提舉臨安府洞霄宫。時趙鼎、秦檜已協議回蹕臨安。

李綱以諫回蹕罷

綱聞之，上疏諫，大略謂：「自昔用兵以成大業者，必先固人心，作士氣，據地利而不肯先退，盡人事而不肯先屈，是以楚、漢相距于滎陽、成臯間，高祖雖屢敗，不退尺寸之地。既割鴻溝，羽引而東，遂有垓下之亡。曹操、袁紹戰於官渡，操雖兵弱糧乏，荀彧止其退師，既焚紹輜重，紹引而歸，遂喪河北。由是觀之，今日之事，豈可因一叛將之故，望風怯敵，遽自退屈？果出此謀，恐六飛回馭之後，人情動摇，莫有固志，士氣銷縮，莫有鬬心。我退彼進，使賊馬南渡〔一六〕，得一邑則守一邑，得一州則守一州，得一路則守一路，亂臣賊子、黠吏姦氓從而附之，虎踞鴟張，雖欲如

李綱自是不復出

前日返駕還轅，復立朝廷於荆棘瓦礫之中，不可得也。」既而具防冬畫一事件言之，遂忤當路意。時江西大旱，而綱課民修城，民不以爲便。侍御史石公揆因劾綱妄自尊大，肆爲苛擾；殿中侍御史金安節、左正言李誼、右正言辛次膺亦論綱違法虐民，毒流一路，乞賜黜責。三省乃檢會綱累乞宫祠奏章行下，未有代者。綱懲靖康之謗，乃且以本司積蓄錢穀之數聞于朝，自是不復出矣。

趙鼎奏賣度牒

壬午，趙鼎等奏：「榷貨務出賣度牒，而遠方不能就買，欲量付諸路。」上曰：「如此，則州縣將科敷於百姓矣。」鼎等奏：「不責以限數，則無科敷之弊。」上曰：「宜嚴爲約束，毋使民受其患。」

監司郡守須歷縣

户部侍郎王俣乞：「令從官所舉監司、郡守，必取曾經治縣，聲績顯著之人。」從之。

招徠淮西叛兵

戊子，詔：「應淮西脱歸使臣，不候整會去失，並先次支破本等請給，如有冒濫，即坐以法。」初，淮西軍中諸使臣爲酈瓊劫去，至是復歸者甚衆。有司以文券不明，例降所給。趙鼎密白于上曰：「此曹去僞歸正，當優假之。今乃降其所請，反使棲棲有不足之歎。」上即批出，各還其本等。於是人心欣然，來者相繼。

置贍軍酒庫

十有一月甲午，用户部尚書章誼請，置贍軍酒庫于行在。其後歲收息錢五十萬緡。

光世有登仙之歎

戒張俊羨劉光世

淮西宣撫使張俊入見，爲上言：「劉光世罷軍政閑居，自有登仙之歎。」上不樂，謂俊曰：「卿初見朕何官？」曰：「副使。」「時家貲如何？」曰：「貧甚。從陛下求戰袍以禦寒。」上曰：「今日貴極富溢，何所自耶？」曰：「皆陛下所賜。」上曰：「然則卿宜思所以自效，而有羨於光世，何耶（一七）？」俊皇恐謝。

戒吳玠附托張浚

丙申（一八），川陝宣撫副使吳玠遣使臣呂政求犒軍物。上召政，諭之曰：「歸語吳玠，玠自小官拔擢至此，皆出於朕，非由張浚也。大丈夫當自結主知，何必附托大臣而後進？所須犒軍物，已支百五十萬緡，非因浚進退，有所厚薄也。宜以此諭之。」

寬失火罪條

丁酉，執政擬臨安火禁條約，凡縱火者，從軍法；遺火延燒數多者，罪亦如之。上曰：「遺火豈可與縱火同罪？且立法太重，往往不能行。」趙鼎曰：「遺火數多者，取旨可也。」上曰：「止於徒足矣，庶可以必行。兼刑罰太重，亦非朝廷美事。」

王漻進取事類

戊戌，江東宣撫司幹辦公事王漻上六朝進取事類，詔與陞擢差遣。

庚子，四川安撫制置大使席益以母朱氏憂去官。

張俊喜營繕

壬寅，上謂大臣曰：「張俊事上御下，處事臨敵，皆不易得。獨好廣邸地，營土木，朕數鐫諭，莫能改也。比因其入對，面諭以朕來建康，行宮皆因張浚所修，朕不免葺數間小屋，爲燕居及宮人寢處之地，當與卿觀之，初不施丹雘，蓋不欲勞人費財也。俊曰：『略加粉飾，不過二三千緡。』朕語以國用艱窘之時，以二三千緡崇土木之飾，亦所不忍也。俊感歎而去。」

臣留正等曰：儉爲百王之至德，然有矯激沽名者，有出於天稟之自然者，其爲儉則同，而所以爲儉則有間矣。晉武之焚雉頭裘，夫裘則焚矣，而侈心自若也。平吳之後，後宮益以侈麗，卒之晉祚陵替者以此。唐明皇始罷織錦坊，而錦則無用矣，侈心由是也。驪山、華清遊幸之盛，極其侈靡，唐遂以衰。二君之爲儉，無乃非其真情而徒竊其美名乎？太上皇帝愛張俊之材勇，而恐其以侈故，殫民力以事上，乃諄諭如此。雖然方庶事草創之初，戒土木之功，示敦樸以先天下，似非甚難也，乃其行之悠久，奉養有節，而費用彌省，至今不改其度。然後知慈儉之德，殆由天稟[一九]，與大禹之菲食、文王之卑服同風，宜以爲聖訓之尤也。

乙巳，金右副元帥宗弼執僞齊尚書左丞相劉麟于武城。於是尚書省上豫治國無狀。金主亶下詔責數之，略曰：「建爾一邦，逮茲八稔，尚勤吾戍，安用國爲？寧負而君，無滋民患。」

不少假貸近習

丙午，詔潯州編管内侍李絪留滯衢、撫州，踰年不去，令兩路憲臣體訪，押赴貶所。趙鼎曰：「陛下於近習，不少假貸如此。」上曰：「小事便須繩治，無使滋長。童貫、梁師成豈是一日至此[二〇]？要在不可假以事權爾。」

虜廢劉豫

是日，金人廢劉豫爲蜀王，因於金明池。

龜鑑曰：方逆豫之陸梁也，群盜縱横[二一]，蹂踐京汴。兇雛狂悖[二二]，子麟、侄猊擾動江、淮，其鋒不易當也。李横之謀復東京，而豫之氣已折；岳飛之收復襄陽，而豫之鋒已摧。内有趙鼎贊親征之謀，外有張浚董督師之事，張、韓、劉、岳又從而諸道進兵，自是而兇酋授首[二三]，强虜悔禍〔二四〕，六年而廢豫之謀定。金虜廢豫，自麟、猊敗之後，廢豫爲庶人。而豫建炎四年僭僞〔二五〕，至紹興七年敗走，凡八年而後平云。

黜郡守掊斂

己酉，殿中侍御史金安節言，諸路和糴米收耗太多。上曰：「郡守當痛與懲戒。」趙鼎等奏：「江東郡守，有掊斂不恤民者。」上曰：「郡守以字民爲職，掊斂不恤，朕何賴焉？當悉罷與宫觀，選除循吏，如周綱、陳槖之流，使罷者不失宫觀之禄，而民被實惠，實爲兩得。」

論軍中賞罰

上論諸軍使臣猥多，歲增俸廩，因曰：「大將奏功，率以所愛偏裨多轉官資，而出戰士卒往往不及，不惟無以勸有功，兼亦蠹國用。朕嘗謂行賞當先自下，行罰當先自上。」鼎曰：「聖慮高遠，豈諸將可及？」

上論金人必亡

庚戌，初，修武郎朱弁既爲金人所拘，遣李發歸報粘罕等相繼死亡〔二六〕。上曰：「藝祖皇帝兵不血刃而得天下，故福祚悠遠。自古帝王，未聞窮兵黷武而能長久者。金人連破大國，而兵弗戢，不亡何待？來春當極力經理中原。」

李時雨玉壘忠書

辛亥，右迪功郎李時雨獻玉壘忠書三十篇，詔特循一資。

論用人不宜太速

壬子，樞密院計議官吕稽中、司農寺丞蓋諒並罷。二人皆爲都督府官屬，故侍御史石公揆論之。趙鼎等開陳稽中、諒之爲人。上曰：「用人不須太速，須使名實加於上下，然後無異論。賢士大夫衆所未知，驟加拔擢，一遭點汙，則爲終身之累，非所以愛惜人才也。」

寢處不須華好

丙辰，上與大臣言嗣濮王仲湜酷好珊瑚。趙鼎因言：「頃到蔡行家(二七)，見其奢麗可駭，如臥榻，亦以滴粉銷金等爲飾。」上曰：「朕頃在藩邸，猶用黑漆床。渡江以來，止用白木，上施蒲薦，素黄羅爲褥，素黄羅被三條而已，睡後豈復知有華好也？」

恨金安節攻秦梓

新知台州秦梓主管台州崇道觀。先是，殿中侍御史金安節論：「梓人品凡下，附麗匪人，討論之法，獨不行於梓。郡守民之師帥，風化所係，而梓之所履如此，難以望其化民成俗矣。」疏入，不報。安節又言：「近降聖旨，欲實惠及民，不爲文具。臣之區區，必欲罷梓所授者，蓋欲使郡守之選，自此加重，以稱陛下及民之意也。」梓聞，乞宫觀，乃有是命。樞密使秦檜深恨之。

胡銓除編修

荆湖南路提點刑獄司幹辦公事胡銓充樞密院編修官。

劉大中論不舉子

十有二月庚申，禮部尚書劉大中言：「今浙東之民有不舉子者。臣嘗承乏外郡，每見百姓訴丁鹽紬絹，最爲疾苦，蓋爲其子成丁，則出紬絹，終其身不可免。愚民寧殺子，不欲輸紬絹。又資財嫁遣，力所不及，故生女者例不舉，誠由賦役煩重，人不聊生所致也。」趙鼎進呈，上曰：「可嚴行禁止。朝廷法令備具，往往不能奉行，如銷金鋪翠，立法甚嚴，禁中有犯，罰俸三月，無一人敢犯者。而聞士民之家尚有服用，如鋪翠一事，非特長奢侈之風，而殘害物命，不知其數。且行下廣南、福建，禁採捕者。」鼎退而批旨，以大中所言送吏部措置。

論禁金翠

録所薦人于屏

癸亥，禮部侍郎常同奏，奉詔舉可爲監司、郡守之人。輔臣進呈，上曰：「朕已令書於屏。今後監司、郡守有闕，有已差人不足任，皆當用所薦人填闕。雖不滿一人所欲，而千里之民休戚所繫，當權輕重而處之。」

願以身蔽江淮

賜手劄奬世忠

庚午，樞密院進呈，先得旨，令京東宣撫處置使韓世忠移司鎮江府，留兵以守楚州。世忠上奏，極論虜情叵測〔二八〕，其將以計緩我師，乞獨留此軍遮蔽江、淮，誓與敵人決於一戰。上賜劄曰：「朕得所奏，益見忠誠，雖古名將，亦何以過？古人有言，閫外之事，將軍制之。今既營屯安便，控制得宜，卿當施置自便，勿復拘執。至於軍餉等事，已令三省施行。」

論六部不任事

乙亥，上謂宰執曰：「聞三省文書極繁，卿等省閲，日不暇給，皆由六部官不任責，事事申明故也。豈有爲尚書不能任一部之事，朕若擢爲執政，便可裁天下之務？」趙鼎曰：「承平時，朝廷尊嚴，上下有分。昨一小使臣馬前喧呼，臣恐其訴冤，乃求差遣爾〔二九〕，政由臣等不才，致朝廷之勢陵夷〔三〇〕。」上曰：「此須與行遣。天下事，賞罰而已。若有罪不罰，漸成姑息之風，誠爲不便。」乃命六部措置，條具申省。

金人徙劉豫於上京，後封曹王。

命户部措置苗米

乙亥，户部尚書章誼入對，上諭曰：「天下苗米須與措置，其不熟處，除檢放外，止令輸錢，仍運錢于豐熟之地糴米，如此則公私兩利矣。」

奉神主還浙西

癸未，有司奉九廟神主還浙西。

王倫還自虜

徽猷閣待制王倫、右朝請郎高公繪還自金國。初，劉豫廢，左副元帥昌乃送倫等歸，曰：「好報江南，既道途無壅，和議自此平達。」倫言虜人許還梓宫及皇太后〔三一〕，又許還河南諸州。上大喜，賜予特異。

役民修城不得已

初，知泗州劉綱乞調滁州千夫修城，有旨從之。言者以爲非是。甲申，上謂宰執曰：「百姓誠不可勞，但邊城利害至重，天下之事，亦權輕重而爲之。朕愛民力，一毫不敢動，惟此役不得已也。」趙鼎曰：「昨得旨，已令優給

王倫復使虜

錢米矣。」

丁亥，以王倫爲徽猷閣直學士，充奉迎梓宫使；高公繪爲右朝奉大夫，充副使。

增入名儒講義皇宋中興聖政卷之二十二

校勘記

〔一〕左從事郎朱松特改左宣教郎 「左」原脱，據繫年要録卷一一三及周必大文忠集卷六九朱松神道碑補。

〔二〕此其可戒也 「戒」，繫年要録卷一一三及文忠集卷六九朱松神道碑作「恨」。

〔三〕故上問及之 繫年要録卷一一三作「故因上問及之」。

〔四〕淮西宣撫使張俊皆入見 「俊」原作「浚」，據繫年要録卷一一四及下文改。

〔五〕庶使蕃僞之情不能探伺 「蕃僞」原作「西北」，據明抄本及宋史全文卷二〇改。

〔六〕願陛下速置諸路都督 「願」原作「爾」，據明抄本及繫年要録卷一一四改。

〔七〕萬一蕃僞窺伺 「蕃僞」原作「西北」，據明抄本及宋史全文卷二〇改。

〔八〕初聞淮西之報 「聞」原作「問」，據明抄本、繫年要録卷一一四及宋史全文卷二〇改。

〔九〕權主管侍衛馬軍司公事劉錡知廬州　「錡」原作「琦」，據繫年要録卷一一四及宋史全文卷二〇改。

〔一〇〕真宗嗣位首命崔頤正講尚書　案此事據繫年要録卷一一五所載，非李誼所奏，而是孫近、胡交修、朱震所論。

〔一一〕周祕入對　「祕」原作「禧」，據繫年要録卷一一五及下文改。

〔一二〕言賊並淮陽增築堡障　「賊」原作「敵」，據明抄本及宋史全文卷二〇改。

〔一三〕以至周瑜之敗曹操謝元之破苻堅　「元」應作「玄」，蓋避始祖趙玄朗之諱改。

〔一四〕鼎退而歎曰　「退」原作「對」，據繫年要録卷一一五改。

〔一五〕案從「正對一次」至「焞有山」凡四百二十八字原脱，據明抄本及宋史全文卷二〇補。

〔一六〕使賊馬南渡　「賊」原作「敵」，據明抄本及宋史全文卷二〇改。

〔一七〕何耶　「何」原脱，據明抄本及宋史全文卷二〇補。

〔一八〕丙申　原作「甲申」，案本月己丑朔，無甲申日，據繫年要録卷一一七改。

〔一九〕殆由天稟　「天稟」原互倒，據明抄本乙正。

〔二〇〕童貫梁師成豈是一日至此　「梁」原作「宗」，據明抄本及繫年要録卷一一七及宋史全文卷二〇改。

〔二二〕群盜縱橫　「群盜」原作「兵甲」，據明抄本及宋史全文卷二〇改。

〔二三〕兇雛狂悖　「兇雛」原作「幼主」，據明抄本及宋史全文卷二〇改。

〔二三〕自是而兇酋授首　「兇酋授」原脱，據明抄本及宋史全文卷二〇補

〔二四〕强虜悔禍　「虜」原作「敵」，據明抄本及宋史全文卷二〇改。下同。

〔二五〕廢豫爲庶人而豫建炎四年僭僞　「豫爲庶人而豫」原脱，據宋史全文卷二〇補。

〔二六〕遣李發歸報粘罕等相繼死亡　「繼」原脱，據宋史全文卷二〇補。

〔二七〕頃到蔡行家　「蔡」原脱，據明抄本、宋史全文卷二〇及繫年要録卷一一七補。

〔二八〕極論虜情叵測　「虜」原作「敵」，據明抄本及宋史全文卷二〇改。

〔二九〕乃求差遣爾　「爾」原脱，據明抄本及宋史全文卷二〇補。

〔三〇〕致朝廷之勢陵夷　「夷」原作「替」，據明抄本及宋史全文卷二〇改。

〔三一〕倫言虜人許還梓宫及皇太后　「虜」原作「敵」，據明抄本及宋史全文卷二〇改。

增入名儒講義皇宋中興聖政卷之二十三

高宗皇帝二十三

紹興八年春正月戊子朔，上在建康。

論朝廷之體

癸巳，言者請今後從官作守，不許銜見任人。趙鼎曰：「祖宗以來如此。」上曰：「若遇從官無異庶官，宰執無異從官，則非朝廷之體。」

常同論大臣抑言路

丙申，御史中丞常同言：「自大臣用事以來，沮抑言路，喜怒好惡，一出私意，臺諫章疏，多不報行，或加節貼，文理不通，殆非所以明是非、公賞罰、肅紀綱、廣言路也。道揆法守，不宜分彼此之嫌；進賢黜姦，當共守至公之道。言章若實，使天下知朝廷議罪之當；若其不實，亦使被罪者異時得以自明。欲望特降處分，隨事劄下報行〔一〕，以稱陛下無偏無黨之意。」從之。

張守諫回蹕求出

戊戌，參知政事張守知婺州。初，上將還臨安，而守謂建康自六朝爲帝王都，江流險闊，氣象雄偉，且據會要以經理中原，依險阻以捍禦强敵，可爲別都，以圖恢復。每對，必爲上言之。及將下詔東歸，守與趙鼎議於都省，不合，又謀諸朝。上顧守曰：「何如？」守曰：「昨日都省已與趙鼎言之，陛下至建康，席未及煖，今又巡幸，百司、六軍有勤動之苦，民力、邦用有煩費之憂。願少安於此，以繫中原民心。」鼎不可，守引疾求去，故有是命。

上始主和議

乙巳，趙鼎言：「士大夫多謂中原有可復之勢，宜便進兵。乞召諸大將問計。」上曰：「不須恤此。今日梓宮、太后、淵聖皇帝皆未還，不和則無可還之理。」

辛次膺劾秦檜

丙午，左正言辛次膺提點荆湖南路刑獄公事。次膺嘗論王仲嶷、王㬇之父，在建炎中皆嘗投拜，㬇不當與郡，仲嶷不當復官。二人，樞密使秦檜妻黨也。檜力營救，次膺乃併劾之曰：「是將有蔽朝之漸。」時檜議復遣王倫使北請和，次膺力言國恥未雪，義難請好，面陳及上疏者六七，不從，乃以母疾求去，故有是命。

上欲識知名士

丁未，召新知眉州邵溥赴行在。上謂趙鼎曰：「朕於知名士大夫皆欲識之，獨未識溥。」

宰執大閱張俊軍馬于城西。翌日，趙鼎奏：「器甲精明，照耀廣川。軍

激張俊力戰

馬之盛，至於如此，皆陛下留意所致。」上曰：「前日俊來奏事，具言近來軍中製造兵器，已無遺功。朕因諭之，國家之力，亦盡於此矣，但欠一事爾。俊曰：『不知欠何事？』朕曰：『所欠力戰而已。』俊悚息對曰：『他日若遇敵，臣當盡死以報國家。』」

胡世將帥四川

戊申，尚書兵部侍郎胡世將爲四川安撫制置使兼知成都府。

劉錡對於内殿

淮北兵歸正不絶

二月戊午，知廬州、主管淮西安撫司公事劉錡對於内殿〔二〕。錡言：「淮北兵歸正者不絶，今歲合淝度可得四五萬衆。」翌日，上謂趙鼎等曰：「朕每慮江上諸將控扼之勢未備，若上流有警，岳飛不可下，則江、池數百里邊面空虛。得錡一軍，遂可補此闕矣！」鼎曰：「更須措置荆南事。若就緒，則沿流上下，形勢相接，不同前日矣。」上曰：「如此經營，人事既盡〔三〕。若功有不成，則天也。」

李昌言中興要覽

夔州教授李昌言應詔撰成中興要覽十篇。詔本州取索，實封投進。

不許岳飛增兵

壬戌，湖北京西宣撫使岳飛乞增兵。上曰：「上流地分誠闊遠，寧與減地分，不可添兵。今日諸將之兵，已患難於分合。與其添與大將，不若別置數項軍馬，庶幾緩急之際，易爲分合也。」飛又奏爲湖北轉運判官夏珙等陞

職進官。上曰：「可作直旨行下，監司、守臣，朝廷所用，不當令盡歸大將。」 進官不當歸大將

上召淮西宣撫使張俊至宮中，從容與論邊事。俊曰：「臣當與岳飛、楊沂中大合軍勢，期於破虜〔四〕，以報國家。」上諭之曰：「卿能如此，甚副朕意。朕更有一二事戒卿，卿在此，毋與民争利，勿興土木之功。」俊悚息承命。俊見地無磚面〔五〕，再三歎息。上曰：「朕爲人主，雖以金玉爲飾，亦無不可。若如此，非特一時士大夫之論不以爲然，後世以朕爲何如人主也？」 戒張俊勿興土木

癸亥，上發建康府。 上發建康府

甲子，殿中侍御史張絢乞車駕所過州縣，量免租税。上曰：「自古人主所過，皆有蠲復，當議使實惠及之。」絢又乞疏決，上曰：「此事則不須。父老望幸之意，不可不有以慰之〔六〕。若罪人有罪，無可恤也。」 車駕所過量免税 有罪無可恤

丙寅，提舉江州太平觀胡安國充寶文閣直學士，賜銀帛三百匹兩。安國以衰疾乞致仕，上將許之，乃詔以安國解釋春秋成書，進職加賜。翌日，詔安國進一官致仕。命未下而安國卒矣。安國風度凝遠，言必有教，動必有法。燕居獨處，未嘗有怠慢，而與人談論，氣恬詞簡，若中無所有。性本剛急，晚更沖澹。年浸高，加以疾病，而謹禮無異乎平時。家居，食不過兼 胡安國卒

味。病中值歲大旱，所居岑寂，膳羞不可致，子弟或請稍近城郭，便藥餌。安國曰：「死生有命，豈以口體，移不貲之軀哉？」雖轉徙屢空，取舍一介，必度於義。少從游酢、謝良佐、鄒浩游，與向子韶、曾開、唐恕、朱震情義最篤。震被命召，問出處之宜，安國曰：「世間惟講學論政，則當切切詢究。若夫行己，大致去就語默之機，必自斟酌，不可決諸人，亦非人所能決也。」由中興以來，諸儒之進退，最合于誼者，安國與尹焞而已。

安國尹焞進退合義

吳玠奏罷李迨

乙亥，四川都轉運使李迨罷，用宣撫副使吳玠奏也。時宣撫司參議官陳遠猷已兼轉運副使，乃命主管茶馬張深兼權副使，與遠猷共事。

上還臨安府

戊寅，上至臨安府。

尹焞遷秘少

壬午，秘書郎尹焞試秘書少監，仍兼崇政殿説書。

林季仲直言邊事

三月己丑，中書門下省檢正諸房公事林季仲主管洪州玉隆觀，以御史中丞常同言其貪惏邪佞故也。季仲嘗因對上奏曰：「臣聞古語有曰：『乳彘搏虎，伏雞搏狸。』夫彘非虎之敵，雞非狸之敵，其能搏之者，發於感憤之誠也。金人肆爲貪虐，以吞噬中夏，自今觀之，誠强矣。然中原之地尚數千里，帶甲之士無慮百萬，亦何至如是之弱哉？嘗試號于衆曰：『金人殺而父兄，繫而妻子，燔而廬舍，奪而財寶，是爲不共戴天之讎，必思有以報之。』則俯仰之間，氣必百倍。以此衆戰，誰能禦之？今世之説者不然，曰：『天命如此，其如彼何？』而釋、老報應之説，又從而蠱之，縉紳士大夫率以爲然，往往束手受囚，引頸待刃，爲之甘心焉。嗚呼！能洗是恥，猶有餘恥；能雪是冤，猶有餘冤。若歸之命，而聽其自爾，可謂善自寬矣。且人事盡，而後可以言命，四夷交侵，必因小雅之廢〔七〕，小雅之廢，命耶？人耶？外攘夷狄〔八〕，必由政事之修，政事之修，命耶？人耶？如以命而已矣，則賢才不必求，政刑不必用，將帥士卒不必選練，車馬器械不必修備，以待命之將興，斯可也。故李泌以謂君相不可言命，惟當修人事而已矣。區區吳、越，激於感憤，猶能以危爲安，以亡爲存，況以天下之大，億兆之衆，乘其怒心而爲之，何遽不爲福乎？克復宗社，取舊物以還中原，夫亦何難之有？」既而同又請黜季仲職名，以戒作僞之士，季仲坐奪職。

庚寅，禮部尚書劉大中參知政事。

兵部尚書王庶充樞密副使。庶爲尚書時，嘗論：「制夷狄之道〔九〕，在於愛民。兵書無不本於愛民者。今縉紳無一言及民，何也？古之已衰而興

稱王庶大臣才

者，未有不由於威令行、紀綱立；既盛而衰者，未有不由於威令不行、紀綱不立。群臣有言，慮合聖心者，願略煩文爲簡易，與之反覆圖成敗〔一〇〕。」上歎曰：「大臣才也！」遂有是除。庶私念軍不可專，專則難制；兵不可驕，驕則不用命。賞罰不可不公，不公則人不服。今此可爲乎〔一一〕？我於爵賞不濫，人多以我爲吝；於罪無所貸，人多以我爲刻。今此可行乎？辭其位者三，不聽。遂論：「江西、淮南、廣東盜發四十餘輩，出於凍餒。宜蠲平賦役，治部使者守令貪虐，以慰安其心。」且曰：「負陛下恩德，壞陛下天下者，彼則去矣，陛下爲宗廟社稷主，何所之乎？」其言激切類此。

王庶言事激切

秦檜復相

壬辰，樞密使秦檜守尚書右僕射、同中書門下平章事兼樞密使。前一日，趙鼎留身奏事。上曰：「秦檜久在樞府，得無怨望否？」鼎曰：「檜，大臣，必不爾，然用之在陛下爾。」是夕，鎖院。制下，朝士皆相賀，惟吏部侍郎晏敦復退而有憂色，曰：「姦人相矣！」給事中張致遠、秘閣修撰魏矼聞之，皆以敦復言爲過，其後乃服。

晏敦復知其姦人

甲午，參知政事陳與義知湖州。

册交趾李天祚

己亥，制授故南平王李陽煥嗣子天祚靜海軍節度使、安南都護，封交趾郡王，如陽煥初封故事。

韓忠彥配享徽宗

壬寅，詔故相韓忠彥配享徽宗皇帝廟庭，用從官議也。

宮中養蠶知濕損

丙午，趙鼎奏：「近積雨，恐傷蠶麥，欲詣天竺寺祈晴。」上曰：「朕於宮中亦養蠶一箔，要知農桑之候。久雨葉濕，豈有不損也？」

引用王次翁

戊申，王次翁爲吏部員外郎，秦檜所引也。

置户部和糴場

夏四月庚申，初置户部和糴場于臨安，其後又增於平江，歲糴米六十萬石。

王庶措置邊防

壬戌，命樞密副使王庶暫往沿江及淮南等處措置邊防。上戒以張浚待諸將多用數，且狎昵，自取輕侮；吕祉以傲肆自大取敗，皆可爲戒。上因論：「王、伯之道，不可兼行，當以三王爲法。今之諸將不能恢復疆宇，他日朕須親行，不殺一人，庶幾天下可定。」自酈瓊叛，張俊擅棄盱眙而歸，諸將稍肆。

王庶待諸將威嚴

庶素有威嚴，臨發，勞師於都教場，軍容嚴整。庶便服坐壇上，自楊沂中而下，悉以戎服，步由轅門，庭趨受命，拜賜而出，莫敢仰視。自多事以來所未有。

王忭孝經解義

庚午，徽州布衣王忭獻孝經解義，詔賜帛三十匹。

尹焞後進矜式

壬申，秘書少監兼崇政殿説書尹焞留身求去。時已詔焞免兼史事。四月甲子，上曰：「待與卿在京宮觀。」焞力辭，且云：「士人若不理會進退，安用所學？」翌日，上以諭輔臣。參知政事劉大中曰：「焞未問所學淵源足爲後進矜式，班列中若得老成人爲之領袖，亦是朝廷氣象。」乃以焞直徽猷閣、主管萬壽觀，留侍經筵。

尹焞解論語賜服

戊寅，詔尹焞解論語書成，特賜六品服。

壬午，命翰林學士朱震知貢舉。是歲，增參詳官二員。

是日〔三〕，王倫見金左副元帥昌于祁州。

薦用何鑄

五月丙戌，何鑄行秘書郎，秦檜薦之也。

撫偏裨以分大將權

戊子，監察御史張戒入對，因言諸將權太重。上曰：「若言跋扈則無迹。兵雖多，然聚則强，分則弱，雖欲分，未可也。」戒曰：「去歲罷劉光世，致淮西之變。今雖有善爲計者，陛下必不信。然要須有術。」上曰：「朕今有術，惟撫循偏裨耳。」戒曰：「陛下得之矣。得偏裨心，則大將之勢分。」上曰：「一二年間自可了。」戒曰：「陛下既留意，臣言贅矣。」

柴宗愈中興聖統

庚寅，詔衢州布衣柴宗愈與免文解一次。宗愈獻中興聖統，大略謂夏少康、漢光武可爲標準；周宣王、漢宣帝、晉元帝、唐元宗、憲宗可爲鑑戒〔一三〕。故有是命。

許韓文出題

丙申，詔：「韓愈昌黎集中有佐佑六經，不抵牾於聖人之道者，許依白虎通、説文例出題以取士。」用翰林學士、知貢舉朱震等請也。

常同攻劉子羽　劉子羽落職

丁酉，御史中丞常同言劉子羽十罪，詔落職。

招來從僞命人

戊戌，知廬州劉錡奏：「使臣張括等三人自言，在西京關師古手下，師古遣來，申奏朝廷。乞赦其罪，自效來歸。」上曰：「昨背叛從僞之人，若能束身自歸，無功者，朕以不死待之；若能立功自效，即隨高下推賞。」趙鼎、秦檜退而歎曰：「大哉王言！此漢光武之略也。」

支舉子錢

庚子，詔：「州縣鄉村五等、坊郭七等以下貧乏之家，生男女而不能養贍者，每人支免役寬剩錢四千。守令滿替，並以生齒增減爲殿最之首。」用劉大中請也。

給胡安國葬事

辛丑，提舉江州太平觀胡安國上遺表，謚文定。後數月，詔曰：「安國所進春秋解義者，王之大法〔一四〕，朕朝夕省覽，以考治道。方欲擢用，遽聞淪亡。可撥賜銀、帛三百匹兩，令湖南監司應副葬事。賜田十頃，以給其孤。」

張燾論定規模

壬寅，提舉台州崇道觀張燾試尚書兵部侍郎。燾召還，引對，上慰勞久之，因問：「朕圖治一紀於茲，而收效蔑然，其弊安在？」燾曰：「自昔有爲之君，未有不先定其規模，而能收效者。臣紹興初始蒙召對，首以治道當先定其規模爲言。臣竊觀方今朝廷施設之方，朝令夕改，其事大體重，不可輕舉者，莫如六飛之順動。往者前臨大江，繼又退守吳會，曾未期月〔一五〕，而或進或却，豈不爲黠虜所窺乎〔一六〕？此無他，規模不素定故也。陛下之所朝夕相與斷國論者，二三大臣而已，而一紀之間，命相之制，凡十有四下，執政遞遷者，亦無慮二十餘人。非規模不定，任之不一，責之不專，致此紛紛乎？日月逝矣，大計不容復誤。願陛下以先定規模爲急，規模既定，未有治效不著。」上歎息曰：「此誠方今急務，朕非不欲立定規模，緣宰輔數易，未有定論爾。」

竄劉子羽

提舉江州太平觀劉子羽責授單州團練副使、漳州安置。御史中丞常同以十事論子羽故也。

虜使來議和

丁未，先是，王倫既見魯國王昌，昌遣使偕倫見金主亶，首謝廢豫，然後致上旨，金主始密與群臣定議許和。至是遣倫還，且命烏陵思謀、石慶充來議事。

淮甸不可不葺理

樞密副使王庶條上淮南耕種等事。上曰：「淮南利源甚博，平時一路上供內藏紬絹九十餘萬，其他可知。以此知淮甸不可不措置葺理。」

史臣曰：唐史臣謂，睢陽遮蔽江、淮，以全財用，爲中興之本。今之議强兵者，必本於豐財，議豐財者，必本於成賦，荊、蜀之輸入于王府者無幾，而江、浙、閩、廣民力告病，未有瘳也。淮甸利源，宜在所經理，以浸還全盛之舊，況欲置邊州於度外乎？邊隅未靖之時，高宗猶不忘經理如此，況今邊鄙不聳之時乎？

王庶稱岳飛壯節

湖北京西宣撫使岳飛聞庶行邊，遺庶書曰：「今歲若不出師，當納節請閑。」庶稱其壯節。

欲早休兵

戊申，命刑部員外郎李彌遜馳勞北使於平江。翌日，上謂輔臣曰：「館待之禮，宜稍優厚。若事有商量，早遂休兵，得免赤子肝腦塗地，此朕之本意也。」趙鼎曰：「若用兵，不知所費多少。比之館待之費，殊不侔矣。」上慨然歎曰：「當時若無軍旅之事，使朕專意保民，十數年間，豈不見效？」鼎與秦檜同對曰：「陛下爲此言，神明感格，必有平定之期矣！」

臣留正等曰：語之有：「造次必於是，顛沛必於是。」言仁者之用心，必於其平居閑暇之時，語默動靜之間，不忘乎是，可也。臣觀太上皇帝凡所論議，一語一言，未嘗不以休兵息民爲之指歸，蓋惻然常若疾痛之在其身，非僞爲之者，嗚呼，仁哉！嗚呼，聖哉！

魏矼不充館伴

辛亥，改命王倫充館伴使。初，命權吏部侍郎魏矼館伴，矼言：「頃任御史，嘗論和議之非，今難以專對。」秦檜招矼至都堂，問其所以不主和議之意。矼具陳虜情難保〔一七〕。檜謂之曰：「公以智料敵，檜以誠待敵。」矼曰：「相公固以誠待敵，第恐敵人不以誠待相公耳。」檜不能屈，乃改命焉。既而又辭，遂命給事中吳表臣，而倫往來館中計事。

王之道遺魏矼書

時左宣議郎王之道亦遺矼書言：「國家自靖康以來，失於議和，致兩宮北狩，萬乘東巡，百姓墮於塗炭，迨今十有四年。尚不覺悟，復縱王倫賣國，引賊入家。頃年章誼、孫近使虜〔一八〕，餘人盡留南京，惟誼與近得至軍前稟議。今虜使之來〔一九〕，自合用此例，留餘人於韓世忠軍中，令其使、副造朝，不惟有以褫鳥獸之魄而奪之氣，亦足計示朝廷之尊。乃若和議，則有九不可而一可。所謂一可者，今虜誠欲還二帝、六宮與祖宗之故地，爲德於我而無所事賄，夫誰曰不可？爲今日計，當以此明告使者，而俾復命焉。苟惟不從，是虜無意於盟，我何罪也？」

復置發運使

六月乙卯朔，知信州程邁爲江、淮、荆、浙、閩、廣等路經制發運使，專掌羅事。

擢宏詞詹叔義等

禮部貢院奏，試博學宏詞合格中等詹叔義、陳巖肖；下等王大方。詔叔義、大方並與堂除，巖肖賜同進士出身。

更二廣鹽法

庚申，詔廣西鹽歲以二分令雷、廉、高、化州官賣人户食鹽，餘八分行鈔法。尋詔廣東鹽九分行鈔法，一分産鹽州縣出賣，並不出嶺。

立福建養子法

敕令所請：「福建路人户以子孫或同居緦麻以上親與人，雖異姓及不因饑貧，並聽收養，即從其姓，不在取認之限。著爲本路令。其江、浙、湖、廣州縣有不舉子風俗處，令憲臣體究申明，依此立法。」從之。

賜衍聖公家田

壬戌，衍聖公孔玠避亂寓衢州，詔即賜田五頃。

哲宗實録成

癸亥，尚書左僕射、監修國史趙鼎，史館修撰勾濤，秘書少監尹焞，著作郎兼校勘張嵲，佐郎胡珵，校勘鄧名世、朱松〔二〇〕、李彌正、高閌、范如圭等上重修哲宗皇帝實録。九月，書成，凡百五十卷。

常同論曾布正論

乙丑，御史中丞常同言：「近闕報〔二一〕，曾惇上進曾祖曾布著三朝正論真蹟，轉右承議郎。臣聞昔者神宗皇帝切於求治，鋭然更化，付王安石以政事。安石孤負委任，創爲新法，布於是時，實爲腹心，其政皆出於布之謀，其法皆成於布之手。故自海州懷仁縣令，一年半間，十三遷而至知制誥。安石嘗語人曰：『終始言新法不便者，司馬光也；終始言便者，曾布也。其餘出入而已。』逮紹聖初，布與章惇、蔡卞同秉大政，元祐之法度，委如弁髦；元祐之人才，棄如斷梗。布因内愧於私心，外迫于清議，乃間出一善言，引一善士，以求自異於衆。既欲取高位於當年，又欲掠美名於後世，首鼠兩端，馴致建中之事，遂致蔡京得以乘間而入，貽禍邦家。而朝廷尚尊其説，頒其書於史官，號曰正論，臣竊惑焉。臣願宣諭史官〔二二〕，筆削之際，毋惑其説，以至亂真，庶幾一代之典，足以垂信後世。」詔付史館。

王庶言和議

戊辰，接伴官范同言：「虜使已至常州〔二三〕。」王庶時在合淝，上疏有曰：「彼之議和割地，不過以畫河、畫淮二者而已。若曰畫淮，則我之固有，而淮之外亦有，見今州縣所治如泗州、漣水軍是也。既爲我有，安用和爲？若曰畫河，則東南數千里荊棘無人之地，儻欲宿兵守之，財賦與所從出，彼必厚索歲幣，以重困我矣。不如拘其使而怒之。」疏入，不報。

王庶乞拘虜使

辛未，監察御史張戒言：「今日議和，理有可得者，有必不可得者。畫大河爲界，復中原，還梓宮，歸淵聖，此必不可得者也；各務休兵，音問往復，或歸吾太后，此或可得者也。復中原，還梓宮，歸淵聖，臣子之心孰不願？然以兵取之則可，以貨取之則不可，非惟不可，亦必不得。設或得之，不過如童貫買燕雲之地，虜人暫去復來〔二四〕，財與地卒兩失之爾。自古豈有兵不能勝，而貨財可以却敵復國者？」

張戒言和不可得

壬申，上特御射殿，引見禮部合格舉人黃公度以下，遂以南省及四川類試合格舉人黃貢等共三百九十五人，參定爲五等，賜及第、出身、同出身〔二五〕、奏名林恪以下，出身至助教。

擢黃公度等及第

癸酉，樞密副使王庶自淮西還行在。先是，庶將還朝，未至，復上疏言：「商之高宗，三年不言。其在諒闇，言猶不出，其可以見外夷之使乎？先帝北征而不復，天地鬼神爲之憤怒，能言之類，孰不痛心？陛下抱負無窮之悲，將見不共戴天之讎，其將何以爲心？又將何以爲容？又將何以爲

王庶言何以見虜使

說？」又言：「臣蒙陛下親擢，備位本兵，國之大事，不敢隱默，故重爲陛下陳其三策：上策莫如拘其使者，彼怒，必加兵，我則應之，所謂善戰者致人而不致於人是也。虜人强大自居，一日或拘其使，出於意表，氣先奪矣，負敗可立而待。其次願陛下念不共戴天之讎，堅謝使人，勿與相見，一切使指，令對大臣商議，然後隨觀所向，隨事酬應。最其次，姑示怯弱，待以厚禮，俟其出界，精兵躡之，所謂掩其不備，破之必矣。」

趙鼎依違和議

丙子，初，行朝聞思謀之來，物議大訩，群臣登對，率以不可深信爲言。上意堅甚，往往峻拒之，或至震怒。趙鼎因請間密啓上曰：「陛下與金人有不共戴天之讎，今乃屈體請和，誠非美事。然陛下不憚爲之者，凡以爲梓宫及母兄耳。群臣憤懣之辭，出於愛君，非有他意，不必以爲深罪。群臣以陛下孝誠如此，必能相亮。」上以爲然，群議遂息。

虜使入見

丁丑，金使烏陵思謀、石慶充入見。

朱震卒

翰林學士兼侍讀、翊善朱震疾亟，上奏乞致仕，且薦尹焞代爲翊善。夜，震卒，年六十七。中夕奏至，上達旦不寐。戊寅，輔〔二六〕臣奏事，上慘然曰：「楊時既物故，胡安國與震又亡。同學之人，今無存者，朕痛惜之！」趙鼎曰：「尹

建國公親奠朱震

焞學問淵源可以繼震。」上指奏牘曰：「震亦薦焞代資善之職。但焞微聵，恐教兒童費力，俟國公稍長則用之。」乃詔國公往奠，賜其家銀、帛三百匹、兩，例外官子孫一人。

潘良貴叱向子諲

癸未，户部侍郎向子諲入見，因論京都舊事，其言頗及珍玩。中書舍人潘良貴故善子諲，至是攝起居郎，立殿上，聞其言，甚怒。既而子諲反復良久，良貴不聞其餘語，怒甚，徑至榻前，厲聲曰：「向子諲以無益之言，久勞聖聽。」上語未竟，子諲不爲止，良貴叱之退者再焉。上驚而怒，欲抵良貴罪。

常同以援潘良貴貶

甲申，子諲請致仕，右正言李誼亦奏良貴罪；御史中丞常同奏：「良貴疾子諲曼詞，衆以爲直，不可罪之，願許子諲補外。」上詰同曰：「子諲之貳版曹，乃卿所薦，今良貴犯分沽激，復上章稱述，何也？」於是上欲併逐同，權禮部侍郎張九成爲上言，上意稍解。九成因曰：「近朱震死，陛下命國公往奠，又命子諲治其喪，尊師重道，天下歎仰。且士大夫所以嘉子諲者，以其能眷眷於善類也。今以子諲之故，逐柱史，又逐中司，非所以愛子諲也。」上批諭同，同言不已，於是二人卒俱罷。

王倫復使虜

秋七月乙酉朔，詔王倫假端明殿學士，爲奉迎梓宮使；陳括假徽猷閣待制，副之。殿中侍御史張戒復上疏，請外則姑示通和之名，内則不忘決戰之意，而實則嚴兵據險以守。又曰：「自古能守而能和者有矣，未有不能戰不能守而能和者也。使真宗無撻覽之捷，仁宗非慶曆之盛，雖有百曹利用、百富弼，豈能和哉？」又曰：「苟不能戰不能守，區區信誓，豈足恃也？」

張戒言戰守和

丁亥，知閤門事藍公佐假慶遠軍承宣使，充奉迎梓宮副使，代陳括也。

樞密副使王庶言〔二七〕：「陛下當北狩之役，龍飛睢陽，匹馬渡江，扁舟航海，以至苗、劉之變，艱難萬狀，終無所傷。天之相陛下厚矣！至今雖未剋復故疆，鑾輿順動而大將互列，官軍雲屯，百度修舉，較前之日，可謂小康，何苦不念父母之讎，不思宗廟之恥，不痛宮闈之辱，不恤百姓之冤，逆天違人，以事夷狄乎〔二八〕？」

王庶言何苦事讎

戊子，王庶因留身論事，上宣諭曰：「朕歷覽前古治道，三、五恐未易及，如漢文、景、唐太宗當力行之，或可庶幾。」奏曰：「以陛下聖學高妙，兼睿斷如此，天下安得不治？」

臣留正等曰：矜虛名者罕成功，務實用者享殊效。夫惟高談邃古，遠慕鴻荒，思欲超然遐舉於三、五之上者，其名非不甚美，然責之成效，終莫能致也。漢文帝曰：「卑之無甚高論，令今可行也。」崔寔曰：「當今不必純法八代，體堯蹈舜。」其言雖若淺陋，而寔用存焉。太上皇帝天縱神聖，備道全德，固已登三咸五，視古無前，而曰「三、五恐未易及」，至漢文、景、唐太宗所優爲也，則曰「當力行之」。豈非斥虛名而務實用之謂耶？易曰：「有大而能謙，必豫。」臣於太上皇帝見之。

丁酉，虜使入辭〔二九〕。

諒闇榜首恩例

進士及第黄公度爲左承事郎、簽書平海軍節度判官廳公事。禮部言：「祖宗故事，不策試，則榜首補兩使職官。」上特命受京官，自是以爲例。

王倫禀受使指

戊戌，王倫辭行。倫至都堂，禀所授指二十餘事。一議和後禮數，趙鼎答以上登極既久，四見上帝，君臣之分已定，豈可更議禮數？二割地遠近，鼎答以大河爲界，乃淵聖舊約，非出今日，宜以舊河爲大河。二事最切，或不從，即此議當絕。倫受之而去。

上知人善將將

辛亥，詔殿前司策選鋒軍統制吳錫還行在。上曰：「錫有膽勇心計，然不可獨用，可趣歸，令楊沂中別遣軍代之。」趙鼎等退而語，咸服上知人善將將之明焉。

八月乙丑，江淮荆浙等路經制發運使程邁入見，言：「劉晏爲九使，財賦悉歸於一。國朝始分爲二，而三司使居中，發運使居外，相爲表裏。今租庸分於轉運司，常平分於提舉司，鹽錢分於茶鹽司，鼓鑄則有坑冶司，平準則有市易司，總之以户部，而發運使徒有其名。臣恐未及施爲而議論蜂起〔三〇〕，上溷聖聽。」上乃督邁使亟行，且諭以置場和糴，無甚賤傷農。邁曰：「臣敢不遵聖意！」於是降本錢四百萬緡，令於六路豐熟之地，置場和糴焉。

置户部和糴場

諭程邁毋傷農

丙寅，詔侍讀曾開讀三朝寶訓，侍講吴表臣講孟子，張九成講春秋，吕本中講左氏傳，崇寧殿説書尹焞講尚書。既而本中辭兼局，乃命中書舍人勾龍如淵兼侍講。九成在經筵，一日，論日食，奏曰：「日食之變，本於惡氣。惡氣之萌，本於惡念。不芟夷藴崇之，絶其根本，將奔騰四達，上觸乎天，則日月薄蝕，五星失序；下觸乎地，則菑及五穀，怪妖迭見；中觸乎人，則爲兵爲火，札瘥備至。則惡念之起，可不應時撲滅乎？」上聳然曰：「誠在朕念慮間，當爲卿戒之。」九成進講畢，上嘗論王道曰：「易牛，微事耳，孟子遽謂是心足以王。朕竊疑之。」九成曰：「陛下不必疑，疑則心與道二。不忍一牛，仁心著見，此則王道之端倪。推此心以往〔三一〕，則華夏蠻貊、根荄鱗介，舉天

張九成論惡念致災

下萬物，皆在陛下仁政中，豈非王道乎？」他日，上謂近臣曰：「朕于張九成所得甚多。」

張九成所得甚多

丁卯，知臨安府張澄陞徽猷閣待制。時臨安守臣任同京邑，而澄有治劇之才，甚得時譽。

張澄得時譽

己卯，進擬柳州、南雄州知州。上曰：「廣南去朝廷遠，守臣尤當選擇。前日連南夫奏廣南盜賊殺戮過多，要降詔。朕以謂盜賊固當殺戮，只恐害及平人，有傷和氣。若得守令平日存撫，使不爲盜，乃上策也。如江西州縣長吏，或昏繆不職，或貪贓害民，豈可不問？」

臣留正等曰：太上皇帝聖明照四海，故於江西、二廣之遠，無一日不軫聖慮焉。按舉之吏爲遠而重其權也，檢察之使爲遠而專其選也，決獄之官爲遠而勤其行也。周利見將漕廣南，上因臨遣，論之曰：「廣南去朝廷遠，監司耳目之寄，卿到所部，爲朕悉意愛民，若貪贓害民之人，卿須按劾；有體國愛民者，便須薦舉。」則按舉之權重矣。又嘗諭宰執曰：「朕夜來思慮江西盜賊未息，使平民不得安居，州縣不能存撫，故百姓失業，不得已而爲盜，可差監察御史一員，前去驗察，並降詔榜曉諭。」則檢察之選專矣。又嘗因大理寺奏二廣結滯獄，欲就委隣路選官。上曰：「二廣去朝廷遠，民間冤滯無所赴訴，尤當欽恤，正須本寺官前去，如江、浙近地，苟有冤抑，不患不聞，止令帥臣選官。」則決獄之行勤矣。至於是，又以州縣長吏爲念，蓋聖心之不忘遠，類如此。

宮中禁金翠鹿胎

辛巳，宰執奏禁塗金、鋪翠、鹿胎等首飾。上曰：「宮中禁之甚急，民俗久當自化，不必過爲刑禁也。」

何掄以籤貼舊史罷

壬午，秘書省著作郎何掄罷。殿中侍御史張戒言〔三一〕：「張浚欲竄易舊史，掄首附其意，凡所籤貼，自云改字舛訛，然頗主異議。浚罷，掄不自安〔三二〕，遂撤去前日籤貼，焚之。」乃出掄知邛州。

秦檜欲搖國本

御筆：「和州防禦使璩除節鉞，封國公。」執政聚議，樞密副使王庶大言曰：「並后匹嫡，古以爲戒，此豈可行？」左僕射趙鼎謂右僕射秦檜曰：「鼎前日負曖昧之謗，今不敢奏，須公開陳。」檜無語。翌日進呈，鼎奏曰：「今建國在上，名雖未正，恩數宜小異。」又曰：「建國名雖未正，天下之人，皆知陛下有子矣，以前後恩數並同皇子。又昨幸平江及謁太廟，兩令建國扈蹕，國人見者，咨嗟太息，此社稷大計，蒼生之福也。在今日，禮數不得不異，蓋以繫人心，不使之二三而惑也。」後數日，參知政事劉大中奏事，亦以爲言，命遂寢。

張九成平反

權禮部侍郎兼侍講張九成兼權刑部侍郎。先是，刑部吏斷天下死囚不以情。自九成蒞職，有情輕免死甚衆。一日，法寺以成案上大辟，九成閲始末，得其情，因請覆實，囚果誣服者也，奏黜之。時法官抵罰，而朝論欲以平反爲賞，九成辭曰：「職在詳刑，而賣衆以邀賞，可乎？」

蕭振劾劉大中搖趙鼎　引蕭振爲臺官

九月丁亥，侍御史蕭振劾參知政事劉大中身爲大臣，而不以孝聞于中外，乞賜罷斥。振本趙鼎所薦，後以秦檜引入臺，其劾大中，蓋以搖鼎也。

甲午，史館上續修哲宗實録。

張戒附趙鼎主守

乙巳，上諭大臣曰：「近張戒有章疏，論備邊當以和爲表，以備爲裏，以戰爲不得已。此極至之論也。」

李心傳曰：戒本鼎客，故主守。

呂本中草趙鼎制　秦檜恨呂本中

丁未，尚書左僕射趙鼎遷特進，以哲宗實録成書也。中書舍人兼直學士院呂本中草制，有曰：「謂合晉、楚之成，不若尊王而賤霸；謂散牛、李之黨，未如明是而去非。惟爾一心，與予同德。」右僕射秦檜深恨之。

經久之制不可易

戊申，宰執言：「自時多艱，朝廷思屈群策，以濟庶務，緣此法度多有改易。」上因曰：「經久之制，不可輕議。古者利不百不變法。卿等以蕭規曹隨爲心，何憂不治？」

諭梁澤民糴買

壬子，上諭輔臣曰：「昨日浙東漕梁澤民奏今秋糴買事，朕嘗諭以錢給之於民，宜戒減剋；穀輸之於倉，無取羨餘，則公私兩便。」

重修祿秩令成

冬十月丙辰，尚書右僕射、提舉詳定一司敕令秦檜上紹興重修祿秩敕令格及申明、看詳八百十卷〔三四〕。

録邵雍後

主管太極觀邵博賜同進士出身，除秘書省校書郎。詔：「博祖父雍道德學術，爲萬世師。父伯温經明行潔。博趣操文詞，不忝祖父。」故有是命。

丁巳，參知政事劉大中知處州。

論弭盜三說

辛未，上諭大臣曰：「江西盜賊，在朝廷可治者三，一擇帥臣，以壓服其心；一任守令，以勸課其業；一蠲科役，以優給其力。如此尚或爲盜，朕未之聞也。」

趙鼎罷相

甲戌，特進、尚書左僕射、同中書門下平章事兼樞密使趙鼎罷爲兩浙東路安撫制置大使兼知紹興府。時檜力勸上屈己議和，鼎持不可，繇是卒罷。鼎入辭，從容奏曰：「臣昨罷相半年，蒙恩召還，已見宸衷所向與鄉來稍異。臣今再辭之後，人必有以孝悌之説脅制陛下矣。臣謂凡人中無所主，而聽易惑，故進言者，得乘其隙而惑之。陛下聖質英邁，洞見天下是非善惡，謂宜議論一定，不復二三。然臣甫去國，已稍更改，如修史本出聖意，非群臣敢建言，而未幾復修，此可爲惜。臣竊觀陛下未嘗容心，特既命爲相，不復重違其意，故議論取舍之間，有不得已而從者。如此，乃宰相政事，非陛下政事也。」鼎行，檜奏乞同執政往餞，樞密副使王庶謂鼎曰：「公欲去，早爲庶言。」鼎曰：「去就在樞密，鼎豈敢與？」檜至，鼎一揖而去，自是檜益憾之。

趙鼎入辭納忠

一揖秦檜而去
秦檜益憾趙鼎

大事記曰：惜乎！僞齊入寇之時，鼎獨建保江之計而與浚不合。浚自出師以來，獨主幸建康之議而與鼎不合，故沂中捷至，鼎即求去，且曰：「陛下以兵事爲重，令浚成功，浚當留，臣當去。」雖上有「卿且在紹興，朕自有用卿」之諭，而浚爲檜所欺，遂引之爲副使矣。雖浚與檜共事，始知其暗，去位之時，力薦鼎相，而檜之憾已深矣。雖鼎再相，力能護浚，而檜黨百計摇撼，鼎已不自安矣。中興之功所以垂成者，張、趙之勢合也。中興之功所以隳壞者，張、趙之隙開也。君子之隙既開，小人之勢遂合，故八年十月鼎罷，而檜之和議遂成，天下之事變矣。惜哉！

韓世忠乞奏事

虜遣詔諭使來

丁丑，京東淮東宣撫處置使韓世忠乞赴行在奏事。先是，王倫既與烏陵思謀至虜庭〔三五〕，金主亶復遣蕭哲等爲江南詔諭使，使來計事。世忠聞之，上疏曰：「金人遣使前來，有詔諭之名，事勢頗大〔三六〕。深恐賊情繼發〔三七〕，重兵壓境，逼脅陛下，別致禮數。今當熟計，不可輕易許諾，其終不過舉兵決勝。但以兵勢最重去處，臣請當之。」因乞赴行在奏事，馳驛以聞。上不許。

王庶乞不與和議

戊寅，樞密副使王庶言：「間者虜使之來〔三八〕，臣忠憤所激，屢奏封章，力請謝絶，專圖恢復。臣謀不逮遠，知昧通方。伏望速賜降黜，或以適此執政闕員，未使斥去，即乞特降處分，遇有和議文字，許免簽書，庶逃前後反覆，有失立朝之節。」己卯，詔不許。庶復上言：「臣生於陝西，其風氣漸染〔三九〕，耳目所聞見者，莫非兵事。禍亂以來，常欲以氣吞强虜，則所謂講和者〔四〇〕，非臣之所能也。」又言：「臣備數樞庭，自合辭職，不合辭事。乞除臣一近邊州郡，願效尺寸。」不許。

辛巳，秦檜奏北使約中冬上旬至泗州。上曰：「所議殊未可解，但可和即和，不可和即否〔四二〕，兵備不容少弛。可徧諭諸將，以爲之備。」

中書舍人兼直院吕本中罷，用侍御史蕭振奏也。

增入名儒講義皇宋中興聖政卷之二十三

校勘記

〔一〕隨事劄下報行　「報行」原脱，據明抄本及繫年要録卷一一八補。

〔二〕知廬州主管淮西安撫司公事劉錡對於内殿　「錡」原作「琦」，據明抄本、繫年要録卷一一八及宋史全文卷二〇改。

〔三〕人事既盡　「盡」原作「成」，據繫年要録卷一一八、皇朝中興紀事本末卷四三及宋會要輯稿兵二九改。

〔四〕期於破虜　「虜」原作「敵」，據明抄本及宋史全文卷二〇改。

〔五〕俊見地無磚面　「地無磚面」原作「地面無磚」，據明抄本、繫年要録卷一一八及宋史全文卷二〇改。

〔六〕不可不有以慰之　「之」原無，據明抄本、繫年要録卷一一八及宋史全文卷二〇補。

〔七〕必因小雅之廢　「廢」原作「費」，據明抄本及宋史全文卷二〇改。

〔八〕外攘夷狄　「攘夷狄」原作「備邊裔」，據明抄本及宋史全文卷二〇改。

〔九〕制夷狄之道　「夷狄」原作「邊方」，據明抄本及宋史全文卷二〇改。

〔一〇〕與之反覆圖成敗　「之」原脱，據繫年要録卷一一八補。

〔一一〕今此可爲乎　「此」原作「世」，據繫年要録卷一一八改。

〔一二〕是日　繫年要録卷一一九作「是月」，當是。

〔一三〕周宣王漢宣帝晉元帝唐元宗憲宗可爲鑑戒　「晉元帝」原脱，據繫年要録卷一一九補。

〔一四〕安國所進春秋解義者王之大法　「者」，宋史全文卷二〇及繫年要録卷一一九作「著」。

〔一五〕曾未期月　「月」，繫年要録卷一一九作「年」。

〔一六〕豈不爲黠虜所窺乎　「黠虜」原作「敵寇」，據明抄本及宋史全文卷二〇改。

〔一七〕矼具陳虜情難保　「虜」原作「敵」，據明抄本及宋史全文卷二〇改。

〔一八〕頃年章誼孫近使虜　「虜」原作「北」，據明抄本及宋史全文卷二〇改。

〔一九〕今虜使之來　「虜」原作「敵」，據明抄本及宋史全文卷二〇改。下同。

〔二〇〕朱松　「朱」原作「未」，據明抄本、宋史全文卷二〇及繫年要録卷一二〇改。

〔二一〕近闕報　「闕」原作「閲」，據明抄本、宋史全文卷二〇及繫年要録卷一二〇改。

〔二二〕臣願宣諭史官　「諭」原作「付」，據明抄本、宋史全文卷二〇及繫年要録卷一二〇改。

〔二三〕虜使已至常州　「虜」原作「北」，據明抄本及宋史全文卷二〇改。

〔二四〕虜人暫去復來　「虜」原作「敵」，據明抄本及宋史全文卷二〇改。

〔二五〕賜及第出身同出身　「及第」原作「進士」，據明抄本、宋史全文卷二〇及繫年要録卷一二〇改。

〔二六〕案從「言商之高宗」至「戊寅輔」凡四百二十四字原脱，據明抄本及宋史全文卷二〇補。

〔二七〕樞密副使王庶言　案此段話繫年要録卷一二一繫於「戊子」。

〔二八〕以事夷狄乎　「夷狄」原作「敵人」，據明抄本及宋史全文卷二〇改。

〔二九〕虜使入辭　「虜」原作「北」，據明抄本及宋史全文卷二〇改。

〔三〇〕臣恐未及施爲而議論蜂起　「蜂」原作「蟻」，據宋史全文卷二〇及繫年要録卷一二一改。

〔三一〕推此心以往　「推」原作「惟」，據明抄本、宋史全文卷二〇及繫年要録卷一二一改。

〔三二〕殿中侍御史張戒言　「殿中侍御史張戒」，繫年要録卷一二一作「侍御史蕭振」。

〔三三〕掄不自安　「掄」原作「倫」，據明抄本、宋史全文卷二〇及繫年要録卷一二一改。
〔三四〕尚書右僕射提舉詳定一司敕令秦檜上紹興重修禄秩敕令格及申明看詳八百十卷　「興」原作「聖」，據繫年要録卷一二一及玉海卷一三三紹興重修禄秩新書改。
〔三五〕王倫既與烏陵思謀至虜庭　「虜」原作「敵」，據明抄本及宋史全文卷二〇改。
〔三六〕事勢頗大　「事勢」原互倒，據明抄本、宋史全文卷二〇及繫年要録卷一二一乙正。
〔三七〕深恐賊情繼發　「賊」原作「敵」，據明抄本及宋史全文卷二〇改。
〔三八〕間者虜使之來　「虜」原作「敵」，據明抄本及宋史全文卷二〇改。下同。
〔三九〕其風氣漸染　「氣漸」原互倒，據宋史全文卷二〇及繫年要録卷一二一乙正。
〔四〇〕則所謂講和者　「者」字漫滅，據明抄本、宋史全文卷二〇及繫年要録卷一二一補。
〔四一〕不可和即否　「否」原作「百」，據明抄本及宋史全文卷二〇改。

增入名儒講義皇宋中興聖政卷之二十四

高宗皇帝二十四

紹興八年十有一月甲申，翰林學士孫近參知政事。

殿中侍御史張戒面對，言：「王倫遽回，虜使遂有江南詔諭使及明威將軍之號[一]。不云國而直云江南，是以我太祖待李氏晚年之禮也，曾不得爲孫權乎！一則詔諭，一則明威，此二者何意？虜云詔諭，臣不知所諭何事！」又曰：「臣謂爲國只當自勉，不可僥倖偷安。果得偷安猶可，但恐屈辱已甚，而偷安亦不得耳。」疏入，秦檜怒，愈有逐戒之意矣。

張戒論偷安不可得

丙戌，權尚書禮部侍郎兼侍讀張九成罷。初，趙鼎之未去也，九成謂鼎曰：「虜失信數矣[二]，盟墨未乾，以無名之師掩我不備。今實厭兵，而張虛聲以撼中國。彼誠能從吾所言十事，則與之和，當使權在朝廷可也。」鼎既免，秦檜謂九成曰：「且同檜成此事，如何？」九成曰：「事宜所可，九成胡爲

張九成不附秦檜

張九成折秦檜

異議？特不可輕易以苟安耳。」他日，與吕本中同見檜。檜曰：「大抵立朝，須優遊委曲，乃能有濟。」九成曰：「未有枉己而能正人。」檜爲之變色。

秦檜罷張九成

會檜聞九成在經筵講書，因及西漢災異事，大惡之。既而九成再章求去，上命以次對出守。檜必欲廢置之，奏除提舉江州太平觀，免謝辭。

戊子，殿中侍御史張戒爲司農少卿。

張戒以乞留趙鼎罷

己丑，詔：「張戒爲耳目之官，附下罔上，可與外任。」坐前奏疏乞留趙鼎也。

上喜金人有善意

庚寅，上謂大臣曰：「王倫使回，金人頗有善意。若上天悔禍，虜肯革心〔三〕，休兵之後，一切從節省，雖常賦亦蠲減，以寬百姓。」

葉擬請福建給小鈔

壬辰〔四〕，初，新知筠州葉擬請福建鹽半給小鈔，與官賣兼行，庶幾課息增羨。事下提刑、提舉司，委通判福州趙壽相度，壽言：「如此則民間食貴鹽，而州縣失省計，不可行。」至是兩司以聞。詔從壽議。

丙申，王倫至行在，令日下赴内殿奏事。

尹焞稱疾不出

戊戌，太常少卿兼崇政殿説書尹焞稱疾在告，遂臥家不出。

己亥，王倫充國信計議使，蘇符充副使。符稱疾不受。

庚子，參知政事孫近兼權同知樞密院事，以樞密副使王庶累章求去故也。

詔詢訪和議

辛丑，詔：「大金遣使至境，朕以梓宮未還，母后在遠，陵寢、宮闕久稽汛掃，兄弟、宗族未聞會聚，南北軍民十餘年間不得休息，欲屈己就和。在廷侍從、臺諫之臣，其詳思所宜，條奏來上，限一日進入。」先是，禮部侍郎兼侍讀曾開上疏言：「女真和議，稽諸前古爲可憂，考之今事爲難信。而朝廷不思有以伐其謀，方且忘大辱，甘臣服〔五〕，貶稱號，捐金帛，以難得之時，爲無益之事，可不爲痛哭流涕哉？伏望陛下無忘大恥，無惑和議，堅心定志，一於自治，使政事修於內，兵將强於外，則將不求而自和矣。臣竊謂虜使之來〔六〕，所係甚大，内外臣寮章疏，願陛下使大臣集從官豫加熟議，庶無後悔。」權吏部尚書張燾亦請詢可否於衆，檜乃白上，下此詔焉。

曾開張燾乞集議

韓世忠乞責使人狀

京東淮西宣撫處置使韓世忠言：「伏讀宸翰，鄰邦許和。臣愚思之，若王倫、藍公佐所議，講和、割地、休兵、息民，事蹟有實，別無扶合外國〔七〕，誑賺本朝之意，二人之功，雖國家以王爵處之，未爲過當。欲望聖慈，各令逐人先次供具委無反覆文狀於朝，以爲後證。」先是，世忠數上疏，論不當議和，上賜以手劄。世忠既而受詔，乃復上此奏，詞意剴切，由是秦檜惡之。

秦檜惡韓世忠

壬寅，兵部侍郎兼權吏部尚書張燾言：「傳曰：『天將興之〔八〕，誰能廢之？』臣請考人事以驗天意。陛下飛龍濟州，天所命也；虜騎屢犯行闕〔九〕，卒以無虞，天所保也；歲在甲寅，一戰而敗虜師，天所贊也；歲在丙辰，再戰而却劉豫，亦天所贊也；歲在丁巳，酈瓊雖叛，乃爲僞齊廢滅之資，亦天所贊也。是蓋陛下躬履艱難，側身修行，布德立政，上當天意，而天祐之之所致也。臣以是知上天悔禍，蓋有日矣。中興之期，亦不遠矣！伏願陛下益務自修，益務自治，益務自强，以享天心，以聽天命，以俟天時。時之既至，吉無不利，則何戰不勝，何攻不克，何爲不成，何功不立？梓宮何患乎不還？淵聖何患乎不返？母后何患乎不歸？宗族何患乎不復？宗廟陵寢何患乎不能繕修？南北之民何患乎不能混一？今此和議，姑爲聽之，而無必信可也。伏願陛下毋取必於虜，而取必於天。若乃略國家之大耻，置宗社之深讎，躬率臣民，屈膝夷虜〔一〇〕，北面而臣事之，以是而覬和議之必成，非臣所敢知也。」上覽奏，愀然變色曰：「卿言可謂盡忠。然朕必不至爲虜人所給。方且熟議，必非詐僞，然後可從。如其不然，當再遣使審問虛實，而拘

張燾言天相中興

留其使人。」燾頓首謝。

晏敦復言虜不可從

吏部侍郎晏敦復言：「今所遣使，以詔諭爲名，儻欲陛下易服而拜受，還可從乎？又欲與陛下分庭而抗禮，還可從乎？設或如此等事，從其一二，則與上下之分已大定矣，自此之後，可以號令我矣。彼或又行詔令，授陛下一兩鎮節鉞，封陛下一王號，還可從乎？又或下令，將本朝大臣、諸將盡行封拜，還可從乎？又或下令，用彼年號正朔〔二〕，還可從乎？又或下令，盡遣西北人歸鄉里，還可從乎？姑略舉此數事，則過此以往，可推而知也。陛下欲屈己就和，願周思而熟慮之，謹擇而善處之。若已屈之後，必不致有如臣前所陳之禍患，陛下小屈以就大事可也。」

魏矼乞審思

權吏部侍郎魏矼言：「臣素不熟虜情〔三〕，不知使人所須者何禮？陛下所謂屈己者何事？方今宗廟社稷，惟陛下是依；天下生靈，惟陛下是賴。陛下既欲爲親少屈，更願審思宗社安危之機，與夫天下治亂之所係，考之古誼，酌之群情，擇其經久可行者行之，其不可從者，以國人之意拒之。庶幾軍民之心不至懷憤，且無噬臍之悔也。」

向子諲不拜虜詔

癸丑，知平江府向子諲致仕。時金人所遣詔諭使將入境，子諲不肯拜虜詔〔一三〕，乃上章乞致仕，秦檜許之。

王庶以累争和議罷

秦檜大恨王庶

孫近乞罪異議人

甲辰，樞密副使王庶知潭州。庶論虜不可和〔一四〕，於道上疏者七，見帝言者六。秦檜方挾虜自重以爲功，絀其説。庶語檜曰：「公不思東都抗節存趙時，而忘此虜耶？」檜大恨。庶又抗章求去，乃有是命。檜進呈，上因言：「近日士大夫好作不靖，胥動浮言，以無爲有。風俗如此，罪在朕躬。卿等大臣，亦與有罪。」檜曰：「臣等實任其責。」孫近曰：「他時疆事稍定，當須明政刑以示勸懲，庶幾丕變。」

臣留正等曰：事有係乎天下國家之舉者，利害參而未明取舍，同而未審，凡議論所到，亦何怪於紛紛乎？善斷者本理以諭成事，則紛紛者將自定矣，此盤庚所以教民也。紹興初，大臣主和議，而衆志之未孚，甚於盤庚之遷也。浮言動衆，上之所患，風勵表率，所責於大臣者何事？而大臣乃欲明政刑，以示勸懲，果何心哉？自是士大夫曾駁和議〔一五〕，不合風旨者，皆以鉤訐抵刑讟〔一六〕，其丕變之言，貴於必醻也〔一七〕。豈不深負太上皇帝責望之意哉？大臣誤國甚矣〔一八〕！

擢勾龍如淵中丞

中書舍人兼直院勾龍如淵試御史中丞。時秦檜方主議和，力贊屈己之說，而外論群起。如淵言於檜曰〔一九〕：「何不擇人爲臺官，使盡擊去，則相公之事遂矣。」檜大悟，遂擢如淵中司。人皆駭愕。

魏良臣行尚書吏部員外郎。

薦魏良臣弭其言

朱勝非閑居録曰：撻懶統兵犯淮甸，朝廷遣魏良臣奉使。數問秦檜，仍稱其賢。乃知檜初相時所陳二策，出於虜意也〔二〇〕。逮其再相，力薦良臣入爲都司，繼除從官，欲弭其言耳。

汪藻編詔旨終篇

丁未，提舉江州太平觀汪藻上所編集元符庚辰至宣和乙巳詔旨終篇，凡六百六十有五卷。

胡銓乞斬王倫

胡銓以和議乞誅檜

樞密院編修官胡銓上疏曰：「臣謹按：王倫本一狹邪小人，市井無賴。頃緣宰相無識，遂舉以使虜〔二一〕。專務詐誕，欺罔天聽，驟得美官，天下之人切齒唾罵。今者無故誘致虜使，以『詔諭江南』爲名，是欲臣妾我也，是欲劉豫我也。劉豫臣事醜虜〔二二〕，南面稱王，自以爲子孫帝王萬世不拔之業。一旦豺狼改慮〔二三〕，捽而縛之，父子爲虜〔二四〕。商鑑不遠，而倫又欲陛下效之。

夫天下者，祖宗之天下也；陛下所居之位，祖宗之位也。奈何以祖宗之天下，爲犬戎之天下〔二五〕；以祖宗之位，爲犬戎藩臣之位？陛下一屈膝，則祖宗廟社之靈，盡汙夷狄〔二六〕；祖宗數百年之赤子，盡爲左衽〔二七〕；朝廷宰執，盡爲陪臣；天下士大夫，皆當裂冠毁冕，變爲胡服〔二八〕。異時豺狼無厭之求〔二九〕，安知不加我以無禮，如劉豫也哉！夫三尺童子，至無知也，指犬豕而使之拜〔三〇〕，則怫然怒。今醜虜則犬豕也〔三一〕，堂堂大朝，相率而拜犬豕，曾無童稚之羞，而陛下忍爲之邪？倫之議迺曰：『我一屈膝，則梓宫可還，太后可復，淵聖可歸，中原可得。』嗚呼！自變故以來，主和議者，誰不以此説啗陛下哉！然而卒無一驗，則虜之情僞已可知矣。陛下尚不覺悟，竭民膏血而不恤，忘國大讎而不報，含垢忍恥，舉天下而臣之，甘心焉。就令虜決可和，盡如倫議，天下後世謂陛下何如主也？況醜虜變詐百出，而倫又以姦邪濟之，則梓宫決不可還，太后決不可復，淵聖決不可歸，中原決不可得。而此膝一屈，不可復伸，國勢陵夷，不可復振，可爲痛哭流涕，長太息者矣！向者陛下間關海道，危如累卵，當時尚不忍北面臣虜，況今國勢稍張，諸將盡鋭，士卒思奮。只如頃者醜虜陸梁〔三二〕，僞豫入寇，固嘗敗之於襄陽，敗之於淮上，敗之於渦口，敗之于淮陰。校之前日蹈海之危，已萬萬不侔。儻不得已至於用兵，則我豈遽出虜人下哉？今無故而反臣之，欲屈萬乘之尊，下穹廬之拜，三軍之士不戰而氣已索，此魯仲連所以義不帝秦，非惜夫帝秦之虚名，惜夫天下大勢有所不可也。今内而百官，外而軍民，萬口一談，皆欲食倫之肉。謗議洶洶，陛下不聞，正恐一旦變詐，禍且不測。臣切謂不斬王倫，國之存亡未可知也。雖然，倫不足道也。秦檜以腹心大臣而亦爲之，陛下有堯、舜之資，檜不能致陛下如唐、虞，而欲導陛下爲石晉。近者禮部侍郎曾開等引古誼以折之，檜乃厲聲責曰：『侍郎知故事，我獨不知？』則檜之遂非狠愎，已自可見。而乃建白，令臺諫、侍臣僉議可否，是蓋畏天下議己，而令臺諫、侍臣共分謗爾。有識之士皆以爲朝廷無人，吁，可惜哉！孔子曰：『微管仲，吾其被髮左衽矣。』夫管仲，霸者之佐耳，尚能變左衽之區而爲衣裳之會。秦檜，大國之相也，反驅衣冠之俗而歸左衽之鄉，則檜也不惟陛下之罪人，實管仲之罪人矣。孫近傅會檜議，遂得參知政事。天下望治，有如饑渴，而近伴食中書，謾不敢可否一事〔三三〕。檜曰虜可講和，近亦曰可和；檜曰天子當拜，近亦曰當拜。臣嘗至政事堂，三發問而近不答，但曰『已令臺諫、侍從議之矣』。嗚呼！參贊大政，徒取充位如此。有如虜騎長驅，尚能折衝禦侮耶？臣切謂秦檜、孫近亦可斬也。臣備員樞屬，義不與檜等共戴天。區區之心，願斷三人頭，竿之藁街，然後羈留虜使，責以無禮，徐興問罪之師，則三軍之士，不戰而氣自倍。不然，臣有赴東海而死耳，寧能處小朝廷求活耶！」

范如圭以書責秦檜

辛亥，秘書省正字范如圭獻書于秦檜曰：「禮經有曰：『父母之讎，不與共戴天，寢苫枕干，誓死以報。』春秋之法，讎不復，賊不討，則不書葬。葬者，臣子之事也。不書葬，以爲無臣子也。天下之痛，莫甚於不得其死。君親不得其死而不復讎，不討賊〔三四〕，雖得梓宮而葬之，於臣子之心，能安否乎？古之人有命將出師，誓滅鯨鯢，以迎梓宮者矣。雖其力小勢窮，不能有濟，而名正言順，亦可以無愧於天下後世，未聞發幣遣使，祈哀請命〔三五〕，以求梓宮於寇讎之手者也〔三六〕。女真用是知我無復讎之心〔三七〕，可以肆爲玩侮，乃示欲和之意，使倫歸報，交使往來，至于再，至于三，其謀益深，言益甘，我之信彼益篤，禮益恭，墮其計中，不自知覺，雖三尺童子，皆爲朝廷危之。春秋之法，凡中國諸侯與夷狄盟會者〔三八〕，必謹志而深譏之。女真自海上結盟，借助於我以滅契丹，契丹既滅，遂犯汴都，其不可信一也；既爲城下之盟，講解而退矣，曾不旋踵，復圍太原，其不可信二也；自時厥後，和使項背相望[三九]，而侵犯之兵，無歲不有，其不可信三也；既破京城，乃始歛兵議和，誘我二帝出郊，劫之而去，其不可信四也；劉豫其所立也，事之無所不至，一旦執之，如探囊中物，其不可信五也。彼包藏奸詭[四〇]，不可測度如此，何爲一旦與我如此之厚哉？聞其使稱詔諭，挾策命而來，要主上以下拜之，禮果有之乎？其無之也，果可從乎？其不可從也。反面事讎，匹夫猶不肯爲，忍以堂堂之宋君臣，相率而拜不共戴天之人哉！主上哀疚在躬，孝友天至，必曰：『吾爲梓宮屈，爲皇太后屈，爲淵聖皇帝屈，何不可之有？使子弟之情獲伸於一日，志願足矣，遑恤其他？』相公何不以必然之理，開陳於咫尺之前乎？誠使一旦拜受女真之詔册，則將行女真之命令，頒女真之正朔，普天之下，莫非女真之土；率土之濱，莫非女真之臣。我宋君臣上下，雖欲求措身之所，且不可得，無乃違主上聖孝之心，失相公大忠之節乎？昔漢高祖責數項羽，兵不少解，卒免太公於俎上。晉大夫征繕以輔孺子[四一]，使惡我者懼[四二]，卒能歸惠公於彊秦。此古人已試之明驗也。相公不用此策，以慰我主上孝弟之念，奈何欲誤主上，舉祖宗二百年之天下，委而棄之哉？設若虜擁梓宮〔四三〕、母后、淵聖于大江之外，下一紙詔，召吾君相以下來迎于境，我若從之，立有禍變，如其不從，彼將責我曰：『吾歸而父母之喪，歸而親，歸而兄，有大造于而國，乃違我之命，不肯來迎，是不孝於父母，不恭於兄，不忠於我也。』聲罪來寇〔四四〕，將何以待之？主上南面而君天下，十有二年矣，其即位也，由天下軍民推戴所迫，不得已而從之，至於今日，天下軍民，豈肯聽吾君北面而爲仇賊之臣哉〔四五〕？主上以思念君父母兄之故，不憚於屈己，天下軍民以愛君之故，不肯聽主上之辱身，用此拒虜，不爲無辭者。若其舉兵而來，適足以激怒吾衆，我以大義明詔天下，率勵瘡疾之餘〔四六〕，共雪父兄之恥，乃不可失之機會也。相公若必欲拂天下之情，贊成主上受此屈辱，有如姦雄因衆心之憤，擁數十萬之衆，仗大義以問相公之罪，則將何辭以對？相公嘗自謂，我欲濟國事，死且不恤，寧避謗怨？相公之心則忠矣。使殺身而有益於君，志士仁人之所願爲也。若犯衆怒，陷吾君於不義，政恐不惟怨謗而已，將喪身及國，毒流天下，遺臭萬世。苟非至愚無知，自暴自棄，天奪其魄，心風發狂者，孰肯爲此？若曰聖意堅確，臣下莫之能回，此非所望於相公也。」檜不答。

竄胡銓

是日，樞密院編修官胡銓昭州編管。銓之上書也，都人喧騰，數日不定。上語秦檜曰：「朕本無黃屋心，今横議若此，據朕本心，惟應養母耳。」於是秦檜等乃擬昭州編管。時銓妾孕臨月，遂寓湖上僧舍，欲少遲行，而臨安已遣人械送貶所。

晏敦復爲銓求援

秘書省正字范如圭與敕令所删定官方疇同見吏侍晏敦復，爲銓求援，敦復曰：「頃嘗言秦檜之姦，諸公不以爲然。今方專國，便敢如此，此人得君，何所不爲？」敦復即往見守臣張澄，語之曰：「銓論宰相，天下共知。祖宗朝言事官被謫，開封府必不如是。」澄愧謝曰：「即追還矣。」

壬子，胡銓送吏部，與廣南監當。銓既竄斥，秦檜、孫近又奏：「銓所上封章，言及臣等，若重加竄責，於臣等分義有所不安。」臺諫勾龍如淵、李誼、鄭剛中亦共救解之，乃以銓監昭州鹽倉。

陳剛中以啓送胡銓

秦檜大恨陳剛中

銓之行也，監登聞鼓院陳剛中以啓送之曰：「屈膝請和，知廟堂禦侮之無策；張膽論事，喜樞庭謀遠之有人。身爲南海之行，名若泰山之重。」又曰：「知無不言，願借上方之劍；不遇故去，聊乘下澤之車。」秦檜大恨之，尋貶剛中令安遠，死焉。

詔戒上書狂悖

十有二月丙辰，秦檜恐言者不已，白上下詔，以銓上書狂悖戒諭中外。

李綱言詔諭何禮

戊午，提舉臨安府洞霄宮李綱言：「臣竊見朝廷遣王倫使金國，奉迎梓宮，往返屢矣。今倫之歸，與虜使偕〔四七〕，乃以詔諭江南爲名，不著國號，而曰江南，不云通問，而曰詔諭，此何禮也？以愚意料之，虜爲此名以遣使〔四八〕，其邀求大略有五：必降詔書，欲陛下屈體降禮以聽受，一也；必有赦文，欲朝廷宣布，頒示郡縣，二也；必立約束，欲陛下奉藩稱臣，稟其號令，三也；必求我賂，廣其數目，使我坐困，四也；必求割地，以江南爲界，淮南、荆襄、四川盡欲得之，五也。此五者，朝廷從其一，則大事去矣。金人變詐不測〔四九〕，貪欲無厭〔五〇〕，縱使聽其詔令，奉藩稱臣，其志猶未已，必繼有號召，或使親迎梓宮，或使單車入覲，或使移易將相，或使改革政事，或竭取賦稅，或朘削土宇，從之則無有紀極，一不從則前功盡廢，反爲兵端。以謂權時之宜，聽其邀求，可以無後悔者，非愚則誣也。」

曾開以忤秦檜罷

試禮部侍郎曾開和婺州。先是，秦檜嘗因語和議事曰：「此言大係安危。」開於座中抗聲曰：「丞相今日不當說安危，止合論存亡爾。」檜矍然警其言而罷，遂命出守。開辭，改提舉江州太平觀。

引李光鎮壓浮議

己未，吏部尚書李光參知政事。秦檜與光初不相知，特以和議初成，將揭榜，欲藉光名以鎮壓耳。

詔增南班宗室食米

乙丑，詔紹興府南班不帶遥郡宗室十八員，歲撥上供米五百斛。以同判太宗正事士㒟言宗室俸薄，不足於糴故也。

令勾龍如淵攻王庶

丙寅，新知潭州王庶落職，提舉臨安府洞霄宮，以中丞勾龍如淵論其罪故也。

許忻言虜不可信

詔秘書省校書郎許忻入對，奏疏言：「金人始入寇也，固嘗云講和矣。靖康之初[五一]，約肅王至大河而返，已而挾之北行，訖無音耗。河朔千里，焚掠無遺，復破威勝、隆德等州。淵聖嘗降詔書，謂金人渝盟[五二]，必不可守。是歲又復深入，朝廷措置失宜，都城遂陷。虜情狡甚[五三]，懼我百萬之衆必以死爭也，止我諸道勤王之師，則又曰講和矣。乃邀淵聖出郊，次邀徽宗繼往，追取宗族，殆無虚日，傾竭府庫，靡有孑遺，公卿大臣，類皆拘執，然後僞立張邦昌而去。則是金人所謂講和者，果可信乎？此已然之禍，陛下所親見。今徒以王倫繆悠之説誘致虜人，責我以必不可行之禮，而陛下遂以屈己從之，臣是以不覺涕泗之横流也。」

趙雍言天子之孝

樞密院編修官趙雍上書，略曰：「天子之孝與臣庶不同，報難報之恨，雪難雪之恥，精變天地，誠動金石，震國威，立法制，爲匹夫匹婦復讎，而朝四夷於明堂〔五四〕，此陛下之職，而群公所當盡心也。爲今日之計，當以講和爲中國一事，不必張皇，委宰相平見使者，遣使臣再議，直俟梓官已還，母兄相見，然後徐議稱號，折中典禮，南北兄弟，自有故事。願陛下少抑一身孝愛之情，俯徇天下至正之論。」

王揚英黼扆箴

丁卯，王揚英爲太常博士。揚英獻所著黼扆箴十二篇，上召對，而有是命。

不許岳飛辟郡守

戊辰〔五五〕，湖北京西宣撫使岳飛乞差胡邦用知靖州，上曰：「郡守，牧民之官，亦藩屏所寄，當自朝廷選差。若皆由將帥辟置，非臂指之勢也。」

鄭剛中乞久任邊守

庚午，殿中侍御史鄭剛中言：「今日之勢，尤急於邊郡，如楚、泗、通、泰、滁、濠、江、鄂以至荆襄、關陝之地，不過二十餘郡。願詔大臣精選二十餘輩，分而布之，使其招徠牧養，朝廷又時遣使按行，無狀者易之，處處得人，則須以持久，增秩、賜金之事可行矣。」從之。

李光言月椿之害

辛未，參知政事李光言月椿之害、常平之利。上曰：「月椿事，朕數爲趙鼎言之，不以爲意。常平司當復置，三省可條具取旨。」

胡珵等六人言和議

癸酉，秘書省著作郎胡珵、尚書司勳員外郎朱松、秘書省著作佐郎張廣、淩景夏、秘書省正字常明、范如圭上書曰：「臣聞主憂臣辱，主辱臣死。前者上皇訃聞，陛下方宅大憂，天下受其辱矣。今者聞諸道路，口語籍籍。審如是，將辱在陛下之身，臣等得其死，爲有名之時也。人誰無死？爲君父死之，爲有宋宗社死之，爲古今臣子忠孝大訓死之〔五六〕，豈爲無名乎？虜人方據中原〔五七〕，呑噬未厭，何憂何懼，而一旦幡然與我和哉？蓋其狃於薦食之威，動輒得志，而我甚易恐，故常喜於和之説以侮我。又慮我訓兵積粟，蓄鋭俟時，而事有不可測知者，故不得不爲和之説以撓我耳。蓋虜之和使〔五八〕，即秦之衡人，兵家用之，百勝之術也。六國不悟衡人割地之無饜，以亡其國，今國家不悟虜使請和之得策，其禍亦豈可勝言哉？彼以和之一字，得志於我十有二年矣。以覆我王室，以弛我邊備，以竭我國力，以解體我將帥，以懈緩我不共戴天之讎，以絶望我中國謳吟思漢之赤子，奈何至今而猶未悟也？信如道路之言，則虜人之要我〔五九〕，至不遜也，至無稽也，是坐而約降我也。艱難以來，彼苟可以毒我者，無遺力矣，獨欠約降一事爾。陛下奈何不顧祖宗社稷二百年付託之重，將不慮而從之，以萬乘之尊，冒險而僥倖。彼犬羊者〔六〇〕，苟獲其不遜無稽之謀〔六一〕，而藉躪以逞，將焉避之哉？」

范如圭乞謝遣虜使

如圭又言：「今女真之使，以詔諭江南爲名，要陛下以稽首之禮，自公卿大夫以至六軍、萬姓，莫不扼腕忿怒，豈肯聽陛下北面而爲仇賊之臣哉〔六二〕？豈如今日痛憤肝膽之際，明諭虜使而謝遣之〔六三〕，然後詔在廷之臣與守邊之將，講明戰守之策，日夜飭厲，常若臨敵〔六四〕，表裏江、淮，必足以防侵軼之患。願陛下枕戈嘗膽，深思此策而力圖之，則梓宮終有山陵之期，母后終有東朝之養，淵聖終免鴒原之難，陛下終得遂孝悌之心，而天下臣子亦得伸眉吐氣，食息世間，俯仰無所愧怍。與夫忍恥事讎〔六五〕，榮辱禍福，相去萬萬矣。」時士大夫皆以和爲不可，而如圭與王庶、曾開、户部侍郎李彌遜、監察御史方庭實言之尤力。

方庭實言屈己非計

庭實疏言：「臣自靖康以至今日，每論議和之無益，徒竭民膏血，坐困中國，沮將士之氣，啓姦雄之謀，此臣愚陋，自守所見，而不敢附會其說以欺陛下。今使人以江南詔諭爲名，或傳陛下欲屈膝受詔，則臣不知所謂也。嗚呼！誰爲陛下謀此也？天下者，中國之天下，祖宗之天下，群臣萬姓三軍之天下，非陛下之天下。陛下躬聰明聖智之資，傳嗣正統，有祖宗積累之基，有長江之險，有甲兵之衆，群臣萬姓三軍皆一心欣戴陛下，如子弟之從父兄，手足之扞頭目。陛下縱未能率勵諸將，克復神州，尚可保守江左，何遽欲屈膝於虜乎？陛下縱忍爲此，其如中國何？其如先王之禮何？其如天下之心何？」

韓肖冑使虜

甲戌，提舉萬壽觀韓肖冑僉書樞密院事。乙亥，以肖冑爲大金奉表報謝使，樞密副都承旨錢愐副之。

虜使至行在

丙子，金國詔諭使張通古、簽書宣徽院事蕭哲至行在，言先歸河南地，徐議餘事。以左僕射府館之。

引施庭臣爲臺官

監察御史施庭臣爲侍御史。庭臣抗章力贊和議，故有是除。命下，中外駭愕。

張燾等攻庭臣莫將

丁丑，起居郎劉一止試中書舍人〔六六〕，司農寺丞莫將賜同進士出身，除起居郎。都省翻黄下吏部，兼權吏部尚書張燾、試吏部侍郎晏敦復言：「仰惟陛下聖孝天至，痛梓宫之未還，念兩宫之未復，不憚屈己，與虜議和〔六七〕，夙夜焦勞懇切，孜孜汲汲，惟恐後時，特以衆論未同，故未敢輕屈爾。幸而日者上自朝廷，下逮百執事之臣，小大一心，無復異議，朝夕進退，從容獻納，庶幾天聽爲回，卒不致屈，此宗社之福也。彼施庭臣乃務迎合，輒敢抗章，力贊此議，姑爲一身進取之資，不恤君父屈辱之恥，覈實定罪，殆不容誅，乃由察官超擢御史！夫御史府，朝廷紀綱之地，而陛下耳目之司也。前日勾龍如淵以附會此議而得中丞，衆論固已嗤鄙之矣。今庭臣又以此而躋横榻，一臺之中，長貳皆然，既同鄉曲，又同腹心，惟相阿附，變亂是非，豈不紊國家之紀綱，蔽陛下之耳目乎？衆論沸騰，方且切齒，而莫將者又以此議，由寺丞而擢左史。如淵、庭臣，庸人也，初無所長，但知觀望。而將，姦人也，考其平昔，奚所不爲？陛下奈何遽與此輩斷國論乎！至於議和，則王倫實爲謀主，彼往來虜中〔六八〕，至再四矣。今其爲言自已一二〔六九〕，事之倪端，蓋亦可見。自朝廷有屈己之議，上下皆已解體，儻成屈己之事，則上下必至離心，人心既離，何以立國？伏願陛下戒之重之，所有施庭臣、莫將除命，更合取自聖旨指揮。」於是將、庭臣皆不敢拜。

張燾稱疾求去

時張燾既力詆拜詔之議，秦檜患之。燾亦自知言切，恐得罪，遂托疾在告。檜使樓炤諭之曰：「北扉闕人，上欲以公爲直院，然亦假途耳。公疾平，宜早出。」燾大駭曰：「果有是言，愈不敢出。

秦檜不能奪張燾

燾乃不主和議者，若使草國書，豈能曲循意旨哉？燾嘗思之，不過一去。今日之事，其去在我，一受遷官，他日以罪去，則事由人矣。」檜不能奪，遂止。

晏敦復八人言和議

己卯，吏部侍郎晏敦復、户部侍郎李彌遜、梁汝嘉、權吏部尚書張燾、給事中兼直院樓炤、中書舍人兼翊善蘇符、權工部侍郎蕭振、起居舍人薛徽言同班入對，上奏曰：「臣聞與衆同欲，是以濟事。自古人君施設注措，未有不以從衆而成、違衆而敗者。伏見今日屈己之事，陛下以爲可，士大夫不以爲可，民庶不以爲可，軍士不以爲可〔七〇〕。如是而求成，臣等竊惑之。臣等竊聞虜使入境〔七一〕，伴使北向再拜，問虜酋起居〔七二〕，此故事也。然軍民見者，或至流涕。夫人心戴宋如此，雖使者一屈，猶爲之不平，況肯使陛下不顧群議，斷而行之？萬一衆情不勝其忿，而王雲、劉晏之事或見於今日，陛下始有追悔之心，恐亦晚矣。傳曰：『衆怒難犯，專欲難成。合二難以安國，危之道也。』臣等職在論思，竊聞輿議，不敢緘默。伏望聖慈俯同衆情，毋遂致屈而緩圖之。不勝幸甚！」奏，燾所草也。

尹焞言不可降虜

新除權禮部侍郎兼侍講尹焞言：「伏見本朝戎虜之禍，亘古未聞。中國無人，致其猾亂〔七三〕，乃再啓和議於今日，意欲僭圖混一，臣妾中國，使人之來，以詔諭爲名，以割地爲要，欲與陛下抗禮於庭，復使陛下北面其君，則降也，非是和也。今以不共戴天之讎，與之和且猶不可，況實降乎？」時近臣

尹焞以書責秦檜

秦檜大怒尹焞

皆入，焞以疾固辭新命，乃上此疏。又移書秦檜，言及：「虜使在庭〔七四〕，天下憂憤。若和議一成，彼日益强，我日益怠，則中國號令皆從虜出，國事廢置皆從虜命，侵尋朘削，天下有被髮左衽之憂；讒間疑貳，將帥有誅戮奪權之害。姦宄生心，大勢奈何？今之上策，莫如自治，自治之要，內則進君子而遠小人，外則賞當功而罰當罪，使主上之孝悌通於神明，主上之道德成於安强，勿以小智孑義而圖大功，不勝幸甚。」檜得其書已不樂，讀至「小智孑義」之語，乃大怒之。

秦檜受虜書

天下以屈己咎秦檜

庚辰，尚書右僕射秦檜見金國使人于其館，受國書以歸。前一日，從官既對，上乃召王倫，責其取書事。倫見北使張通古，以一二策動之，通古亦恐，遂請用明日。或曰：時欲行此禮，檜未有以處，因問給事中樓炤。炤舉書「高宗諒陰，三年不言」之句以對，檜悟，於是上不出，而檜攝冢宰受書。通古猶索百官備禮迎其書，檜乃命三省、樞密院吏朝服乘馬導從。時上特以皇太后故，俯從虜約〔七五〕，而檜必欲屈己，天下咎之。

龜鑑曰：彼秦檜何人也？再入相位，投置張浚而不之救，搖撼趙鼎而不之恤，同已議和者用，背己言戰者斥。戊午集議，問之廷臣，廷臣以爲不可；問之將臣，將臣以爲不可。上自宰執，下至侍從、臺諫，內而卿監郎官，外而監司，郡守，皆以爲不可。王倫妄誘虜使〔七六〕，移書悖慢，且以詔諭江南爲名，是欲臣妾我也，而吾國含垢茹恥〔七七〕，略不之校；澹庵胡公至欲揭檜首於槀街，而新州之行，志士飲氣。他如韓世忠有伏兵洪澤，劫虜使以壞和之謀；晏敦復不以身計誤國，有到老愈辣之性，竟亦不能以沮成説也。范如圭有曰：「檜不病狂，奈何爲此？」檜盍亦知所反矣。夫以盈庭紛議，竟不能奪一檜之議者，其爲説亦有二焉，其一，則倡孝悌之説，足以動人主之聽。其二，則立三日思慮之言，有以堅人主之心。嗟夫！秦檜倡和議而藉口於孝弟，是與蔡京欲行紹述，而借繼志述事之説無異也；秦檜欲議之不摇，而要君以三日思慮，是與安石欲行新法，而要君以講學術之説無異也。然而天聽俯順，群議莫移，蓋亦有説云耳。彼諸公之疏，謂梓宫不可還，而梓宫之還有日矣；太后不可復，而太后之復有期矣；陝西、河南之地不可得〔七八〕，今可得矣；謂虜不足信，今可信矣；此檜所以肆行而無忌憚也。孰知夫粘罕、撻辣之姦計哉〔七九〕？彼以陝西歸我，正所以分吾川蜀之兵力也；以河東歸我〔八〇〕，正所以弊我東南之事力也。我以艱難理之，彼遲以數年而收拾之，猶外府也，何其不慮及此耶？

大事記曰：建炎之初，内有綱，外有澤，此可爲之一機也，而汪、黄以主和失之。紹興之初，内有鼎，外有浚，此又有爲之一機也，而秦檜以主和失之。失此二機，天地之大義不立，使我高宗抱終天之痛，可勝惜哉！蓋當時大臣任事者，張、趙、朱、吕數人，惟浚在外，鼎在内，至公血誠，相與扶持此議，然浚終始主戰，鼎始主戰，終主守，則鼎之規模已與浚少異。若頤浩、勝非，雖内有平賊之功，而外但爲避狄之謀〔八一〕，則皆不知此義者也。大將用命者張、劉、韓、岳數人，張浚謂諸大將，惟飛、世忠可倚大事，而二人必欲掃强虜〔八二〕，壞和議，則真知此義。若光世之沈酣酒色，不喜恢復，每每退屯；而俊不受行府之命，不與劉錡共功，不與世忠同謀，但與沂中爲腹心，以附秦檜之和議而已，則皆不知此義者也。是則諸臣之不知義者多矣。而南渡百年，公論獨切齒於一檜者，何也？蓋汪、黄壞之於事勢未定之時，而檜壞之於事機垂成之日，爲可恨也。諸公之言和者，依違於其間，而檜獨斷然爲「南自南、北自北」之說也。他相或一年，或二年，或不數月，而檜獨相二十年之久也。方其入相之初，朝士皆動色相賀，惟晏敦復目之爲姦人。然向子忞于紹興之初，與胡安國論曰：「與檜同時被執軍前，鮮有生者，獨檜盡室而歸，非大姦，能如是乎？」當時安國猶以爲忠，其子寅猶以子忞之言爲過，則檜之姦可以欺賢人君子也如此。方檜之初主和，曰：「我有二策，可以聳動天下。今無相，不可行。」及再主和也，曰：「臣恐亦有未便，欲望更思慮三日。」又三日，曰：「臣恐別有未便。」知上意堅確不移，乃乞決和議，不許臣下干預。則檜之奸，足以欺聖主也如此。檜雖以和議斷自聖衷，而人心公議終不可遏，爭之者，臺諫則張戒、常同、方庭實、辛次膺，侍從則梁汝嘉、蘇符、樓炤、張九成、曾開、張燾〔八三〕、晏敦復、魏矼、李彌遜，郎官則胡珵、朱松、張廣、淩景夏，宰執則趙鼎、劉大中、王庶，舊宰執則李綱、張浚，其他如林季仲、范如圭、常明、許訢、潘良貴、薛徽言、尹焞、趙雍、王時行、連南夫、汪應辰、樊光遠交言其不可，大將岳飛、韓世忠亦深言其非計，而胡銓乞斬王倫、秦檜、孫近一疏，都人喧騰，數日不定，人心亦可知矣。諸公之議，憤激懇切，而終不足以折檜者，則有説矣。謂梓宫不可還，今還矣；謂太后不可復，今復矣；謂陝西、河南之地不可得，今可得矣；謂虜不可信，今可信矣。此檜之所以能排衆議也。然不能復讎雪恥，而使吾君抱終天之痛，以爲孝悌；不能自復土宇，而乃乞丐于仇讎之戎狄，以立國家，此如圭所謂「相臣以爲忠，而不知身陷於大不忠；主上以爲孝，而不知身陷於大不孝」，樊光遠所謂「金人詭詐不足憂，而信實深可懼；其可信愈甚，則其可懼愈甚」，皆至論也。一人之私，不能以勝千萬人之公，雖檜亦未如之何也。

初，鄜延既陷，第六將李世輔爲宗弼所喜，累遷知同州。及虜廢僞齊，世輔乃與其徒王世忠、頓遇等潛謀，遣使臣白彥忠等持書，抵川陝宣撫副使吴玠，使出兵爲外應。是冬，左監軍撒離曷自大同之陝西，見左都監拔束議割地事。比過同州，世輔乃僞稱足疾，伏兵州廨，因犒其從者，醉而悉殺之，遂縛撒離曷上馬，欲以南歸。虜騎追及之，世輔等數十人決圍而出〔八四〕，且戰且前，至五交原，追騎益衆。世輔度衆寡不敵，乃解撒離曷縛，折箭爲誓，縱之使去。洛水溢，世輔無舟，不得渡，虜人又會兵斷其歸路，世輔遂奔夏州，其家皆爲虜所殺。

自虜中奔夏州

虜殺李世輔家

胡世將增蜀酒息

四川制置使胡世將即成都、潼川府、資、普州、廣安軍創清酒務，歲收息錢四十五萬緡。先是，趙開行隔槽法，世將改爲官監，所入益增，而民户坊場，率以三年一榜賣，公私俱困矣。

增入名儒講義皇宋中興聖政卷之二十四

校勘記

〔一〕虜使遂有江南詔諭使及明威將軍之號　「虜」原作「敵」，據明抄本及宋史全文卷二〇改。下同。

〔二〕虜失信數矣　「虜」原作「敵」，據明抄本及宋史全文卷二〇改。

〔三〕虜肯革心　「虜」原作「敵」，據明抄本及宋史全文卷二〇改。

〔四〕壬辰　繫年要録卷一二二繫於「癸巳」。

〔五〕甘臣服　「甘臣」原互倒，據繫年要録卷一二三乙正。

〔六〕臣竊謂虜使之來　「虜」原作「敵」，據明抄本及宋史全文卷二〇改。

〔七〕別無扶合外國　「扶合」，繫年要録卷一二三作「符合」。

〔八〕天將興之　「興」原作「與」，據明抄本改。

〔九〕虜騎屢犯行闕　「虜」原作「敵」，據明抄本及宋史全文卷二〇改。下同。

〔一〇〕屈膝夷虜　「夷虜」原作「敵國」，據明抄本及宋史全文卷二〇改。

〔一一〕用彼年號正朔　「用」原作「因」，據繫年要録卷一二三改。

〔一二〕臣素不熟虜情　「虜」原作「敵」，據明抄本及宋史全文卷二〇改。

〔一三〕子諲不肯拜虜詔　「虜詔」原作「北使」，據明抄本及宋史全文卷二〇改。

〔一四〕庶論虜不可和　「虜」原作「敵」，據明抄本及宋史全文卷二〇改。下同。

〔一五〕自是士大夫曾駁和議　「曾駁」原作「□立」，據繫年要録卷一二三所引改。

〔一六〕皆以鈎訐抵刑譴　「鈎」，繫年要録卷一二三所引作「怨」。

〔一七〕貴於必讐也　繫年要録卷一二三所引作「將爲必酬平日之言以示威也」。

〔一八〕大臣誤國甚矣　原脱，據繫年要録卷一二三所引補。

〔一九〕如淵言於檜曰　「檜」原作「澮」，據明抄本及宋史全文卷二〇改。

〔二〇〕出於虜意也　「虜」原作「敵」，據明抄本及宋史全文卷二〇改。

〔二一〕遂舉以使虜　「虜」原作「敵」，據明抄本及宋史全文卷二〇改。下同。

〔二二〕劉豫臣事醜虜　「醜虜」原作「敵國」，據明抄本及宋史全文卷二〇改。下同。

〔二三〕一旦豺狼改慮　「豺狼」原作「易轍」，據明抄本及宋史全文卷二〇改。

〔二四〕父子爲虜　「虜」原作「擒」，據明抄本及宋史全文卷二〇改

〔二五〕爲犬戎之天下　「犬戎」原作「敵國」，據明抄本及宋史全文卷二〇改。下同。

〔二六〕盡汙夷狄　「汙夷狄」原作「行顛覆」，據明抄本及宋史全文卷二〇改。

〔二七〕盡爲左衽　「爲左衽」原作「皆離散」，據明抄本及宋史全文卷二〇改。

〔二八〕變爲胡服　「胡」原作「異」，據明抄本及宋史全文卷二〇改。

〔二九〕異時豺狼無厭之求　「豺狼」原作「敵國」，據明抄本及宋史全文卷二〇改。

〔三〇〕指犬豕而使之拜　「指犬豕」原作「非我類」，據明抄本及宋史全文卷二〇改。下同。

〔三一〕今醜虜則犬豕也　「醜虜則犬豕」原作「敵國非我類」，據明抄本及宋史全文卷二〇改。

〔三二〕只如頃者醜虜陸梁　「醜虜陸梁」原作「西北用師」，據明抄本及宋史全文卷二〇改。

〔三三〕謾不敢可否一事　「一」原脱，據繫年要録卷一二三補。

〔三四〕不討賊　「討賊」原作「興師」，據明抄本及宋史全文卷二〇改。

〔三五〕未聞發幣遣使祈哀請命　「幣」原作「弊」，「祈」原脱，據繫年要録卷一二三及宋史全文卷二〇改、補。

〔三六〕以求梓宮於寇讎之手者也　「寇」原作「敵」，據明抄本及宋史全文卷二〇改。

〔三七〕女真用是知我無復讎之心　「女真」原作「北西」，據明抄本及宋史全文卷二〇改。
〔三八〕凡中國諸侯與夷狄盟會者　「夷狄」原脱，據明抄本、宋史全文卷二〇及繫年要録卷一二三補。
〔三九〕和使項背相望　「和」原作「北」，據明抄本、宋史全文卷二〇及繫年要録卷一二三改。
〔四〇〕彼包藏奸詭　「奸詭」原作「禍心」，據明抄本、宋史全文卷二〇改。
〔四一〕晉大夫征繕以輔孺子　「征」原脱，據明抄本、繫年要録卷一二三及三朝北盟會編卷一八七補。
〔四二〕使惡我者懼　「我」原脱，據明抄本、繫年要録卷一二三及宋史全文卷二〇補。
〔四三〕設若虜擁梓宫　「虜」原作「敵」，據明抄本及宋史全文卷二〇改。下同。
〔四四〕聲罪來寇　「寇」原作「攻」，據明抄本及宋史全文卷二〇改。
〔四五〕豈肯聽吾君北面而爲仇賊之臣哉　「仇賊」原作「敵國」，據明抄本及宋史全文卷二〇改。
〔四六〕率勵瘡疾之餘　「疾」，繫年要録卷一二三作「痍」。
〔四七〕與虜使偕　「虜」原作「北」，據明抄本及宋史全文卷二〇改。
〔四八〕虜爲此名以遣使　「虜」原作「敵」，據明抄本及宋史全文卷二〇改。

〔四九〕金人變詐不測　「人變詐」原作「國存心」，據明抄本及宋史全文卷二〇改。
〔五〇〕貪欲無厭　「欲」，明抄本及宋史全文卷二〇作「惏」。
〔五一〕靖康之初　「靖康」原作「靖原」，據宋史全文卷二〇改。
〔五二〕謂金人渝盟　「金人」原作「敵人」，據明抄本及宋史全文卷二〇改。
〔五三〕虜情狡甚　「虜」原作「敵」，據明抄本及宋史全文卷二〇改。下同。
〔五四〕而朝四夷於明堂　「夷」原作「方」，據明抄本及宋史全文卷二〇改。
〔五五〕戊辰　繫年要録卷一二四繫於「己巳」。
〔五六〕爲古今臣子忠孝大訓死之　「古」下原衍「原」，據宋史全文卷二〇及繫年要録卷一二四删。
〔五七〕虜人方據中原　「虜」原作「敵」，「原」原作「虚」，據明抄本及宋史全文卷二〇改。
〔五八〕蓋虜之和使　「虜」原作「敵」，據明抄本及宋史全文卷二〇改。
〔五九〕則虜人之要我　「虜」原作「敵」，據明抄本及宋史全文卷二〇改。
〔六〇〕彼犬羊者　「犬羊」原作「敵人」，據明抄本及宋史全文卷二〇改。
〔六一〕苟獲其不遜無稽之謀　「獲其」，繫年要録卷一二四作「或濟」。
〔六二〕豈肯聽陛下北面而爲仇賊之臣哉　「賊」原作「人」，據明抄本及宋史全文卷二〇改。

〔六三〕明諭虜使而謝遣之　「諭虜」原作「諭敵」，據明抄本及宋史全文卷二〇改。

〔六四〕常若臨敵　「若臨敵」原作「在臨陣」，據明抄本、宋史全文卷二〇及繫年要録卷一二四改。

〔六五〕與夫忍恥事讎　「讎」原作「敵」，據明抄本及宋史全文卷二〇改。

〔六六〕起居郎劉一止試中書舍人　「止」原脱，據明抄本、宋史全文卷二〇及繫年要録卷一二四補。

〔六七〕與虜議和　「虜」原作「敵」，據明抄本及宋史全文卷二〇改。

〔六八〕彼往來虜中　「虜中」原作「北庭」，據明抄本及宋史全文卷二〇改。

〔六九〕今其爲言自已一二　「自」原作「目」，據明抄本及宋史全文卷二〇改。

〔七〇〕軍士不以爲可　「軍」原作「學」，據繫年要録卷一二四改。

〔七一〕臣等竊聞虜使入境　「虜」原作「敵」，據明抄本及宋史全文卷二〇改。

〔七二〕問虜酋起居　「虜酋」原作「金主」，據明抄本及宋史全文卷二〇改。

〔七三〕「戎虜之禍亘古未聞中國無人致其猾亂」凡十六字，原脱，據明抄本及宋史全文卷二〇補。

〔七四〕虜使在庭　「虜」原作「敵」，據明抄本及宋史全文卷二〇改。下同。

〔七五〕俯從虜約　「虜」原作「敵」，據明抄本及宋史全文卷二〇改。

〔七六〕王倫妄誘虜使　「虜」原作「敵」，據明抄本改。下同。

〔七七〕而吾國含垢茹恥　「含」原作「舍」，據明抄本改。

〔七八〕陝西河南之地不可得　「河南」原作「河北」，據明抄本改。

〔七九〕撻辣之姦計哉　「姦計」原作「深謀」，據明抄本及繫年要録卷一二四改。

〔八〇〕以河東歸我　「河東」當爲「河南」之誤。

〔八一〕而外但爲避狄之謀　「狄」原作「敵」，據明抄本及宋史全文卷二〇改。

〔八二〕而二人必欲掃强虜　「强虜」原作「敵兵」，據明抄本及宋史全文卷二〇改。

〔八三〕侍從則梁汝嘉蘇符樓炤張九成曾開張燾　「梁汝嘉」原作「桑汝嘉」；「曾開」原作「曹開」；「張燾」原作「李燾」，據宋史全文卷二〇及繫年要録卷一二四改。

〔八四〕案從「訢潘良貴」至「決圍而出」凡三百六十一字原脱，據明抄本、宋史全文卷二〇補。

增入名儒講義皇宋中興聖政卷之二十五

高宗皇帝二十五

秦檜孫近奏敘胡銓

紹興九年春正月乙酉，新監昭州鹽倉胡銓簽書威武軍節度判官聽公事。宰相秦檜、參知政事孫近言：「銓昨上書，專詆臣等，若不陳乞，稍加甄敘，則是臣等身爲輔弼，區區與小官校曲直，失大臣體。」故有是命。

以和議成赦天下　虜許歸河南地

徐俯岳飛賀赦表

大怒岳飛賀表

丙戌，以金國來和，大赦天下。赦文曰：「乃上穹開悔禍之期，而大金報許和之約，割河南之境土，歸我輿圖，戢宇内之干戈，用全民命。」提舉臨安府洞霄宮徐俯上表賀曰：「禍福倚伏，情僞多端，恐未盡於事幾，當復勞於聖慮。」湖北京西宣撫使岳飛表曰：「救暫急而解倒垂，猶之可也；欲長慮而尊中國，豈其然乎？」又曰：「謂無事而請和者謀，恐卑辭而益幣者進。願定謀於全勝〔一〕，期收地於兩河。唾手燕雲，終欲復讎而報國。誓心天地，尚令稽首以稱藩。」飛幕客張節夫之文也。秦檜讀之大怒。

王倫除簽書使虜

提舉醴泉觀王倫賜同進士出身，除同簽書樞密院事，充迎奉梓宮、奉還兩宮、交割地界使，知閤門事藍公佐副之。許歲貢銀、絹共五十萬匹兩。

范如圭乞差官朝陵

戊子，先是，秘書省正字范如圭轉對，言：「兩京版圖既入，則九廟八陵相望咫尺，而朝修之使未遣，何以仰慰神靈，下遂民志？」上悽然曰：「非卿不聞此言。」遂命遣使。

怒范如圭乞朝陵

秦檜以如圭不先白己，始怒之。

連南夫言和議之失

知廣州連南夫上封事曰：「臣竊惟大金素行兇詐，比年以來，兩國皆墮其術中。大概彼以和議成之，此以和議失之。今陛下果推赤心信之，以其割河南之地，遂恩之乎？陛下於太上有終天之別，於金國有不戴天之讎，方且許還河南之地，彼其計，實老子所謂『將欲取之，必固予之』，兵法所謂『不戰而屈人兵』之術也。誰不怒髮衝冠，握拳嚼齒而痛憤哉！陛下方感其恩，遂無赫怒整旅之志。蓋用心不剛，則四肢委靡，將士欲斷髮請戰，有不可得，誰爲陛下守四方者？是陛下十有餘年寵將養兵，殫財曲意之計，一旦積於空虛不用之地，倒持太阿，交手而付之矣。臣伏讀正月五日赦文曰：『戢宇内之干戈，』又奉聖旨，不得詆斥大金。如此，直墮其術中，使忠義之士結舌而不得伸，忠良之將縮手而不爲用。臣恐將士解體，魚潰獸散，如張良所謂誰與取天下者。陛下方遣侍從、宗臣祇謁宮廟陵寢，將親見宮室之禾黍，陵寢之盜掘，此政詩人彷徨不忍去之憂也。恐有扶老攜幼，感泣而聽語者，少者之哭，哭其父與兄也；老者之哭，哭其子也。陛下追悼其因，是誰之過歟？河南之民何啻百萬，昔日樂生，今日效死。因民之欲，北嚮爲百姓請命，而以王師甲兵之衆隨之，河北之人必有簞食壺漿以迎王師，此臣所以願陛下因而圖之也。」

大惡連南夫賀表

南夫又爲表賀曰：「雖虞舜之十二州，昔皆吾有；然商於之六百里，當念爾欺。」秦檜大惡之。

韓世忠欲劫虜使

己丑，北使張通古與韓肖胄先行。韓世忠伏兵洪澤鎮，詐令爲紅巾，俟通古過則劫之，以壞和議。世忠將郝抃密告其事，故通古自真、和由淮西以去。通古性聰敏，秦檜以胡銓封事示之，通古一覽，即能誦。

張浚言虜詐

庚寅，責授秘書少監、永州居住張浚復提舉臨安府洞霄宮。浚上疏言：「燕雲之舉，其鑑不遠。虜自宣和以來〔二〕，挾詐反覆，傾我國家，蓋非可結以恩信，事以仁義者。蓋自堯、舜以來，人主奄有天下，非兵無以立國，未聞委質夷狄〔三〕，可以削平禍難，遠而石晉，近而叛豫，著人耳目，歷歷可想。戰國之時，楚懷王入覲于秦，一往不返，逮今千載之下，爲之痛心，由辨之不早也。」

尹焞因議和辭命

新除權尚書禮部侍郎兼侍講尹焞爲徽猷閣待制、提舉萬壽觀兼侍講。焞以議和不合，力辭新命，章十上，乃有是命。焞五辭不拜。

楊煒上書責李光

乙未，監明州比較務楊煒獻書于參知政事李光，論和戎事〔四〕，大略以謂：「屬者黠虜求和〔五〕，乃遣詔諭使至，以無禮臣我，舉國喧譁，議論不一。閤下召來造朝，遽復合爲一黨，寂然無聲，有識者謂閤下非不知利害之曉然，所以然者，賣諂取執政爾。黠虜割中原爲一大餌〔六〕，以釣江南。今欲竭一方求實中原，不知空空之地，孱老孤寡，既不可賦，所謂按月所支，一切調度，何從出乎？加之供奉禮物，動計百萬，異時以有限之財，充無厭之欲，是以江海實漏卮爾。日者，乃始揭榜都城，有曰『虜人並無須求〔七〕』，煒所不識也。諸公蒙蔽天聽，是何異掩耳竊鍾也哉？丞相秦公專誤國之謀，傾心黠虜〔八〕；參政孫公平生齪齪謹畏，天下初不以此責之。如閤下姑欲愛惜名位，隨群而入，逐隊而趨，亦以謂虜必可信，和必可講，則請直以此書上之天子，置以典憲，煒所不辭。」

丙申，金右副元帥宗弼始以割地詔下宿州。

經制司去發運字

丁酉，詔發運經制司去「發運」二字，以户部長貳一員兼領。

命王倫守東京

戊戌，同簽書樞密院事王倫爲東京留守兼權開封尹，提舉醴泉觀郭仲荀副留守。

擇人守新疆

不虛内以事外

己亥，萬壽觀使、雍國公劉光世爲陝西宣撫使，川陝宣撫副使吴玠爲四川宣撫使，内陝西路階、成等州聽節制如舊。上諭輔臣曰：「河南新復境土，所命守臣，專在拊循遺民，勸課農桑，各使因其地以食，因其人以守，不可移東南之財力，虛内以事外也。」

汪應辰乞圖中興

秘書省正字汪應辰上疏言：「和議既諧，則因循無備之可畏。臣願陛下痛心嘗膽，以圖中興，勿謂和好之可以無虞，而思患預防，常若敵人之至也。何至以中國之大，而下爲讎人役哉！」

宦者始賜謚

辛丑，詔内侍省副都知藍安石賜贈保寧軍節度使，可特與賜謚。渡江後，宦者賜謚始此。

夏國主乾順以李世輔爲鄜延、岐、雍等路經略安撫使。

不許郭仲荀兵糧

二月癸丑，京城副留守郭仲荀乞兵與糧，上曰：「朕今日和議，蓋欲消兵，使百姓安業。留司豈用多兵，但得二三千人彈壓内寇足矣。至如錢糧，亦只據所入課利贍養官兵〔九〕，他日置榷場，不患無錢，豈可虛內以事外耶？」

尹焞固辭命

深銜尹焞

新除左通直郎尹焞固辭待制、侍講之命，且言：「臣職在勸講，蔑有發明，期月之間，病告相繼，坐竊厚祿，無補聖聰。比嘗不量分守，輒及國事，識見迂陋，已驗于今。迹其庸愚，豈堪時用？伏望檢會累奏，放歸田里。」詔焞日下供職。秦檜讀焞奏，見「時用」二字，深銜之。

大臣臺諫一體

不召謝祖信曉諭意

戊午，新除太常少卿謝祖信復爲殿中侍御史。前一日，上諭秦檜曰：「朕欲用祖信爲臺官，恐祖信不知朝廷今日事幾。卿等可召赴都堂，與之議論。」檜奏：「臺諫，乃天子耳目，朝政闕失，所當論列。恐呼召至廟堂〔一〇〕，然後除授，不能無嫌。」上曰：「大臣，朕股肱；臺諫，朕耳目。本是一體，若使臺諫幾察大臣，豈朕責任之意耶？」然檜卒不召。

大怒王銍駁陵名

己未，尚書右僕射秦檜上徽宗皇帝陵名曰永固，詔恭依。主管台州崇道觀王銍言〔一一〕：「後周叱奴皇后陵實以爲名，不可犯。且叱奴皇后夷狄也〔一二〕，尤當避。」檜大怒。

提舉臨安府洞霄宮李綱知潭州。

提舉臨安府洞霄宮張浚知福州。時浚未聞命，又上疏言：「切惟今日事勢，處古今之至難。一言以斷之，在陛下勉强圖事而已。」又具劄子曰：「自陛下回駐臨安，甫閱歲時，聖心之所經營，朝論之所商榷，專意和議，莫不幸其將成矣。臣意虜力弱未暇〔三〕，姑借和以怠我之心；勢盛有餘，將求故以乘吾之隙。理既甚明，事又易見。料虜上策，還梓宮、復母后，輿地來歸，不失前約，結歡篤好，以怠我師，遲遲數年，兵無戰意，然後遣一介之使，持意外之詔，假如變置大臣，更立后妃，將何以塞請？虜出中策，則必重邀求，責微禮，失約爽信，近在期年，中原之地，將有所付。虜出下策，怒而興師，直臨江表，勢似可愕，而天下之亂，或從此而定矣。」

張浚料虜出三策

新除徽猷閣待制尹焞固辭新命，且言：「臣前所陳述，乃事君之大義，人臣之常分，盡出誠實，非爲矯僞。」上察其誠，以焞提舉江州太平觀。焞又請追還職名，不許。

尹焞再辭命

壬戌，新知福州張浚復資政殿大學士，充福建路安撫大使兼知福州。

癸亥，御史中丞勾龍如淵、起居郎施庭臣並罷。其後，秦檜擬如淵知遂寧府，上曰：「此人用心不端。」遂已。

勾龍如淵施庭臣罷

士㒟張燾朝陵

己巳，判大宗正事士㒟、兵部侍郎張燾辭往西京，朝謁陵寢。

處趙鼎於遠郡

壬申，醴泉觀使趙鼎知泉州。鼎寓居會稽，秦檜猶忌其逼，乃以遠郡處之。

臨安火

己卯，臨安府火。

命户部長貳舉官

庚辰，詔户部長貳歲舉本屬各四人，充京官，如係獨員，權令通舉。

日中黑子

是月〔一四〕，日中見黑子，月餘乃没。

周南仲五不可之議

吉州免解進士周南仲上書言：「臣於去年奏陳十事，陛下既賜召命，又取十事而行其一二矣。臣不避斧鉞，採取天下輿論，有五不可、三急務，以爲今日獻。所謂五不可者：欲雪前羞，不可主和議；欲務萬全，不可失機會；欲復中原，不可居東南；欲馭諸軍，不可不將將；欲得賢才，不可廢公論。所謂三急務者：一曰重國柄；二曰蓄邊略；三曰擇守令。」

廖剛思大體

三月丙申，知漳州廖剛試御史中丞。剛首奏：「臣職在搏擊姦邪，當思大體。若乃捃摭細故，矜一得於狐兔之微，則非本心。」他日入對，又言：「今經費不支，盜賊不息，事功不立，命令不孚，及兵驕官冗之弊蓋不一。其原則在於人主之一身。若意誠心正，以照臨百官，則是非不紊，姦邪洞見，天下之弊，可次第革矣。」

重修執政拜罷録

中書言：「昨修執政拜罷録詳略失中，本末差舛。」詔史館重行編修。秦檜之初免相也，上以御劄斥其罪，而一時制詔，拜罷録具焉。檜欲滅其迹，故有是請。

宗室璩封崇國公

丁亥，和州防禦使璩爲保大節度使〔一五〕，封崇國公。

謝祖信言預買弊

戊子，侍御史謝祖信言，和預買爲今日民間之病。詔户部措置。自承平時，官預俵買本，一縑千錢，時縑帛價廉，得錢於春，而輸縑于夏，所以優民也。軍興以來，官中無本可俵，又令折錢，每疋十阡或八阡，比歲絹真稍平，而折錢不減，江、浙之民深以爲患。

甲午，詔崇國公璩赴資善堂聽讀，禄賜如建國公例。

王倫交地界

丙申，東京留守王倫始交地界。

樊光遠言得地事

己亥，秘書省正字樊光遠言：「夫有無故之福，則必有無故之禍。往者燕山六州二十四縣，金人以歸我，朝廷動色相賀，而天下蹙額相弔。一旦改慮，席卷而南，如寄諸鄰而取之，此陛下所親見也。願陛下勿以得地爲喜，而常以爲耻；勿以甘言爲悦，而常以爲憂。勿罪忠讜，以養敢言之氣；勿喜迎合，以開濫進之門。勿盡民力，以固根本；勿沮士氣，以備緩急。

亦庶乎其可也。」

辛丑，翰林學士兼侍讀樓炤爲簽書樞密院事。

不疑宰相朋黨

丙午，祠部員外郎劉昉、秘書省校書郎邵溥並兼實録院檢討官。上因論大臣曰：「宰相進退百官，凡士大夫，孰有不由宰相進者？然宰相賢，則所引皆賢，豈當一概以朋黨疑之也？」秦檜曰：「陛下推誠任下如此，爲大臣者，豈忍懷姦以欺聖聽！」

王倫毀東瀫雙廟

丁未，先是僞齊建雙廟於應天府，以祠陳東、歐陽瀫。王倫命毀之。

新幹辦行在諸司糧料院李利用爲河南府路轉運判官兼提點刑獄公事。上諭秦檜曰：「河南新復州郡，當擇愷悌慈祥之人，庶能爲朕撫養凋瘵，使不失職。」

樓炤宣諭陝西

夏四月辛亥，詔簽書樞密院事樓炤暫往陝西宣諭德意。

趙鼎落節鉞

癸丑，奉國軍節度使、知泉州趙鼎落節鉞，依舊特進、知泉州。

曾統等論趙鼎

時右諫議大夫曾統、殿中侍御史謝祖信共論鼎罪，章五上，乃有是命。

行在享禮

丙辰，景靈宮孟夏朝獻，上詣行禮殿行禮〔一六〕，翌日亦如之，自是四孟皆用此例。

李綱辭命得祠

己未，新荆湖南路安撫大使李綱提舉臨安府洞霄宮。初，綱奏辭新命，又上疏言：「臣迂疏，無周身之術，動致煩言，亟奮亟躓，上累陛下知人任使之明，實有關於國體。」故有是命。

孟庾帥河南

甲子，孟庾爲河南府路安撫使，兼知河南府，充西京留守。路允迪爲應天府路安撫使，兼知應天府，充南京留守。

却韓世忠獻馬

戊辰，上謂大臣曰：「韓世忠欲獻駿馬，朕命留以備用。世忠曰：『今和議已定，豈復有戰陣事？』朕曰：『不然，虜雖講和〔一七〕，戰守之備，何可少弛？朕方復置茶馬司，若更得西馬數萬匹，分撥諸將，乘此閒暇，廣武備，以戒不虞，足以待强敵矣。和議豈足深恃乎？』」

論陝西叛將難用

庚午，上謂秦檜曰：「陝西諸將既叛復來，緩急金人敗盟，難以責任。朕謂中原尚可從容圖治，至如陝西五路，勁兵良將所出，他時當用腹心之臣可也。」

韓世忠持身廉

世忠不受圩田

乙亥〔一八〕，詔韓世忠、張俊及隨行將佐並賜燕臨安府治。上以世忠持身廉，特賜建康永豐圩田千頃。世忠辭不受。

莫將財用五説

司農卿莫將論財用五説，曰冗官濫費，榷法虛文，名色輕隱，錢幣輕荒，儲積不固。詔權户部尚書梁汝嘉與將同措置。

五月甲申，太常少卿周葵守殿中侍御史。趙鼎之始相也，葵在臺中，嘗連章極論趙子湒不可用，語侵鼎，坐是不得其言而去。逮秦檜獨相，意葵必憾鼎，再引入臺。一日，内降差除四人，葵言：「願陛下以仁祖爲法，大臣以杜衍爲法。」檜始不樂。引周葵入臺　始不樂周葵

戊子，判大宗正事士㒟、兵部侍郎張燾朝謁永安諸陵。前二日，士㒟等至河南，民夾道歡迎，皆言：「久隔王化，不圖今日復得爲宋民。」有感泣者。陵下石澗水，自兵興以來久涸，二使到，水即日大至，父老驚歎，以爲中興之祥。石澗水之祥

臣留正等曰：山川草木之所好惡，與人情不相遠也，以山川草木爲無知，欺孰甚焉！周公廟在岐山西北，所謂潤德泉者，世亂則竭，此皆物理之常然者。

甲午，尚書都官員外郎丁則知道州，秘書省正字汪應辰通判建州，樞密院編修官趙雍通判瀘州，皆以論事忤秦檜，故出之。丁則等以忤檜出

淮東復置提舉

樞密院計議官曾紓提舉淮南東路茶鹽公事。自淮南復置監司，而鹽事以漕臣兼領，至是，復置官提舉。

不奉行金翠禁

丙申，上謂輔臣曰：「鋪翠、銷金之飾，屢詔禁止。宮中雖無所犯，而有司奉行不虔，市肆公然爲之。權貴之家至有銷金爲舞衫者，可重立告賞榜，務在必行。」秦檜退而批旨，第令廣南監司督責緝捕採販翡翠而已。

詔久任百官

壬寅，詔：「自今百官並久任，有如僥冒陳乞之人，取旨黜責。」時殿中侍御史周葵論：「自頃大臣市恩而不任怨，爵賞輕而人有奔競之心，刑罰弛而下無畏服之意。風俗不靖，職此之由。」

措置廣德湖田

癸酉，詔：「兩浙轉運司措置明州廣德湖利害，申尚書省。」自政和廢湖爲田，民失水利。至是周綱自明州召歸，言之，故有是旨。

張行成詢蕘書

左迪功郎張行成獻詢蕘書二十篇，其首曰定謀，次曰審勢，次曰議都三篇，次曰議地三篇，次曰議蜀二篇，次曰立志，次曰遣使，次曰任相，次曰蓄力，次曰建親，次曰蒐奇，次曰省官，次曰惜穀，次曰實內二篇。

章氏訴史事

六月辛酉，權吏部侍郎謝祖信知潭州。祖信既力論趙鼎落節，於是章氏諸孫咸集闕下，再謀理訴，併及史事。上偶知之，謂執政曰：「聞章惇家有人欲陳訴，以趙鼎去，便謂事有更變。此事乃出朕意，鼎何豫聞？有從官爲之主議者。」執政奏：「謝祖信，章氏子婿也。」遂命出守。

宰臣秦檜乞以上所賜御書真草孝經刻之金石，以傳示後世。上曰：「十八章，世人以爲童蒙之書，不知聖人精微之學，不出乎此也。朕宫中無事，因學草聖，遂以賜卿，豈足傳後？」檜請再三，乃從之。

臣留正等曰：人君萬機之暇，寓意翰墨，若宋武帝、唐太宗者，蓋已鮮矣。至於留神經典，親灑宸翰，游息乎先王之道者，未有聞焉。太上皇帝奎畫之妙，夐絶前古，五經、語、孟之籍，既已筆而刊諸石。三年大比，又取六經修身、治心之要學，别書以寵多士。至於左氏春秋傳、司馬遷史與趙充國、羊祜等傳，分頒臣下，若孝經之賜者，不可概舉。一札一畫，豈徒在於翰墨之間哉！蓋將以道德忠孝化成天下，而追帝王之極治者也。聖子神孫，仰法乎此，則近習佞倖，雖欲殖貨財，盛鷹馬，乘閑暇，以畋獵聲色蠱惑聖志如仇士良者，安所施其智巧哉？

胡交修三入翰林

甲子，提舉江州太平觀胡交修兼翰林學士。中興後，學士三入者，自此始。

士儤等自朝陵還

己巳，判大宗正事士儤、兵部侍郎張燾自西京朝陵還，入見。燾奏疏言：「夷虜之禍〔二九〕，上及山陵，瞻望柏城，至於慟哭。雖誅討殄滅之，未足以雪此恥而復此讎也。祖宗在天之靈，震怒既久，豈容但已？異時躬行天罰，得無望於陛下乎？伏望益修武備，以俟釁隙，起而應之，電掃風馳，雲徹席卷，盡俘醜類〔三〇〕，告功諸陵。如是，然後盡天子之孝，而爲人子孫責塞矣。」上問諸陵寢如何，燾不對，惟言：「萬世不可忘此賊〔三一〕！」上黯然。

張燾言不可忘此賊

龜鑑曰：痛哉，張燾之謁陵寢也！上問如何，燾不對，惟言：「萬世不可忘此賊〔三二〕！」石澗水至之祥，父老驚歎，而西京遺民夾道歡迎，皆言久隔王化，不圖今日復得爲宋民者，乘此機也，撫定遺民，汛掃舊物，修車備器，以侈宣王東都之會，庶幾可也。夫何敵去而舞，上恬下愉，惟曰韓肖胄等充報謝使而已，秦檜加少保、加國公而已。大赦天下，誇示奇功，而長安咫尺，王曰逌歸，故老含涕而絕望，黃河嗚咽以流悲。檜之肉其可食乎！此紹興八年、九年之間，虛老歲月，坐失機會，秦檜主和之議沮之也。

張燾言間諜

秦檜惟恐忤虜意

燾又言：「頃劉豫初廢，人情洶洶，而我斥堠不明，坐失機會。今又聞虜於淮揚作筏〔二三〕，及造繩索甚多。諸將以朝廷嘗有不得遣間探指揮，遂不復遣。虜人姦猾〔二四〕，廣置耳目，我之動息，彼無不知。虜之情狀，我則漠然不聞。臣又見黃河船盡拘北岸，悉爲虜用，往來自若，此無一人敢北渡者。」又言：「鄜瓊部伍皆西陲勁兵，今在河南，尚可收用。新疆賦租已蠲，而使命絡繹，推恩支費，猶用兵興時例。願加裁損，非甚不得已，勿遣使，以寬民力。」又論：「陜西諸帥皆不相下，動輒喧爭，請置一大帥，使之節制。」燾所言皆切中時務，而秦檜方主議和，惟恐少忤虜意，故事皆不行。

吳玠薨于仙人關

四川宣撫使吳玠薨于仙人關治所，年四十七。訃聞，詔輟朝二日〔二五〕，贈少師，賻帛千疋。玠御下嚴而有恩，故士樂爲之死。其後制置使胡世將問玠所以勝於其弟璘，璘曰：「虜令酷而下必死〔二六〕，每戰，非累日不決。然其弓矢不若中國之勁，吾常以長技洞重甲于數百步外。又據其形便，爭出銳卒，與之爲無窮，以沮其堅忍之勢。至於決機兩陣之間〔二七〕，則璘有不能言。」玠後謚武安。初，富平既失律，蜀口屢危，金人必欲以全取勝，獨賴玠以爲固，由是蜀人至今思之。

招李世輔

壬申，簽書樞密院事樓炤至長安，留十餘日。李世輔因遂説夏人南歸。夏人多懷土，獨與願從者二千人來。炤聞之，因與宣諭使周聿皆以書招世輔歸朝。

韓紉以摇和議竄

癸酉，澧州軍事推官韓紉除名勒停，送循州編管，坐傾險懷姦、動摇國計也。時紉上書論議和非計，故竄之。

虜悔和議拘王倫

乙亥，同簽樞密院事王倫自京城赴金國議事。初，右副元帥宗弼密言於金主亶曰：「河南之地，本撻懶、宗磐主謀割與南宋，二人必陰結彼國。今使已至汴京，未可令過界。」倫有雲中舊吏隸宗弼帳下，密來謁倫，告以宗弼誅撻懶。倫具言于朝，乞早爲之備。而秦檜但奏趣倫過界。倫將使指北行。時宗磐等謀爲變，遂命中山府拘倫，且會本路簽軍，以復取河南爲名，將作亂。

乾順死

丁丑，夏國主乾順薨。

虜主誅其族宗磐等

秋七月己卯朔，金主亶執其領三省事宋國王宗磐、兖國王宗雋〔二八〕、滕王宗英、虞王宗偉。先是，郎君吴矢者謀反，下大理獄，事連宗磐等。辛巳，皆坐誅。

行寬仁法仁祖

丁亥，秦檜留身論治道，上曰：「御衆以寬，朕於宮中，未嘗輕用鞭朴，往者劉豫苛虐，聞此間仁政，即以爲笑。趙鼎屢勸朕勵威，朕不謂然。今得失之效何如哉？」檜言：「陛下與豫勢異，豫之叛逆，人所不與，非刼以威，不能苟延歲月。陛下承祖宗之德，惟仁政可懷遠爾。」上因歷述古今帝王治迹〔二九〕，專以仁祖爲法。

是日，同簽樞密院事王倫至中山府，爲金人所拘〔三〇〕。

辨君子小人

甲午，上謂秦檜曰：「朝廷惟要辨君子小人，君子小人既辨，則治道無不成矣。」

因旱檢舉未赦人

詔三省催促刑部，將今赦未檢舉人，速具事因，申省取旨。以久旱，用言者請也。

胡世將權四川宣撫

丁酉，命四川制置使胡世將兼權主管四川宣撫使司職事。世將自成都馳赴河池。

蔬食得雨

己亥，秦檜言：「陛下齋居蔬食，以祈天雨澤。考之典禮，惟當損太官常膳。」上曰：「雖損膳，豈免日殺一羊？天意好生，朕實不忍。」既而雨應。

裁減月椿

庚子〔三一〕，上諭秦檜曰：「州郡月椿大軍錢，尚有敷斂於民以充數者，可速行裁減，各量所入樁辦。如有不足，悉從朝廷應副，毋使橫取，以爲民患。」

王倫在中山府，始聞金國內變，俄傳都元帥宗弼昨夜抵城外，已還祁州矣。少頃，引接者令倫等赴元帥府。

臨安火

辛丑，臨安府火。

復淮南學官

八月己酉，復淮南諸州學官員。

簽書樞密院事樓炤自鳳翔東歸。

喻汝礪言文弊

喻汝礪言蜀中力屈

喜喻汝礪英論

喻汝礪不答秦檜

甲寅，新夔州路提點刑獄喻汝礪行駕部員外郎。汝礪始以勾龍如淵薦，故得召，及對，首論：「願革近時文章骫骳之習，以還西京典雅鴻奧之風，起中興博大混一之氣。」又論：「蜀中之力何以屈？非兵屈之，官之冗者屈之也。非官之冗者屈之，士大夫之濫賞者屈之也。官之冗，賞之濫，濫與冗偕焉，取人之父兄子弟所以相養活之具，而潰敗磔犁之，吾國幾何而不屈乎？吾國屈矣，於何而可以伐人之國乎？」上甚嘉納，且面諭曰：「不見卿久矣，英論如昔。」遂下所奏之疏付中書。秦檜使人諭以上將用君，君宜與時高下，毋妄言。汝礪不答。翌日，遂有是命。

戊午，金都元帥宗弼殺魯國王昌于祁州。昌臨刑，謂宗弼曰：「我死之後，禍必及爾，宜早圖之。」

辛酉，吏部員外郎徐度言：「新復州縣遺民久罹暴虐，如州之僚屬，縣之令佐，最爲近民，尤當謹擇。」上曰：「度所論極當。新疆百姓久被虐政，若州縣官非其人，朕之德意何以自達？」

韓世忠遺檜書

乙亥，初，金人欲得王威、趙榮，已遣還之。韓世忠遺秦檜書曰：「榮、威不忘本朝，以身歸順，父母妻子，悉遭屠滅，相公尚忍遣之，無復中原望耶？」檜慚，乃令榮、威自六合趨淮西而去。

陳得一修奉元曆

丙子，命常州津遣通微處士陳得一赴史館，補修奉元曆。

賜名顯忠

九月戊寅朔〔三二〕，龍神衛四廂都指揮使李世輔言：「初歸朝日〔三三〕，有父母兄弟之讎，臣曾報復，乞待罪。」詔世輔有功鄜延，特放罪。後四日，引對便殿，上諭曰：「卿忠義歸朝，立功顯著。」乃起復故官，賜名忠輔，除樞密院都統制。俄又賜名顯忠。

喜樓炤蠲四川科敷

癸未，樓炤言：「川、陝既分屯人馬，已將自兵興以來創生科敷，悉行蠲免，凡八十餘萬貫石〔三四〕。」上曰：「四川久屯大兵，不無科須。今故地歸復，兵各分遣，得以減罷，遂可愛養民力矣。」上欣然，喜見於色。

論仁祖聖德

起居郎周葵乞將犯私茶鹽人，免根問來歷。上曰：「犯榷貨者不根問經由，此嘉祐著令，仁宗盛德也。舉而行之，則吏不至並緣，獄不至滋蔓，可速令省部相度。」後不果行。

胡世將除宣撫

成都潼川府夔州利州路安撫制置使兼知成都府胡世將爲川陝宣撫副使，置司河池，諸路並聽節制。世將精神明悟，閑習吏治。其守成都，甚有政績，至是就用之。世將既除宣副，諸將皆賀。世將語之曰：「世將不能騎射，不知虜情〔三五〕，不諳邊事。朝廷所以遣來者，襲國朝之故事，以文臣爲制將爾。自今以往，軍中事務，皆不改吴宣撫之規模。世將有所未達，諸公明以指示。或諸公有所未達者，亦當奉聞，各推誠心，勿相疑忌，共濟國事可也。」諸將皆拜謝。

秦檜怒張守

初，資政殿大學士張守帥江西，以郡縣供億科擾煩重。上疏請蠲積欠，損和買，罷和糴，及裁減軍器物料。上欲行之，時秦檜方損度支爲月進〔三六〕，且日虞四方財用之不至也，覽疏怒，謂人曰：「張帥何損國如是？」守聞之，歎曰：「彼謂損國，乃益國也。」至是，成都闕帥，檜遂擬以守代胡世將。上曰：「張守素弱，豈堪遠道？江西盜賊寧息，人方安之，無庸易也。」檜乃止。

罷經制司

庚寅，罷經制司，其諸路常平事令提刑兼領，用曾統奏也。常平法起於西漢，歲豐則斂，歉則散，後世講之尤詳。秋成則斂，春飢則散，可以平物價，抑兼并，人有接食，官無折閱，法至良也。熙寧初，王安石修水土之政與筦榷之利，置提舉官，以常平司爲名。當時所行新法如免役、坊場、河渡、青苗、市易、方田、水利皆俾提領，遂爲民患。議者不察，但云常平法可廢。

常平法壞

建炎初，遂盡罷提舉官，時諸路苗役羨錢各不下百數十萬緡，朝廷草剏，多取諸此。次年，呂頤浩等言常平法不可廢，其附益之者如坊場、免役等可行，青苗、市易等可罷。有詔委頤浩等詳議，已成書矣，會南渡，未及行。已而言者概斥提舉官不可復，前議遂寢。其後或隸茶鹽司，或隸發運司，或隸經制司，終無定論，而兵火焚蕩，户部及州縣案籍皆廢，財賦多失矣。

不用武臣作郡

辛卯，樓炤奏以閤門祗候、知同州郝抃知陝州。上問秦檜曰：「陝州合差是何臣寮？」檜曰：「舊係差文臣。」上曰：「武人作郡，往往不曉民事，又多恣横。今日所還州郡，久陷夷、僞〔三七〕，尤須守臣得人，使之愛養百姓，武人非所任也。可自今只差文臣，庶能宣布德澤，亦以收還威柄。」

詔侍從薦士

冬十月辛亥，詔侍從各薦士二人。時言者請遵祖宗故事，詔中外各舉所知，特加親擢。如此，則庶僚無附下之嫌，大臣免招權之謗。上亦以中原隔絶，遺才必多，故有是命。

虜主詰王倫

同簽書樞密院事王倫始見金主亶于御林子。倫致上命，亶悉無所答，令其翰林待制耶律紹文爲宣勘官，問倫：「還知元帥罪否？」倫對：「不知。」又問：「無一言及歲幣，却要割地，但知有元帥，豈知有上國？」倫曰：「昨者簽宣蕭哲以國書來，許割河南，歸梓宮、太后，天下皆知上國尋海上舊盟，與民休息，使人奉命通好兩國耳。」

張燾帥成都

罷四川制置司

命張燾寬恤四川民事

成都帥始行四川民事

癸丑，權吏部尚書兼史館修撰張燾知成都府兼本路宣撫使，四川制置司限一月結局。初，成都謀帥，上諭秦檜曰：「張燾可付以便宜，使治成都。第道遠，恐其憚行。」檜退，召燾諭旨。燾曰：「君命也，燾其敢辭？」上大喜，遂有是命。上諭檜曰：「燾雖安撫一路，如四川前日無名横斂，不急冗費，可令蠲減，以寬民力。」以成都帥臣而得行四川民事，自燾始。

庚午，詔新成都府路安撫使張燾令引對。燾奏：「蜀自軍興以來，困於征繇，民力凋弊。官吏既不加恤，又從而誅剥之。去朝廷遠，無所赴愬。臣俟至部，首宣陛下德意，俾一路之民，咸沾惠澤。」上曰：「豈惟一路，應四川

張燾乞圖中興

寬恤事件，悉委卿措置。」燾因奏：「臣入界即行詢訪民間，一利一害，先次罷行；官吏有貪冒慘酷，爲民之蠹者，臣先次放罷，續行按發，庶幾遠民速霑實惠。」上皆可之。燾又言：「今兹和議甫定，征戰暫息，亦可謂閑暇之時矣〔三八〕。况來年歲在庚申，乃藝祖開基之載，得非陛下中興之時乎？時不可失，願陛下鑑詩人閑暇之語，稽孔、孟發明之意，汲汲專以治政刑爲務。」上曰：「朕當書此語，置之座右。」

許群臣奉親

乙亥，簽書樞密院事樓炤乞賜告，省侍於明州。上謂宰執曰：「群臣之有親者，朕未嘗奪其情。昨蕭振以親爲言，亦令奉親而來，庶使不失爲臣、爲子之道。今炤可給假迎侍。」

岳飛奇李寶

湖北、京西宣撫使岳飛來朝。初，乘氏人李寶少無賴，尚節氣，鄉人號爲潑李三。飛入朝，寶願歸軍中，飛以爲馬軍，未之奇也。寶怏怏，與其徒謀北歸。事露，飛盡斬之。寶抗言：「欲歸者寶也，衆皆不預。」飛奇而釋之。寶願歸山東，會合忠義人立功。飛許之。寶募得八百人赴飛軍，飛乃以寶統領軍馬，屯龔城。

金主亶復遣耶律紹文至驛，諭奉使王倫言〔三九〕：「卿留雲中無還期，及貸

虜囚王倫不復遣

之還，曾無以報，反間貳我君臣。」乃遣副使藍公佐先歸，論歲貢、正朔、誓表、册命等事，而拘倫以俟報，已而遷之河間，遂不復遣。

看詳刑名斷例

十有一月戊寅朔，命大理評事何彦猷等編集刑名斷例，刑部郎官張柄等看詳。

追復張所官

己丑，故追復左通直郎、直龍圖閣張所特與一子官，仍賜其家銀、絹百匹、兩。先是，湖北京西宣撫使岳飛言所忠義。上命復舊官。飛又言：「好生惡死，人之常情。所以忠許國，義不顧身，雖斧鉞在前，凜然不易其色。乞與旌加褒異，使天下忠義之士皆知所勸。」故有是命。

川陝分類試額

户部侍郎周聿言：「陝西士人學術各荒，拙于爲文。若與四川類試，必不能中程。乞別立字號。」上曰：「陝西久陷僞境〔四〇〕，朕欲加惠遠方，可令禮部措置。」川、陝分類試額，自此始。

陳淵乞節財用

庚寅，右正言陳淵入對，論：「比年以來，恩惠太泛，賞給太厚，匪頒賜予之費太過。府庫空虛，而發之不已，財賦匱竭，而取之益詳。陵寢未成，郊祀不遠，内有諸將之饋，外有鄰境之好，所用既衆，而所入實寡，此臣所甚懼也。臣願陛下凡有錫賚，法之所無而於例有疑者，三省得以共議，户部得以執奏，有司得以獻其疑，臺諫得以論其失，一有失當，即行改正，時前日之弊，庶幾可息矣。」翌日，進呈，上謂宰執曰：「朕未嘗有一毫之妄費。」秦檜曰：「淵初除諫垣，職在規正故耳。」上曰：「淵老成有學，乃楊時之婿。聞嘗講論語、中庸。可令其子適進來上。」因論：「極高明而道中庸，此不可分作二事。」檜等曰：「陛下之學，深造聖域，非臣下所及。」

令何鑄攻李光

十有二月辛酉，參知政事李光罷。光與右僕射秦檜議事不合，於上前紛爭，且言檜之短，殿中侍御史何鑄因劾光狂悖失禮。光引疾求去，上命以資政殿學士出守。言者又擊之，後三日，以光提舉臨安府洞霄宮。

常平法不許他用

宗正丞鄭鬲乞以常平錢於民輸賦未畢之時，悉數和糴，從之。上謂宰執曰：「常平法不許他用，惟待賑荒恤飢，取於民者，還以予民也。」

續編會要

戊辰，秘書丞劉才邵言：「累朝會要已至熙寧，而元豐以後者未次，若置局，則有官吏廩給之費，望令館職接續編類。」從之。

令何鑄攻劉一止周葵

己巳，給事中兼侍講劉一止、起居郎周葵並罷。初，一止、葵皆以言事忤秦檜，二人應詔舉左宣教郎呂廣問，廣問嘗爲李光屬官，光欲除館職，檜不許。殿中侍御史何鑄即奏二人非知廣問，特迫於光之囑而舉之，是欺陛下也。詔一止、葵落職與宮祠。

新陝西轉運副使李唐孺爲四川轉運副使。

女真萬户湖沙虎北攻蒙兀部，糧盡而還，蒙兀追襲之，至上京之西北，大敗其衆于海嶺。金主亶以其叔胡盧馬爲招討使，提點夏國、韃靼兩國市場。韃靼者，在金國之西北，其近漢地謂之熟韃靼，食有粳稻；其遠者謂之生韃靼，止以射獵爲生。性勇悍，然地不産鐵，故矢鏃但以骨爲之。遼人初置市場與之回易，而鐵禁甚嚴，至金人始弛其禁。又劉豫不用鐵錢，繇是河東、陝西鐵錢率自雲中貨於韃靼，韃靼得之，遂大作軍器焉〔四二〕。

韃靼之始

增入名儒講義皇宋中興聖政卷之二十五

校勘記

〔一〕恐卑辭而益幣者進願定謀於全勝 「進願」原互倒，據明抄本、宋史全文卷二〇及繫年要録卷一二五乙正。

〔二〕虜自宣和以來 「虜」原作「敵」，據明抄本及宋史全文卷二〇改。

〔三〕未聞委質夷狄　「夷狄」原作「通好」，據明抄本及宋史全文卷二〇改。

〔四〕論和戎事　「戎」原作「敵」，據明抄本及宋史全文卷二〇改。

〔五〕屬者黠虜求和　「黠虜求和」原作「西北講和」，據明抄本及宋史全文卷二〇改。

〔六〕黠虜割中原爲一大餌　「黠虜」原作「敵人」，據明抄本及宋史全文卷二〇改。

〔七〕虜人並無須求　「虜」原作「敵」，據明抄本及宋史全文卷二〇改。下同。

〔八〕傾心黠虜　「黠虜」原作「西北」，據明抄本及宋史全文卷二〇改。

〔九〕亦只據所入課利贍養官兵　「養」原作「發」，據明抄本及宋史全文卷二〇改。

〔一〇〕恐呼召至廟堂　「召」原脱，據明抄本、宋史全文卷二〇及繫年要録卷一二六補。

〔一一〕主管台州崇道觀王銍言　「銍」原作「銓」，據繫年要録卷一二六及王明清揮麈前録卷之二改。

〔一二〕且叱奴皇后夷狄也　「夷狄」原作「北人」，據明抄本及宋史全文卷二〇改。

〔一三〕臣意虜力弱未暇　「虜」原作「敵」，據明抄本及宋史全文卷二〇改。下同。

〔一四〕是月　「月」原作「日」，據繫年要録卷一二六改。

〔一五〕和州防禦使璩爲保大節度使　「保大」，繫年要録卷一二七作「保大軍」。

〔一六〕案從「王倫始交地界」至「上詣行禮」計四百二十五字，原脱，據明抄本補。

〔一七〕虜雖講和　「虜」原作「敵」，據明抄本及宋史全文卷二〇改。

〔一八〕乙亥　原作「己亥」，案四月庚戌朔，無己亥日，據繫年要録卷一二七改。

〔一九〕夷虜之禍　「夷虜」原作「西北」，據明抄本及宋史全文卷二〇改。

〔二〇〕盡俘醜類　「俘醜類」原脱，據明抄本、宋史全文卷二〇及繫年要録卷一二七補。

〔二一〕萬世不可忘此賊　「賊」原作「敵」，據明抄本及宋史全文卷二〇改。

〔二二〕萬世不可忘此賊　「賊」原作「敵」，據明抄本及宋史全文卷二〇改。

〔二三〕聞虜於淮揚作筏　「虜」原作「敵」，據明抄本及宋史全文卷二〇改。下同。

〔二四〕虜人姦猾　「虜」原作「敵」，據明抄本及宋史全文卷二〇改。

〔二五〕詔輟朝二日　「二」原作「三」，據明抄本、宋史全文卷二〇及繫年要録卷一二九改。

〔二六〕虜令酷而下必死　「虜」原作「敵」，據明抄本及宋史全文卷二〇改。

〔二七〕至於決機兩陣之間　「機」原作「戰」，據明抄本、宋史全文卷二〇及繫年要録卷一二九改。

〔二八〕兖國王宗雋　「兖」原作「充」，據宋史全文卷二〇及繫年要録卷一三〇改。

〔二九〕上因歷述古今帝王治迹　「述」原作「涉」，據明抄本及宋史全文卷二〇改。

〔三〇〕爲金人所拘　「所」原作「之」，據明抄本、宋史全文卷二〇及繫年要録卷一三〇改。

〔三一〕庚子　原作「庚午」，案本月己卯朔，無庚午日，據繫年要録卷一三〇改。

〔三二〕九月戊寅朔　「戊寅」原作「庚寅」，據繫年要録卷一三二改。

〔三三〕初歸朝日　「初」原脱，據明抄本、宋史全文卷二〇及繫年要録卷一三三補。

〔三四〕凡八十餘萬貫石　「貫石」互倒，據明抄本、宋史全文卷二〇及繫年要録卷一三三乙正。

〔三五〕不知虜情　「虜」原作「敵」，據明抄本及宋史全文卷二〇改。

〔三六〕時秦檜方損度支爲月進　「秦」原作「奏」，據明抄本、宋史全文卷二〇及繫年要録卷一三三改。

〔三七〕久陷夷僞　「陷夷僞」原作「淪北境」，據明抄本及宋史全文卷二〇改。

〔三八〕亦可謂閑暇之時矣　「暇」原作「時」，據明抄本、宋史全文卷二〇及繫年要録卷一三三改。

〔三九〕諭奉使王倫言　「言」原脱，據明抄本、宋史全文卷二〇及繫年要録卷一三三補。

〔四〇〕陜西久陷僞境　「陷僞」原作「淪異」，據明抄本及宋史全文卷二〇改。

〔四一〕案從「兼侍講劉一止」至「遂大作軍器焉」凡二百七十一字，原脱，據明抄本及宋史全文卷二〇補。